D1717378

Kerry Gleeson ist Gründer und CEO des Institute for Business Technologies (IBT), einer international agierenden Beratungsfirma, die weltweit bereits mehr als eine Million Führungskräfte dabei unterstützt, die Arbeitsorganisation und Arbeitsabläufe in ihren Teams zu verbessern.

Kerry Gleeson

Mit PEP
an die Arbeit

So organisiere ich mich
und meinen Job

Aus dem Englischen von Margit Popp und Birgit Schönitz

Campus Verlag
Frankfurt / New York

Die amerikanische Originalausgabe *The Personal Efficiency Program. How to Stop Feeling Overwhelmed and Win Back Control of Your Work!* erschien 2009 bei John Wiley & Sons., Inc., Hoboken, New Jersey, USA.
Copyright © 2009 by Kerry Gleeson.
All Rights Reserved. This translation published under license.

FSC
www.fsc.org
MIX
Papier aus ver-
antwortungsvollen
Quellen
FSC® C008492

ISBN 978-3-593-39616-3

9., aktualisierte und erweiterte Auflage

Umschlaggestaltung: total italic, Amsterdam und Berlin
Satz: Campus Verlag GmbH, Frankfurt am Main
Gesetzt aus der Minion Pro und der Myriad Pro.
Druck und Bindung: Beltz Druckpartner GmbH, Hemsbach
Printed in Germany

Dieses Buch ist auch als E-Book erschienen.
www.campus.de

Inhalt

3 Bauen Sie Routinen auf

4 Planen Sie sofort

Vorwort

Nur zu oft hört man, im Flur oder in der Kantine, das Wort »Überlastung«. Seit der Durchsetzung von E-Mail und anderen Technologien, die uns 24 Stunden am Tag erreichbar machen – Handys etwa, die schließlich internetfähig wurden, um vom guten, alten Faxgerät (ja, das gibt es auch noch) ganz zu schweigen – spüren wir alle, dass es zu viel zu bewältigen gibt und zu wenig Zeit, um dies auch zu tun.

Nun helfe ich Menschen schon seit über einem Vierteljahrhundert, ihre Produktivität zu steigern. Während dieser Zeit habe ich erlebt, wie Druck und Anforderungen, denen alle Beschäftigten ausgesetzt sind, zugenommen haben. Sie werden selbst wohl deshalb zu diesem Buch gegriffen haben, weil auch Ihnen klar war, dass sich etwas tun musste.

In meiner Auseinandersetzung mit diesen Problemen bin ich zu dem Schluss gekommen, dass das wesentliche Hindernis, vor dem die meisten Menschen stehen, nichts mit der Informationsmenge zu tun hat, die zu bewältigen ist, und auch nicht mit den Anforderungen selbst oder mit der zur Verfügung stehenden Zeit. Die Herausforderung, vor der sie stehen, heißt: Ihre Neigung, ungeliebte Aufgaben aufzuschieben, zu überwinden.

Den meisten von uns wurde nämlich nie beigebracht, effektiv zu arbeiten.

Wir pflegen mehrheitlich allerhand schlechte Angewohnheiten, die sich nur mühsam ändern lassen.

Und wo wir gerade beim Wort »ändern« sind: Die meisten von uns tun sich schwer mit der Veränderung.

Dieses nunmehr in seiner 9. deutschsprachigen Auflage erscheinende Buch hat im Laufe der Jahre so manche technische Neuerung begleitet. Die Tipps zum Umgang mit der Technik sollten für Sie jedoch nicht das Ausschlaggebende an diesem Buch sein. Was zählt sind vielmehr Ihre persönlichen Angewohnheiten und Arbeitsabläufe – wie Sie also neue und effektivere Angewohnheiten kultivieren und Ihre Arbeitsabläufe verbessern können. Dies gilt heute wie schon vor 25 Jahren.

Angewohnheiten zu ändern und individuelle Arbeitsweisen zu fördern – darin ist mein Unternehmen seit Jahren erfolgreich. Im vorliegenden Buch bündeln sich die Erkenntnisse aus der Zusammenarbeit mit Hunderten von effektiv arbeitenden Menschen, die wir in den letzten 25 Jahren bei IBT trainiert und ausgebildet haben. Was aber heißt es, wenn wir behaupten, diese Menschen arbeiten »effektiv«? Lassen sich ihre Methoden auf einen allgemeingültigen Nenner bringen? Dieses Buch enthält erprobte Strategien, die entwickelt wurden, um unseren Klienten bei der Aneignung dieser Prinzipien zu helfen und sie so zu einer alltäglichen Arbeitsweise werden zu lassen.

Was gehört also zu einem persönlichen Arbeitsprozess? Wie können Sie Ihre Arbeit besser organisieren? Welches System funktioniert am besten? Wie schnell können Sie loslegen? Und wie können Sie Ihre Arbeit zeitsparend organisieren, um in kürzerer Zeit mehr zu erreichen? Auf all diese Fragen finden Sie hier eine Antwort.

Außerdem haben wir gelernt, dass E-Mails und Besprechungen für die meisten von uns zu den zeitraubendsten Aspekten unserer täglichen Arbeit überhaupt gehören. Zum Glück haben wir viel darüber gelernt, wie man mit diesen Herausforderungen umgeht, und diese Erfahrungen sind in zwei neue Kapitel eingeflossen.

Vielen von uns fehlt selbst zum Lesen noch die Zeit. Für die ganz Eiligen unter Ihnen habe ich gleich im ersten Kapitel die wichtigsten Grundsätze auf wenigen Seiten zusammengefasst.

Charles Dickens schrieb einst: »Alle meine Erfolge verdankte ich nur dem Umstand, daß ich Pünktlichkeit, Ordnung und Fleiß bei jeder Gelegenheit übte.« Ich hoffe, dass Ihnen dieses Buch das nötige Wissen und die Methode an die Hand gibt, um neue und bessere Arbeitsweisen zu entwickeln und so die bestmögliche »Ordnung« zu erschaffen, Sie zur Pünktlichkeit ermutigt und wünsche Ihnen die Ausdauer, damit schließlich zum Erfolg zu gelangen.

Kerry Gleeson
Boca Raton, Florida

Einleitung

Das möglicherweise wertvollste Resultat jeglicher Erziehung ist die Fähigkeit, sich selbst zu motivieren und das zu tun, was getan werden muss – ganz gleich, ob es einem gefällt oder nicht.

Thomas Huxley

Das Persönliche Effektivitäts-Programm: Woran es fehlt

- Läuft Ihnen scheinbar dauernd die Zeit davon?
- Haben Sie manchmal das Gefühl, von Ihrer Arbeit erschlagen zu werden?
- Kommt es Ihnen meistens so vor, dass Sie bis zum Hals in Papierkram versinken?
- Wünschen Sie sich mehr Zeit für das, was Sie immer schon mal tun wollten?
- Machen Sie oft bis spät abends oder an den Wochenenden Überstunden, um nachzuholen, was Sie während der normalen Arbeitszeit nicht geschafft haben?
- Geraten Sie wegen unerledigter Aufgaben in Stress?
- Fällt es Ihnen schwer, eine Aufgabe abzulehnen?
- Vergeuden Sie Zeit bei Besprechungen?
- Bekommen Sie die Ineffizienz Ihrer Kollegen am eigenen Leib zu spüren?
- Können Sie sich kaum darauf konzentrieren, Ihr Leben beruflich und privat langfristig zu verbessern, weil Sie ständig überlastet sind oder Krisen meistern müssen?

- Fragen Sie sich manchmal, ob Sie am Arbeitsplatz und im Leben wirklich das erreichen, was Sie wollen?
- Wünschen Sie sich, dass bei all der Zeit und Mühe, die Sie in Ihre Arbeit stecken, mehr herauskommt?
- Würden Sie gern öfter ausspannen oder Urlaub machen?

Die meisten Menschen beantworten diese Fragen mit einem nachdrücklichen »Ja«. Wenn es Ihnen genauso geht, machen Sie sich auf eine angenehme Überraschung gefasst: Sie können diese Probleme bewältigen. Sie können das erreichen, was Ihnen beruflich und privat am wichtigsten ist, und trotzdem noch Zeit für sich selbst, für Ihre Familie und für die Dinge finden, die Sie gern tun würden.

Die Wurzeln von PEP

In den frühen 1980er Jahren lebte ich in Schweden und leitete eine kleine Unternehmensberatung. Um neue Kunden zu gewinnen, entwickelte ich ein damals einzigartiges Vergütungssystem: Ich würde kein Honorar nehmen, bis mein Kunde messbare Resultate vorweisen konnte. In Verhandlungen mit potenziellen Kunden war es zentral festzulegen, was diese messbaren Resultate sein könnten. Da ich mich auf Marketing- und Vertriebsthemen spezialisiert hatte, konnte ich meinen Kunden in der Regel quantifizierbare Ziele vorschlagen, meist steigende Umsatz- oder Kundenzahlen.

Als nächstes musste ich für meinen Kunden Vertriebsstrategien entwickeln, die diese steigenden Umsatz- oder Kundenzahlen herbeiführten. Das war einfacher als erwartet: Ich musste nur die Verantwortlichen in den Unternehmen fragen, was sie tun würden, um die gewünschten Steigerungen herbeizuführen. In den meisten Fällen war ihnen klar, was zu tun war.

Ich entwickelte daraufhin einen Plan, der auf ihren Empfehlungen basierte. Und nun kommt das Interessante: In fast allen Fällen stellte ich, wenn ich wieder in das Unternehmen kam, fest, dass dieser Plan nicht umgesetzt worden war! Den Mitarbeitern fehlte die Zeit; sie hatten zu viele andere Aufgaben auf dem Tisch, Kollegen waren durch Urlaub oder Krankheit ausgefallen. Mir wurde schnell klar: Ich würde die Leute in den Unternehmen dazu bringen müssen, meinen Plan auch umzusetzen – oder ich würde niemals ein Honorar sehen. Die Angestellten waren in ihren täglichen Routinen gefangen, sie verbrachten viel Zeit damit, Unterlagen zu suchen, oder sie waren auf viele andere Arten unorganisiert, und es entwickelte sich zu meiner Hauptaufgabe, ihnen nicht beim Erreichen ihrer Marketing- oder Vertriebsziele zu helfen, sondern dabei, sich vernünftig zu organisieren.

Es gelang mir schnell, einen Kundenstamm aufzubauen. Einer meiner Kunden war ein Zweig der Svenska Handelsbanken, eine der profitabelsten Banken von Schweden. Sie beauftragten mich mit der Aufgabe, das Gesamtvolumen der Kundengelder auf Sparkonten zu erhöhen – ein klar messbares Resultat. Gemeinsam mit dem Managementteam und den Mitarbeitern erarbeitete ich einen Marketingplan. Dann aber kam der härtere Teil der Aufgabe: dafür zu sorgen, dass dieser Plan umgesetzt wurde.

Bei der Svenska Handelsbanken hielt eine Reihe von Dingen die Mitarbeiter davon ab, meinen Marketingplan umzusetzen. Zum Beispiel gehörte Job-Rotation zum Teil der Firmenkultur; dadurch fanden sich die Mitarbeiter alle paar Monate an neuen Arbeitsplätzen wieder, ohne zu wissen, wie diese organisiert waren. Da es keine Eingangskörbe gab, landete die Post inmitten all der anderen Stapel auf den Schreibtischen. So ging manches Schriftstück zwischen anderen Unterlagen verloren oder wurde tagelang übersehen. Die Managerin dieses Zweiges war eine gute Führungskraft, aber sie verbrachte den größten Teil ihrer Arbeitszeit in Kundengesprächen. Deshalb hatte sie wenig Zeit, sich um die Arbeitsorganisation ihrer Mitarbeiter zu kümmern.

Ich begann damit, ein Standardablagesystem für jeden Arbeitsplatz zu entwickeln, sodass jeder, der im Rahmen der Job-Rotation an einen neuen Schreibtisch kam, sich sofort zurechtfinden konnte. Außerdem richtete ich eine zentrale Poststelle mit Eingangskörbchen für jeden Mitarbeiter ein. Recht bald fingen die Mitarbeiter außerdem an, eigene Lösungen zu entwickeln, wenn etwas sie in ihrer Produktivität behinderte. Am Ende bekam ich von der Bank den Auftrag, 50 internationale Trainer zu trainieren, die das Persönliche Effektivitäts-Programm auch in den anderen Zweigen der Bank einführen sollten.

Aus dieser Erfahrung und aus der Arbeit mit vielen anderen Kunden in Schweden und einem Dutzend anderer Länder in Europa und Nordamerika habe ich gelernt, dass die Mehrzahl der Mitarbeiter große Fachkompetenzen aufweist, aber oft einfach nicht weiß, wie sie ihre Arbeit organisieren soll.

Das zentrale Thema aller Qualitätsverbesserungsbemühungen sind Arbeitsabläufe. Doch die meisten individuellen Mitarbeiter erahnen nur vage, wie sehr ihr persönliches Arbeitsverhalten die Arbeitsabläufe und die Produktivität ihres Teams oder Unternehmens beeinflusst – meine größten Erfolge lagen immer wieder darin, die Produktivität eines Teams zu erhöhen, indem ich den Fokus auf die persönlichen Arbeitsprozesse und die Arbeitsorganisation jedes Einzelnen richtete. Viele Angestellte verschwenden nicht viele Gedanken darauf, wie sie ihre Arbeit tun. Doch sobald sie anfangen, genau daran zu arbeiten, merken sie schnell, dass sie viel produktiver werden! William James, ein bekannter Psychologe und Philosoph des 19. Jahrhunderts, formulierte es so: »Worauf ein Mensch sich konzentriert, das erreicht er auch.«

Die Ursache des Problems

Warum glauben die Menschen, nie genug Zeit zu haben? Warum haben sie das Gefühl, zugleich überarbeitet und unproduktiv zu sein? Die Antwort ist ganz einfach. Den meisten Menschen wurde während ihrer Ausbildung nie beigebracht, wie man effizient und effektiv arbeitet, was insbesondere für den Angestelltenbereich gilt. Selbst Führungskräfte haben häufig keine Ahnung, wie sie alles organisieren oder ihre Arbeit am besten abwickeln sollen. Sie können vielleicht einen komplizierten Bauplan zeichnen, einen raffinierten Werbetext schreiben oder einen Vertrag aushandeln; aber sie sind oft nicht in der Lage, ihre Woche effektiv durchzuorganisieren oder mit Störungen und unvorhergesehenen Ereignissen und Prioritäten fertig zu werden.

Ein Manager beschreibt dieses Phänomen treffend: »Man geht auf die Universität, erhält eine Berufsausbildung und bekommt einen Job. Man fängt an zu arbeiten, und aus dem Nichts taucht plötzlich dieser ganze Papierkram auf. Kein Mensch hat ihn je vorher erwähnt! Welche Schriftstücke bewahrt man auf? Wo legt man sie ab? Wie findet man sie wieder?«

Im Zuge meiner Arbeit bin ich vielen klugen und tüchtigen Menschen begegnet, die ihren Job wirklich aus dem Effeff verstehen. Sie lösen mit Leichtigkeit komplexe Probleme. Sie bauen Gebäude, dirigieren Frachtgut, entwickeln Produkte, verkaufen Dienstleistungen oder heilen Krankheiten. Aber trotz ihrer fachlichen Fähigkeiten und ihrer hohen Bildung bereitet es vielen dieser Menschen enormen Stress, mit dem, was sie tun müssen, auf dem Laufenden zu bleiben. Warum? Weil ihnen, genauso wie vielen anderen auch, nie das A und O guter Büroarbeit näher gebracht worden ist. Zu lernen, wie man seine Arbeit abwickelt, ist ein fehlendes Glied in unserer Ausbildung. Das Persönliche Effektivitäts-Programm (PEP) schließt diese Lücke.

Erst in letzter Zeit wurde an verschiedenen Universitäten Amerikas ein faszinierendes Programm getestet: Es zielt darauf ab, Professoren und Dozenten das Lehren zu lehren. Lassen Sie sich diesen Satz bitte einmal auf der Zunge zergehen: Man lehrt Lehrkräfte, wie sie ihren Studenten etwas beibringen sollen. Es war bisher nicht üblich, Professoren und Dozenten in diesem wesentlichen Aspekt ihres Berufs zu schulen, denn es reichte aus, dass sie das theoretische

Fachwissen in ihrem Gebiet unter Beweis gestellt hatten. Doch wie Ihnen viele Studenten sicherlich bestätigen können, macht das hervorragendste Fachwissen aus keinem Akademiker automatisch eine gute Lehrkraft.

Auch die Elternschaft ist ein Gebiet, auf dem sozusagen nur Laien tätig sind. Oder kennen Sie ein Elternpaar, das einen Kurs in Kindererziehung belegt hat, bevor die Kinder zur Welt kamen? Und ebenso schlecht vorbereitet sind viele Manager, die ohne grundlegende Vorkenntnisse versuchen, sich selbst zu organisieren.

Wie geht man dieses Problem an?

Wir sind nicht dumm und wissen sehr wohl, dass wir effektiver arbeiten könnten. Aber wie bekommen wir dieses Ausbildungsdefizit in den Griff? Vielleicht arbeitet einer unserer Kollegen mit einer Art Organizer oder Terminkalender, also besorgen wir uns auch einen. Derartige Hilfsmittel sind uns bald vertraut, wir lernen durch Versuch und Irrtum, unsere Arbeit so gut zustande zu bringen, wie wir können. Aber weil die von uns selbst aufgebauten Arbeitsroutinen nicht zwingend den Prinzipien guter Arbeitsorganisation folgen, sind sie möglicherweise nicht so wirkungsvoll, wie sie sein könnten.

Unsere Arbeitsgewohnheiten nutzen uns vielleicht in einer bestimmten Arbeitsumgebung, aber wenn sich unser Job verändert oder das Unternehmen fusioniert oder verkleinert wird, passen sie vielleicht nicht mehr zu der neuen Arbeitsumgebung, die größere Anforderungen an uns stellt.

Weil wir Gewohnheitstiere sind, ist es für uns schwierig, unser Verhalten zu ändern, selbst wenn es unserer Meinung nach gut wäre. Aber welches sind die effektivsten Arbeitsmethoden? Wie kann man sein Verhalten erfolgreich verändern? Wie können Sie produktiver werden? Diese Fragen werden in dem vorliegenden

Buch beantwortet. Und es zeigt Ihnen, wie Sie diese Probleme wirksam angehen. Am Schluss werden Sie weniger arbeiten, und Ihr Job wird Ihnen leichter von der Hand gehen.

Bis ins Detail

Ein sehr wohlhabender und erfolgreicher Mann antwortete auf die Frage nach seinem Erfolg: »Der Teufel sitzt im Detail.« Wir alle wissen, dass unser beruflicher Erfolg zum Teil daraus resultiert, Einzelheiten Beachtung zu schenken, aber wir erkennen vielleicht nicht, wie diese Aufmerksamkeit fürs Detail mit unserem persönlichen Arbeitsstil zusammenhängt. Mit PEP wird definiert, wie man im Einzelnen arbeiten sollte. Das Wissen und die Erfahrungen in diesem Buch entstammen der Durchführung von PEP. Ob Sie Ihre Arbeitsweise nun maßvoll modifizieren oder radikal umstrukturieren, Sie werden sich auf die Details Ihrer Arbeit konzentrieren und dadurch Ihr Verhalten zu ihrem Vorteil verändern. Der Nutzen wird viel größer sein, als Sie es sich vorstellen können.

Erfolgreiche Fertigungsunternehmen haben viel Zeit und Geld investiert, um jeden Schritt im Produktionsprozess zu analysieren, zu verfeinern und zu perfektionieren. Die Mühe zeigt Früchte. So hat sich dort die Produktivität und Qualität drastisch erhöht. Aber im Bürobereich, von Dienstleistungen über die Informationsverarbeitung bis zum Management, sind die betrieblichen Prozesse schwieriger zu analysieren und umzustrukturieren. Persönliche Arbeitsweisen werden selten genug wenigstens als Teil des betrieblichen Managementprozesses begriffen, geschweige denn durchleuchtet und perfektioniert. Und damit fehlen wichtige Schlüsselqualifikationen, die zur Erreichung von Arbeitszufriedenheit und Effektivität beitragen.

Die Lösung

Da es also an Wissen über eine qualitativ und quantitativ gute persönliche Arbeitsweise auf der Ebene der Angestelltenberufe mangelt, fehlt selbst in den Unternehmen, die sich mit großem Aufwand der Qualitäts- und Produktivitätskette widmen, ein wichtiges Glied in dieser Kette. Und da es fehlt, wird es oft nicht bemerkt; und was man nicht bemerkt, vermisst man nicht. Dennoch ist das fehlende Glied in der Kette für viele Angestellte die Ursache endloser Frustrationen im Arbeitsalltag.

PEP kann die Lücke in der Produktivitätskette schließen. Das Konzept hilft jedem, der sehr viel zu tun hat. PEP lehrt Sie, wie Sie

- Ihre Arbeit besser unter Kontrolle bringen;
- Ihre Arbeit stressfreier erledigen;
- Zeit einsparen;
- entscheiden, welche Prioritäten Sie setzen sollten, und
- wie Sie das Wichtige dann auch erledigen.

Mit PEP kann man seine persönliche Produktivität entscheidend steigern. Das soll nicht heißen, dass die Menschen bisher nicht engagiert und viel arbeiten. Die Zusammenarbeit mit Angestellten in vielen Unternehmen hat uns genau das Gegenteil gelehrt. Die Menschen arbeiten wirklich hart. Die allermeisten wollen ihren Job gut machen und investieren viel Zeit und Kraft. Aber der Mehrzahl gelingt es trotz des großen Zeitaufwands einfach nicht, abends entspannt und zufrieden in den wohlverdienten Feierabend zu gehen. Und doch könnte die eigene Produktivität viel höher sein, wenn man »richtig« an den richtigen Dingen arbeitet. PEP liefert genau dafür das Know-how.

PEP wird Ihre Arbeit vereinfachen. Sie wird weniger mühsam sein als bisher.

Es wird nicht einfach, aber es lohnt sich

Ungeachtet Ihrer Motive – ob Sie sich wünschen, mehr Geld zu verdienen oder in der Freizeit auf der faulen Haut zu liegen, ob Sie bessere Leistung bringen oder das Büro pünktlicher verlassen wollen – werden Ihnen die Grundlagen und Prinzipien, die in diesem Buch besprochen werden, dabei helfen, Ihre Wünsche in die Realität umzusetzen.

Das vorliegende Buch versucht, so einfach zu sein wie PEP selbst. Es hilft Ihnen, bessere Arbeitsgewohnheiten anzunehmen und Systeme, Routinen und Lösungen zu entwickeln, mit denen Sie Ihre Produktivitätsprobleme in den Griff bekommen. Sie gestalten Ihre Arbeit zufriedenstellender und entwickeln somit mehr Freude an ihr.

Nun, es ist eine Sache, über bestimmte Informationen zu verfügen, aber eine andere, auch danach zu handeln. Besonders schwer wird es, wenn man auch noch das eigene Verhalten ändern soll. Es gibt keinen einfachen Weg, sich zu ändern, doch wir haben einige Werkzeuge entwickelt, mit denen es funktioniert. Beim Großreinemachen in Ihrem Büro werden Sie das Prinzip erkennen: Möchten Sie Ihr Verhalten ändern, ist es einfacher, es gleich gründlich zu tun. Der Grundsatz »Tun Sie's sofort!« wird Ihnen bald in Fleisch und Blut übergehen. Sie werden mehr erledigen können als je zuvor und lernen, Ihren Verzögerungstaktiken, die Verhaltensänderungen am meisten im Wege stehen, ein für alle Mal ein Ende zu bereiten. Zuallererst werden Sie Ihre schlechten Angewohnheiten ablegen und sich gute aneignen. Wenn wir Menschen schon mal Gewohnheitstiere sind, sollten wir zumindest dafür sorgen, dass wir uns nur gute Gewohnheiten zulegen.

PEP gleicht einem Übungsprogramm: Sie müssen jeden Schritt nachvollziehen, soll es von Nutzen sein. Lesen allein reicht nicht. Sollten Sie also das Programm nicht mitmachen wollen, legen Sie dieses Buch sofort beiseite. Sparen Sie ein wenig Zeit, indem Sie es nicht lesen. Oder folgen Sie dem Programm und sparen Sie viel Zeit. Ihre Lebensqualität wird sich garantiert entscheidend verändern.

1

Tun Sie's sofort

Die Dilettanten, wenn sie das Möglichste getan haben, pflegen zu ihrer Entschuldigung zu sagen, die Arbeit sei noch nicht fertig. Freilich kann sie nie fertig werden, weil sie nie recht angefangen ward.

Johann Wolfgang von Goethe

Überblick: In diesem Kapitel lernen Sie,

+ wie Sie mehr erreichen, indem Sie Dinge sofort erledigen;
+ wie Sie Ihre Arbeitsbelastung verringern, indem Sie alles nur einmal tun;
+ entschlussfreudiger zu werden, indem Sie sich zuerst die schlimmstmögliche Konsequenz Ihres Handelns vor Augen führen und dann, falls diese Konsequenz für Sie akzeptabel ist, tatsächlich handeln;
+ Prioritäten nicht mehr als Ausrede zu benutzen, etwas nicht zu tun;
+ Wichtiges von Unwichtigem zu unterscheiden und danach zu handeln;
+ Dinge genauso gekonnt abzuarbeiten, wie Sie sie bisher geschickt vor sich hergeschoben haben.

Sofort! Zweifellos hören Sie das Wort ununterbrochen. Wenn nicht von Ihrem Chef, Ihrem Ehepartner oder Ihren Kindern, dann von Werbeleuten und Verkäufern. An manchen Tagen scheint es so, als ob jeder sofort etwas von Ihnen verlangt. Ein Manager oder Kollege teilt Ihnen mit, dass jemand nicht im Büro erschienen ist und seine Arbeit von Ihnen gemacht werden muss, und zwar sofort. Oder Sie erhalten einen Anruf von zu Hause, dass ein Leck in der Wasserleitung sofort repariert werden muss. Das klingelnde Telefon will sofort abgehoben werden. Eine Anzeige in einer Zeitschrift suggeriert Ihnen, einen Artikel sofort zu kaufen. Alle diese

Dinge passieren gleichzeitig. Und so häufen sich Wünsche und Aufgaben an, und wir ersticken in unserer Arbeit.

Einige Zeitmanagementexperten raten uns, dass wir die ganzen Dinge ignorieren sollten, die lautstark unsere dringende Beachtung fordern, einschließlich des Telefons. Sie sagen uns, dass wir nicht einfach auf die Umstände und Menschen um uns herum reagieren, sondern uns stattdessen organisieren, Prioritäten setzen und unser Leben unter Kontrolle bringen sollten, indem wir einige Aufgaben zurückstellen und unsere Aufmerksamkeit auf die Aktivitäten konzentrieren, die »am wichtigsten« sind, »zuerst getan werden müssen« oder »höchste Priorität« besitzen.

Natürlich ist es wichtig zu planen, Ziele zu setzen und Schwerpunkte zu bilden. Aber wenn wir uns Prioritäten setzen, scheinen wir allzu oft zu vielen Dingen überhaupt nicht zu kommen. »Weniger wichtige« Aktivitäten werden zugunsten »wichtigerer« ins hinterste Eck geschoben und schmoren vor sich hin. Erst wenn sie anbrennen, wird ihnen, kein Wunder, eine ganz hohe Priorität eingeräumt. Und raten Sie mal, wer den Brand löschen darf? Sie natürlich – und zwar sofort!

Wie das Persönliche Effektivitäts-Programm funktioniert

Die wirksamste Methode, die effektiv und zufriedenstellend die gewünschten Ergebnisse erbringt – und die Sie hier lernen werden –, ist, Dinge sofort zu erledigen. Indem Sie sich dafür entscheiden, Dinge sofort zu tun, wird dieses Prinzip zu Ihrem Verbündeten. Wenn Sie die vielen überschaubaren Arbeiten gleich erledigen, sind Sie besser organisiert, gewinnen eine größere Kontrolle über das Wann, Wo und Wie Ihrer Aktivitäten und steigern sowohl Ihre Zufriedenheit als auch Ihre Leistung. Dies ist der oberste Grundsatz des Persönlichen Effektivitäts-Programms (PEP).

Kommt Ihnen das folgende Szenario bekannt vor? Sie kommen in Ihr Büro, setzen sich an Ihren Schreibtisch, fahren Ihren PC hoch und öffnen Ihr Mailprogramm. Sie haben 50 Nachrichten in Ihrem Posteingang, einige davon sind schon mehrere Tage oder Wochen alt. Die Betreffzeile einer Mail erinnert Sie daran, dass Sie Müller anrufen müssen. Pflichtbewusst legen Sie eine To-do-Liste an. Ihr Blick fällt auf eine andere Mail, und diesmal ist es die Beschwerde eines Kunden. Sie denken: »Ich muss diese Mail beantworten.« Die dritte Mail umreißt ein anstehendes Problem. »Ich muss darüber mit meinem Chef sprechen«, murmeln Sie und notieren die Sache auf Ihrer To-do-Liste. Sie schauen auf die vierte Mail und sagen: »Das ist nicht wichtig. Ich kann es später machen.« Und so geht es weiter und weiter. Sie gehen Ihre Mails und die Papierstapel auf Ihrem Schreibtisch noch einmal flüchtig durch, kommen wieder zu der Liste mit den zu erledigenden Dingen und lesen jedes Schriftstück nochmals durch. Praktisch haben Sie Ihren Zeitaufwand nahezu verdoppelt und doch eigentlich nichts erledigt.

Dieses Verfahren ginge vielleicht in Ordnung, wenn wir die Papiere nur zweimal durchsehen würden, aber bei manchen Vorgängen geschieht das drei-, vier- oder fünfmal, bevor wir uns endlich an die Arbeit machen. Das kostet in der Regel zu viel Zeit.

Die oberste Regel zur Steigerung der persönlichen Produktivität lautet deshalb:

> *Bearbeiten Sie etwas,*
> *wenn Sie das erste Mal damit*
> *in Berührung kommen.*

Damit sind nicht jene Dinge gemeint, die Sie aufgrund der Aufgabenstellung gar nicht sofort erledigen können, geschweige denn die, die Sie nicht gleich in Angriff nehmen sollten. Ich spreche von all den Dingen, die Sie erledigen könnten und sollten, aber nicht tun. Ich spreche über Ihre tägliche routinemäßige Schreibtischarbeit. Kümmern Sie sich sofort um diese Dinge, wenn sie auf Ihrem Schreibtisch landen, und Sie werden langfristig eine Menge Zeit sparen und Papier loswerden.

Rufen Sie Müller an. Antworten Sie sofort auf die Nachricht in Ihrer elektronischen Mailbox. Beantworten Sie die Beschwerdemail des Kunden. Reagieren Sie auf die Mitteilung auf Ihrem Anrufbeantworter unmittelbar nach dem Abhören. Tun Sie's sofort. Sie werden erstaunt sein, wie wenig Zeit Sie tatsächlich dafür brauchen und wie gut Sie sich fühlen, wenn die Sache vom Tisch ist.

Wenn Sie nicht vorhaben, Ihre Papierstapel zu bearbeiten, verschwenden Sie bitte keine Zeit damit, sie durchzusehen. Wenn Sie die Nachrichten auf Ihrem Anrufbeantworter nicht beantworten möchten, verschwenden Sie bitte keine Zeit damit, sie abzuhören. Wenn Sie Ihre E-Mails nicht beantworten möchten, verschwenden Sie bitte auch keine Zeit damit, sie durchzulesen. Vergeuden Sie Ihren Tag nicht mit Dingen, die Sie nicht erledigen. Befassen Sie sich lieber damit, was Sie tatsächlich tun werden, und tun Sie's sofort!

Fangen Sie bei Ihrem Arbeitsplatz an

Wenn Sie alles besser organisieren und das Persönliche Effektivitäts-Programm sowohl beruflich als auch privat in die Tat umsetzen wollen, fangen Sie damit an, Ihren Schreibtisch aufzuräumen. Wenn ich PEP trainiere, gehe ich mit meinen Kunden die ganzen Papiere und Zettel durch, die sich dort angesammelt haben, und frage bei jedem, um was es sich handelt. »Oh ja, das ist etwas, auf das ich hätte antworten sollen«, lautet eine typische Antwort, die ich immer wieder höre.

»Na, dann los«, schlage ich dann üblicherweise vor. Viele Kunden nehmen das Blatt Papier nun auch zur Hand, aber nur, um es woanders abzulegen, doch ich frage sofort: »Augenblick mal, warum legen Sie das Papier auf den anderen Stapel?«

Meistens sieht der Kunde daraufhin erstaunt auf und entgegnet: »Nun ja, ich muss es doch noch erledigen, also lege ich dieses Schreiben auf den Stapel ›Zu erledigen‹.«

»Gut, aber tun Sie's sofort!«

»Sie wollen, dass ich mich sofort darum kümmere? Das könnte aber etwas dauern …«

Die meisten Kunden gehen die Aufgabe nun auch wirklich an. Normalerweise schaue ich auf die Uhr, wie lange der Kunde braucht, und frage dann: »Was glauben Sie, wie lange das nun gedauert hat?«

Die Antwort lautet in der Regel: »Eine Minute« oder »Drei Minuten« – der Kunde bemerkt jetzt, dass der Aufwand wirklich minimal war. Beim ersten Mal fühlen sich die Menschen bei diesem ungewohnten Vorgehen unwohl. Sie handeln zwar richtig, haben aber das Konzept noch nicht richtig verstanden, obwohl wir darüber reden und sie bitten, sich diese neue Arbeitsweise anzugewöhnen. Das Schwierigste ist, zu begreifen, dass der Grundsatz »Tun Sie's sofort« fast immer und für alles gilt.

Selbst wenn sich die meisten meiner Kunden die ersten paar Male an dieses Prinzip halten, fallen sie oft wieder in ihre alte Gewohnheit zurück, die Dinge auf die lange Bank zu schieben. Dies wird offensichtlich, wenn ich den Kunden nach Abschluss des Trainings wieder aufsuche. Es ist einfach, über das Prinzip »Tun Sie's sofort« zu reden und jemanden dafür zu gewinnen. Doch nur wenn man sich über einen längeren Zeitraum mit diesem Grundsatz befasst, erkennt man, dass Theorie und Praxis auseinanderklaffen. Übung und Training sind der Schlüssel zum Erfolg.

Ist die Aufgabe überschaubar, rate ich meinen Kunden, sie sofort zu erledigen. Ist sie umfangreicher, entscheiden wir gemeinsam, wie lange die Arbeit dauert und wann sie erledigt werden kann. Jetzt kann das Papier zum Beispiel einer Wiedervorlage oder einem laufenden Projekt zugeordnet werden und verschwindet vom Schreibtisch. Doch dazu mehr im Kapitel *Organisieren Sie sich sofort.*

Beim ersten Mal fühlen sich die Menschen bei diesem ungewohnten Vorgehen unwohl. Bei der zweiten oder dritten Aktivität merken sie bereits, wie schnell sie die Dinge endgültig vom Tisch schaffen können. Ich rate meinen Kunden, sich genau diesen Arbeitsstil zu Eigen zu machen.

Üben Sie diese Verhaltensweise ein. Prüfen Sie sich selbst immer wieder, ob Sie nicht doch wieder anfangen, eine neue To-do-Liste zu schreiben und etwas vor sich herzuschieben. Nur durch ein kontinuierliches Arbeiten mit diesem Konzept erkennen Sie allmählich Ihre ganz persönlichen Tricks, Techniken und Beweggründe, die Sie dazu bringen, Dinge nicht sofort zu erledigen.

Einige Beispiele aus der Praxis: Der erste Besuch bei einem Klienten umfasste ein sorgfältiges Aufräumen seines Schreibtischs. Wir arbeiteten uns durch jedes einzelne Schriftstück auf seinem Schreibtisch, bis alles getan war, was erledigt werden konnte. Wir sprachen darüber, die Dinge gleich in Angriff zu nehmen, wenn sie das erste Mal bei ihm landeten. Er war so beeindruckt, dass er sich darauf festlegte, »Tun Sie's sofort« zu seiner neuen Arbeitsphilosophie zu machen.

Bei meinem zweiten Besuch berichtete er, dass das Prinzip »Tun Sie's sofort« seine größte bisherige Errungenschaft und einfach toll sei. Er war total begeistert von dem Programm und der Veränderung in seinem Leben. Ich stellte bei der Durchsicht der Papiere in seiner Ablage für Laufendes fest, dass dennoch einiges liegen geblieben war. Das Erste war eine telefonische Mitteilung. Auf die Frage »Warum rufen Sie nicht sofort zurück?« runzelte er ein wenig die Stirn. »Gleich?«, fragte er. Und so griff er zum Telefonhörer und erwiderte den Anruf. Am Ende unseres Treffens hatten wir alle Papiere in dieser Ablage durchgearbeitet.

Warum konnte ich seine Ablage leeren und er nicht? Weil er mit »laufend« »später« assoziierte, und nur ein einzelner PEP-Trainingstag daran offensichtlich noch nichts geändert hatte.

»Tun Sie's sofort« bedeutet, es gleich zu tun, und zwar regelmäßig und konsequent, Tag für Tag. Sie geraten in erster Linie deshalb in Schwierigkeiten, weil Sie etwas nicht gleich tun. Ihre Ablage für Laufendes ist nur für Dinge da, deren Erledigung nicht sofort möglich ist. Zum Beispiel hat Müller für nachmittags seinen Rückruf angekündigt, sodass Sie selbst nicht aktiv werden können.

Wenn Sie das Konzept »Tun Sie's sofort« begreifen – und danach handeln –, wird sich Ihr Arbeits- und Lebensstil verändern. Sie werden merken, dass Sie mehr Aufgaben erledigen als je zuvor.

Nichts mehr auf die lange Bank schieben

Dinge unnötigerweise hinauszuschieben, verschlingt wahrscheinlich mehr Arbeitszeit als alles andere. Wenn Sie Meister im Verschleppen sind, werden Sie durch das Prinzip, Dinge sofort zu tun, erkennen, welche Arbeiten Sie gewohnheitsmäßig aufschieben, und wie Sie dieses Verhalten in den Griff bekommen.

> Aufschub heißt der Dieb der Zeit.
>
> *Edward Young*

Die meisten Menschen sind sehr geschickt, ja genial darin, sich vor Aufgaben zu drücken. »Ich habe keine Zeit« ist eine geläufige Ausrede. »Ich dachte, Sie sagten, dass Sie heute nicht da wären, deshalb habe ich Sie erst gar nicht angerufen.« »Das kann ewig dauern, ich warte dafür lieber einen Tag ab, an dem sonst nichts anliegt.« »Dies ist nicht so wichtig.« Es gibt endlos viele Gründe, warum eine Aufgabe nicht erledigt werden kann.

Ich rate Ihnen: Seien Sie genauso geschickt darin, Dinge zu tun, wie Sie es sind, sich vor ihnen zu drücken. Wenn jemand nicht da ist, wer könnte Ihnen sonst die Informationen geben? Ein anderer Mitarbeiter? Woher könnten Sie sie noch bekommen? An wen könnten Sie die Aufgabe delegieren? Was müssen Sie tun, damit die Arbeit erledigt wird? Wie verschwindet dieser Brief, Prospekt oder Bericht aus Ihrem Eingangskorb und von Ihrem Schreibtisch, sodass Sie ihn nie wieder anschauen müssen? Darauf sollten Sie sich konzentrieren – nicht auf findige Ausreden.

Allzu oft schaffen wir es nicht, Aufgaben zu erledigen, weil wir sie einfach nicht tun. Sie können den Spieß jedoch umdrehen. Fangen Sie auf der Stelle damit an, und lernen Sie, nichts mehr vor sich herzuschieben und Ihre Produktivität zu steigern. Wie? Setzen Sie die folgenden acht Erkenntnisse ein – am besten sofort:

1. Tun Sie alles nur einmal. Es ist allzu oft üblich, Papiere, die sich auf dem Schreibtisch angesammelt haben, zu sortieren und einen Stapel für die zu erledigenden und einen für die Dinge zu bilden, die noch warten können. Falls Sie auch zu den Staplern gehören, sind Sie damit wahrlich nicht allein. Viele Menschen machen das regelmäßig so. Die erste Durchsicht der Papiere bezeichnen sie als das »Lesen, um mit den Themen vertraut zu werden«. Die zweite ist ihr »Aktions«-Lesen, sofern sie das Papier nicht schon beiseitegelegt haben, um es »später zu erledigen«. Und dies passiert auf allen Hierarchieebenen, selbst bei einem zweifachen Doktortitel oder bei der Ausübung einer verantwortlichen Position in der Wirtschaft! Indem sich diese Menschen das Prinzip »Tun Sie's sofort« zu Eigen machen und es praktizieren, wird ihnen der prompte Nutzen von PEP augenblicklich klar: Tun Sie's sofort, und Sie erledigen es nur einmal.

Es bringt nichts, alles auf Ihrem Schreibtisch sinnlos mehrfach durchzusehen, bevor Sie handeln. Wenn Sie einen Beschwerdebrief eines Kunden lesen, wissen Sie bereits beim ersten Mal, was zu tun ist. Den Brief zweimal zu lesen, verdoppelt nur Ihre Lesezeit, und er ist immer noch nicht beantwortet. Reagieren Sie gleich auf den Brief – sofort. Sie sparen Zeit, der Kunde wird zufriedener sein, und

Sie erledigen eine Aufgabe, die Sie anderenfalls davon abhält, wichtigere Dinge zu tun.

2. Machen Sie Ihren Kopf frei. Ein Teilnehmer beschrieb einmal, was ihm immer so alles durch den Kopf ging, wenn er abends von der Arbeit nach Hause fuhr. Auf seinem Weg liegt eine Tankstelle, und er dachte: »Ich muss mir einen Ersatzreifen für mein Auto kaufen. Ich hatte vor kurzem einen Platten und bin noch nicht dazu gekommen, einen zu besorgen.« Auf der Weiterfahrt kam er an einer Apotheke vorbei und überlegte: »Vitamin C. Wir brauchen Vitamin C. Der Winter steht vor der Tür, und wir werden uns bestimmt wieder einen Schnupfen holen.« Als er am Supermarkt vorbeifuhr, fiel ihm ein: »Meine Frau wollte, dass ich Brot mitbringe. Ich habe aber keine Lust anzuhalten.« Zu Hause angekommen, war er immer völlig erschöpft. Er brauchte einen Drink, um sich zu beruhigen.

»Alles, was ich sah, erinnerte mich an Dinge, die ich nicht gemacht hatte!«, sagte er. Aber er hielt kein einziges Mal an, um irgendetwas davon zu erledigen. Trotzdem fühlte er sich sicherlich so, als ob er hart gearbeitet hätte. Er war erschöpft vom bloßen Hinausschieben.

Überlegen Sie, wie viele Aufgaben und Projekte mit Ihrer Arbeit verknüpft sind. Einhundert? Zweihundert? Nun überlegen Sie, wie viele Aufgaben, nicht zu Ende geführte Aktivitäten und Wünsche bezüglich Ihrer Familie offenstehen. Wie viele Aufgaben oder Wünsche hängen mit Ihren Hobbys, Ihren Freunden, der Kirche oder anderen Gruppen, denen Sie angehören, zusammen? Wenn Sie alles zusammenrechnen, entdecken Sie wahrscheinlich, dass sich die unerledigten Dinge, die Ihnen fortwährend im Kopf herumspuken, zu einer großen Zahl addieren.

Aus Erfahrung wissen wir, dass unsere geistige Kapazität, wie viele Aufgaben oder Aktivitäten wir gleichzeitig verarbeiten können, begrenzt ist. Wie beeinflusst das unsere Arbeit? Wir wollen als Beispiel einen Kundenbrief nehmen. Sie greifen nach dem Brief und lesen die erste Zeile: »Können Sie mir bitte einige Informationen zu einem neuen Produkt zusenden?« Sofort fällt Ihnen ein, dass Sie jemand anderem auch Informationsmaterial hätten zuschicken sollen, aber bisher noch nicht dazu gekommen sind. Sie konzentrieren sich wieder auf den Brief vor Ihnen und lesen weiter. »Wäre es möglich, dass Sie sich mit einigen meiner Kollegen zusammensetzen, um ein bestimmtes Projekt zu diskutieren?« Ihre Gedanken wandern augenblicklich zu mehreren anderen Besprechungen, die Sie vorbereiten müssten, was Sie bisher aber nicht getan haben. Noch einmal richten Sie Ihre Aufmerksamkeit auf den Brief in Ihrer Hand. Die bloße Menge unerledigter Aktivitäten in Ihrem Leben lenkt Sie davon ab, sich darauf zu konzentrieren und zu tun, was vor Ihnen liegt. An dieser Stelle kommen Prioritäten ins Spiel.

Prioritäten können natürlich ein wichtiger Faktor sein, um seine Arbeit im Griff zu behalten. Andererseits können sie aber auch die beste Ausrede dafür sein, etwas nicht zu tun. Prioritäten zu setzen bedeutet, dass »unwichtige« Aufgaben auf später verschoben und möglicherweise überhaupt nie erledigt werden. Als Folge sind Sie nicht in der Lage, sich auf die anstehende Arbeit zu konzentrieren, weil etwas in Ihrem Kopf Sie immer an die nicht gemachten Aufgaben erinnert.

Haben Sie jemals zehn zu erledigende Dinge aufgelistet, und die letzten fünf sind immer dieselben geblieben? Wir neigen dazu, uns auf Themen mit höchster Priorität zu konzentrieren und die mit niedrigerer zu vernachlässigen. Zwar erachten wir sie als wichtig, räumen ihnen aber eine geringe Priorität ein. Ich meine, man sollte etwas entweder tun oder nicht. Endtermine müssen natürlich beachtet werden, aber wenn etwas wichtig genug ist, um erledigt zu werden, dann tun Sie es. Anderenfalls lassen Sie es bleiben.

Die beste Methode, Arbeitsüberlastung auszumerzen, ist, diese kleinen Dinge aus der Welt zu schaffen, die Ihnen das Gefühl geben, überlastet zu sein, und Ihre Aufmerksamkeit von Ihren wesentlichen Aufgaben ablenken. Gehen Sie diese kleinen, »weniger wichtigen« Aufgaben an. Listen Sie sie alle auf, nehmen Sie sich eine ruhige Minute und arbeiten Sie sie nacheinander ab. Oder tun Sie etwas bewusst nicht und werfen Sie es in den Papierkorb. Noch besser wäre, wenn Sie sich organisieren würden, indem Sie die Ideen in diesem Buch aufgreifen und somit vermeiden, dass sich die Aufgaben überhaupt erst anhäufen.

Sobald Sie nicht mehr überlastet sind, verschwindet auch Ihre Zerstreutheit. Sie sind konzentrierter und schließen entsprechend nicht nur mehr Aufgaben ab, sondern erledigen sie auch besser und schneller als vorher. Komar soll gesagt haben:

»Wahre, echte Konzentration bedeutet, in der Lage zu sein, seine Gedanken auf eine einzige Sache zu lenken.«

Sich auf das konzentrieren zu können, was man gerade in Angriff nimmt, ist eines der wichtigsten Kriterien für Erfolg.

3. Lösen Sie Probleme, solange sie noch klein sind. Mit wachsender Berufserfahrung lernen Sie, jene kleinen Alarmsignale zu erkennen, die Ihnen sagen, dass etwas nicht stimmt und nur noch schlimmer wird, wenn Sie nichts unternehmen. Es stellt sich allerdings die Frage, wann und wie man auf diese kleinen Anzeichen reagiert. Leider werden diese Alarmsignale angesichts dringenderer Probleme allzu oft ignoriert.

Es geschieht manchmal, dass jemand – auf einen bedenklichen Papierstapel in der Ecke seines Schreibtisches hingewiesen – ihn als seinen Problemstapel bezeichnet und damit rechnet, dass sich die Papiere in Luft auflösen, wenn sie nur lange genug dort liegen. Und manchmal ist dem auch so.

Sie haben bestimmt schon von Murphys Gesetz gehört, das besagt, dass, wenn etwas schiefgehen kann, es wahrscheinlich auch schiefgehen wird. In der Praxis passiert häufig Folgendes: Wenn zehn verschiedene Dinge schiefgehen können, seien Sie sicher, dass die Angelegenheit, die den größten Schaden hervorruft, diejenige ist, die schiefgeht! Vielleicht werden die meisten Dinge auf Ihrem Problemstapel von selbst verschwinden, wenn Sie sie nur lange genug liegen lassen. Aber Sie können Gift darauf nehmen, dass genau das Problem, das Sie sich am wenigsten wünschen, eintreten wird. Und wie viel mehr Zeit wird es Sie kosten, sich um eine Krise zu kümmern als um ein Alarmsignal?

Gewöhnen Sie sich an, diese Sachen sofort in Angriff zu nehmen, und Sie werden Probleme auffangen, solange sie noch klein sind, also bevor sie sich zu einer großen, zeitraubenden Krise entwickelt haben. Sie werden im Endeffekt mehr Zeit haben, sich auf die wichtigen Dinge zu konzentrieren.

4. Reduzieren Sie Störungen. Eine geläufige Beschwerde in meinen Seminaren betrifft Störungen. Die meisten Menschen geben zu, dass sie sich schwer damit tun, Störungen zu vermeiden oder zu verhindern. Stattdessen werden Störungen als etwas angesehen, das außerhalb unserer Kontrolle liegt und die Ursache fast aller Probleme ist. Wie oft haben Sie gehört oder gesagt: »Ich hätte die Arbeit längst fertig, wenn ich dabei nicht ständig unterbrochen worden wäre!«

Die Störungen, über die sich die Leute beklagen, resultieren aber allzu oft daraus, dass sie etwas gar nicht erst gemacht haben. Folglich haben sie nicht nur die Arbeit als solche zu tun, sondern müssen sich auch noch mit den Leuten herumschlagen, die von der Erledigung dieser Aufgabe abhängig sind, was nur noch mehr Arbeit erzeugt! Außerdem bereitet es den meisten Menschen ein ungutes Gefühl, erklären zu müssen, warum sie etwas nicht getan haben. Selbst dann, wenn Sie einen guten Grund hatten und die Person am anderen Ende der Leitung Ihnen wohlgesonnen ist, werden Sie einen faden Geschmack im Mund zurückbehalten, weil Sie mit einer Entschuldigung und einer Erklärung noch einmal um Zeit bitten mussten.

Wenn Sie Störungen vermeiden wollen, erledigen Sie die Aufgaben, die sie hervorgerufen haben. Sie können mehr Zeit auf Ihre Arbeit verwenden und müssen weniger mit der Erklärung vertun, warum Sie sie nicht gemacht haben. Schaffen Sie sich den Ruf, immer alles rechtzeitig fertig zu haben, und Sie werden die Unterbrechungen weiter verringern, weil lästige Forderungen nach Zwischenberichten entfallen.

Einige Störungen sind wohlgemerkt auch wünschenswert. Wenn beispielsweise ein Verkauf von einer unmittelbaren Rückmeldung abhängt, möchte der Vertriebsmanager natürlich »gestört« werden. Das ist nicht das Thema. Es geht darum, unnötige Störungen abzuschaffen und die Situation nicht noch zu verschlimmern, indem man anderen Gründe gibt, einen zu unterbrechen. Und Sie werden noch weitere Vorteile davon haben, diese »selbst verursachten« Störungen abzustellen: Ihre Arbeitsqualität wird sich verbessern, weil Sie sich voll und ganz auf Ihre Arbeit konzentrieren können, und Sie werden mehr Aufgaben in der gleichen Zeit erledigen, weil Sie ungestört arbeiten können.

5. Arbeiten Sie Rückstände auf. Wenn die Aufgaben, die Sie zu bewältigen haben, nicht abreißen wollen und Sie gleichzeitig mit vielen Dingen im Rückstand sind, müssen Sie diese angehen, wollen Sie Ihre Arbeitsflut unter Kontrolle bringen. Denken Sie daran, dass Rückstände selbst zusätzliche Arbeit erzeugen. Deshalb wird sich Ihre Arbeitsbelastung deutlich verringern – mehr als Sie sich zunächst vorstellen können –, wenn Sie die Rückstände beseitigen. Es gibt fünf wesentliche Schritte, sie anzugehen:

1. Machen Sie sich klar, mit welchen Dingen Sie im Rückstand sind.

2. Setzen Sie sich Prioritäten, welche Rückstände Sie zuerst abarbeiten wollen.

3. Planen Sie für jeden Tag eine bestimmte Zeit ein, um etwas, mit dem Sie im Rückstand sind, aufzuarbeiten.

4. Stellen Sie den Grund fest, warum Sie mit einer Arbeit in Rückstand geraten sind.

5. Unternehmen Sie etwas, um die Ursache zu beheben, damit das nicht wieder vorkommt.

Wenn wir einmal alte Rückstände aufgearbeitet haben und neuen Arbeitshemmnissen vorbeugen, werden wir in Zukunft besser aufpassen können.

6. Richten Sie Ihr Augenmerk auf die Zukunft anstatt auf die Vergangenheit. Abbildung 1.1 auf Seite 38 zeigt, was mental passiert, wenn Sie vor einem Berg von Pflichten aus der Vergangenheit, unerledigter oder alter Aufgaben stehen, die gemacht werden müssen. Die Kreuze symbolisieren all die Aufgaben, die früher hätten erledigt werden sollen. Sie können sich nicht auf die vor Ihnen liegende Arbeit konzentrieren, weil Sie dauernd mit der Vergangenheit beschäftigt sind. Psychologen sagen, das Ausmaß, in dem ein Mensch in der Vergangenheit und nicht in der Gegenwart und der Zukunft

Abbildung 1.1: Bei einem Rückstand an unerledigten Aufgaben richtet sich die Aufmerksamkeit auf die Vergangenheit, nicht auf die Zukunft

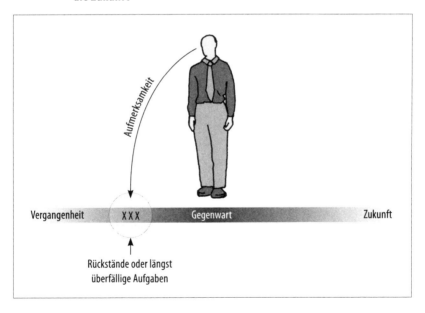

lebt, sei ein Hinweis auf seine seelische Gesundheit. Aus der Vergangenheit heraus zu agieren, gilt als Charakteristikum für eine Psychose. Demgegenüber ist es »seelisch gesund«, von der Gegenwart auf die Zukunft zu blicken und auf sie hinzuarbeiten. Kein Wunder, dass wir uns ein bisschen »verrückt« fühlen können, wenn wir mit so vielen längst überfälligen Aufgaben überhäuft sind.

Wenn Sie in der Vergangenheit agieren, neigen Sie dazu, sich auf verpasste Chancen, auf das, was hätte sein können, zu konzentrieren. Alles, was Sie von der Gegenwart in die Zukunft führt, ist gesünder als das, was Sie zeitlich zurückbringt. Nehmen wir an, Sie beteiligten sich an einem Rennen, bei dem die Startlinie die Gegenwart und das Ziel die Zukunft ist. Wenn Sie das Rennen von der Vergangenheit aus aufnehmen, anstatt in der Gegenwart zu star-

Abbildung 1.2: Sobald wir unseren Rückstand an unerledigten Aufgaben aufgearbeitet haben, fällt es uns leichter, unsere Aufmerksamkeit auf die jetzigen und künftigen Aufgaben zu richten

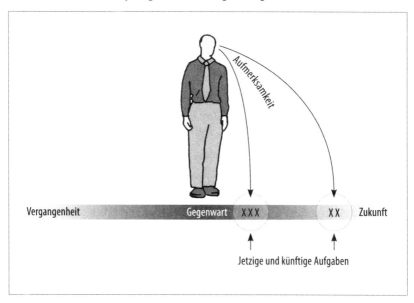

ten, müssen Sie so viel mehr laufen, um nur an die Startlinie zu gelangen!

Abbildung 1.2 zeigt, dass wir unsere Aufmerksamkeit der Gegenwart widmen können, wenn es uns gelingt, die Aufgaben abzuschließen, die unsere Aufmerksamkeit auf die Vergangenheit lenken. Das ist vor allem deshalb wichtig, weil unser Konzentrationsvermögen beschränkt ist. Nur wenn wir uns einer Sache mit voller Aufmerksamkeit widmen, können wir ihr auf den Grund gehen und sie abschließen.

7. Quälen Sie sich nicht herum. Beinahe jeder neigt dazu, unangenehme Aufgaben vor sich herzuschieben. Unerfreulichen Aufgaben ins Auge zu blicken und sie zu erledigen, ist nicht leicht. Die Folgen, sie liegen zu lassen, können aber weit schlimmer sein, als das Unerfreuliche frühzeitig einfach anzupacken. Das Problem wird dadurch noch größer, dass die meisten Menschen, die Aufgaben vor sich herschieben, nicht nur die Arbeit nicht tun, sondern dass ihre Gedanken immer wieder um die unerledigten Aufgaben kreisen und sie sich damit herumquälen. Diese innere Unruhe verschlingt viel mehr Zeit, als man annimmt. Und sie macht es schwieriger, das Übel an der Wurzel zu packen.

Denken Sie an einige der Probleme, mit denen Sie sich in der Vergangenheit herumschlagen mussten. Hat es Sie irgendwie weitergebracht, über sie nachzugrübeln? Nein. Erst als Sie schließlich handelten, löste sich allmählich das Problem. Wenn Sie sich den großen Problemen und unerfreulichen Aufgaben stellen und sie in Angriff nehmen, verschwinden sie gewöhnlich ziemlich schnell.

Bei einem Training mit einer Gruppe gut ausgebildeter, junger Techniker eines großen Unternehmens sah ich auf einem Schreibtisch in einer Ecke eine große Maschine und erkundigte mich danach. Der Techniker erwiderte: »Wenn ich das Ding anschaue, habe ich immer ein schlechtes Gewissen. Ich erhielt die Maschine vor einem Monat von einem Kunden zur Reparatur, habe sie aber noch nicht in Angriff genommen.«

Ich sagte: »Das ist aber nicht gut!«

Er antwortete: »Ich weiß. Ich habe oft an sie gedacht, aber ich habe so viel um die Ohren, dass ich noch keine Zeit fand, sie mir vorzunehmen. Die Reparatur könnte zwei Tage dauern, und mein Kalender ist so voll, dass die Zeit dafür einfach nicht gereicht hat.«

Er fuhr fort: »Eigentlich könnten Sie mir helfen.«

»Wie?«, fragte ich.

Er sagte: »Sie könnten meinem Chef sagen, wie beschäftigt ich bin.«

Die Hilfe ging allerdings in eine etwas andere Richtung. Ich sagte: »Tun Sie's sofort.«

»Ich kann es nicht sofort tun«, erwiderte er. »Ich habe um 14.00 Uhr eine Besprechung und …«

»Wieso fangen Sie nicht einfach sofort damit an und sehen mal, wie weit Sie kommen?«, schlug ich vor.

Murrend verzog der Techniker sich mit der Maschine in die Werkstatt. Eine Viertelstunde später kam er zurück.

»Oje«, dachte ich, »das gibt sicher Ärger.«

Der Techniker schaute mich an und sagte: »Sie ist fertig.«

»Fertig?«, wiederholte ich.

»Ja, fertig«, sagte er. »Aber ich hätte auch zwei Tage dazu brauchen können.«

Natürlich läuft es nicht immer so glücklich. Die Reparatur hätte genauso gut auch zwei Tage in Anspruch nehmen können. Aber wie oft sind uns allen schon ähnliche Dinge passiert? Wenn Sie sich endlich an die Arbeit machen, die Sie die ganze Zeit vor sich hergeschoben haben, ist alles nicht annähernd so schlimm, wie Sie vielleicht geglaubt haben.

Die meisten von uns übertreiben leicht, wenn es darum geht, wie lange eine unerfreuliche Arbeit dauern wird oder wie unangenehm sie in Wirklichkeit ist. Uns graut vor ihr, und deshalb schieben wir sie auf. Dieser Techniker hatte eine Aufgabe einen Monat lang hinausgeschoben, und die Maschine auf seinem Schreibtisch erinnerte ihn fortwährend an das, wovor ihm graute. Er hatte zugelassen, dass sie ein wunder Punkt in seinem Gewissen und ein wunder Punkt zwischen ihm und seinem Chef wurde. Und anstatt der Aufgabe die zehn oder fünfzehn Minuten zu widmen, die sie tatsächlich erforderte, hatte er seinen Chef dafür verantwortlich gemacht, zu viel zu tun zu haben. Natürlich hatte er in Wirklichkeit die Sache nur vor sich hergeschoben, aber ungeachtet der Ursache: Der Kunde hatte nicht die gewünschte Dienstleistung erhalten und einen Monat auf seine Maschine verzichten müssen.

Stellen Sie sich also den unangenehmen Aufgaben und nehmen Sie sie sofort in Angriff.

M. Scott Peck bezeichnet in seinem Buch *Der wunderbare Weg. Eine neue Psychologie der Liebe und des spirituellen Wachstums* das Bearbeiten unangenehmer Aufgaben als »Aufschub von Belohnungen«. Er betont, dass das Leben schwierig ist. Menschen, die Dinge hinauszögern, neigen dazu, sofortige Belohnung erhalten zu wollen. Peck sagt:

»Der Aufschub von Belohnungen besteht darin, Schmerz und Vergnügen im Leben so einzuteilen, dass das Vergnügen größer ist, wenn man dem Schmerz zuerst begegnet, ihn erlebt und hinter sich bringt. Das ist die einzig anständige Art zu leben.«

Welche Ihrer Arbeitsaufgaben würden Sie unter das Motto »das Schlimmste zuerst« stellen? Sich die Mentalität »Tun Sie's sofort« anzueignen, hilft Ihnen, Ihren Widerstand zu überwinden, unerfreuliche Aufgaben anzugehen. Es hilft Ihnen, die Dinge, die Sie nicht tun mögen, mit der festen Absicht anzupacken, sie hinter sich zu bringen. Die meisten von uns können ihre Fähigkeit, Problematisches anzugehen, verbessern. Denken Sie an die Worte von Mark Twain: »Wenn du zwei Kröten zu schlucken hast, schluck die größere zuerst und schau sie dir nicht zu lange an.« Arbeiten Sie also die am wenigsten geliebte Aufgabe zuerst ab, falls Sie wählen können, in welcher Reihenfolge die tägliche Arbeit erledigt wird. Nicht nur, dass dann die zweite Aufgabe verglichen mit der ersten nicht ganz so schlimm ist, es wird auch Ihrem Selbstvertrauen Auftrieb geben, wenn Sie die unangenehmste zuerst erledigt haben.

8. Fühlen Sie sich sofort besser. Die Psychologin Dr. Linda Sapadin hat in ihrem Buch *It's about Time* folgenden Zusammenhang hergestellt:

»Das Hinausschieben von Aufgaben schmälert unweigerlich das Selbstbewusstsein, was wiederum mit dem Verlust der optimistischen Grundhaltung, der Selbstzufriedenheit und der kreativen Energie einhergeht. Menschen, die ihre Angelegenheiten permanent auf die lange Bank schieben und nichts dagegen tun, fällt es zunehmend schwerer, ihre persönlichen Ziele zu erreichen oder sogar zu formulieren.«

Das Hinausschieben von Aufgaben und die damit verbundenen Vertuschungen erzeugen jede Menge nach außen nicht immer sichtbare, negative Gefühle. In einem PEP-Kurs fing eine frisch verheiratete Frau einmal heftig zu lachen an, als das Thema Aufschieben angesprochen wurde. Als sie nach dem Grund ihrer Reaktion gefragt wurde, erwiderte sie: »Ich musste gerade an das gesmokte Hemd meines Mannes denken. Ich kann Bügeln generell schon nicht leiden, und besonders dieses Hemd bügeln zu müssen, ist mir ein Gräuel. Ich ziehe immer erst alle anderen Sachen aus dem Wäschekorb hervor.« Und auf die Frage: »Und was ist, wenn nur noch dieses eine Hemd übrig ist?«, antwortete sie: »Ich stecke es zurück in die Waschmaschine! Mein Mann kriegt nie raus, wo sein Lieblingshemd geblieben ist.«

Indem Sie sich das Prinzip »Tun Sie's sofort« aneignen, die schweren Arbeiten zuerst erledigen und die großen Aufgaben scheibchenweise in Angriff nehmen, werden Sie Ihre Arbeit sehr viel stress- und angstfreier gestalten. Durch den Verzicht auf das ewige Aufschieben unangenehmer Aufgaben gewinnen Sie an Selbstvertrauen und Selbstachtung. In der Regel säubern die Teilnehmer eines PEP-Kurses schon nach einem Tag ihren Schreibtisch, ihren Computer und ihre Ablagefächer von unnötigen Papieren. Sie entdecken, dass sie viel mehr erledigen können, als sie je vorher geglaubt haben. Die Schuldgefühle verschwinden, und sie fühlen sich im Handumdrehen besser.

Nicht alles kann oder sollte man sofort tun

Natürlich ist es nicht immer möglich oder wünschenswert, alles sofort zu erledigen. Sie versuchen, Herrn Müller anzurufen, aber er ist auf Geschäftsreise und wird erst am Montag wieder zurück sein. Sie wollen sich gerade einen Kaffee holen, als ein Kunde wegen eines dringenden Auftrags anruft. Klare Prioritäten spielen eine wichtige Rolle, wenn man produktiv arbeiten und Ergebnisse erzielen will. Erfolg resultiert aber letztendlich daraus, dass die Dinge gemacht werden. Und viel zu oft gelingt das Menschen nicht, weil sie sie einfach nicht tun! Sie handeln nicht sofort.

> Zu wissen, wann man die Zügel schleifen lassen kann, ist genauso wichtig, wie zu wissen, wann man hart arbeiten muss.
>
> *Harvey Mackay*

Prioritäten können tatsächlich die beste Entschuldigung sein, damit man etwas nicht tun muss. Selbstverständlich gibt es Zeiten, wo Sie etwas nicht sofort tun können, und Zeiten, wo Sie etwas nicht sofort tun sollten.

Hier setzt der unverzichtbare gesunde Menschenverstand ein. Sie steigern Ihre persönliche Effektivität nicht dadurch, dass Sie etwas Dummes sofort tun. Übereilte Entscheidungen und gedankenloser Tatendrang verursachen letzten Endes mehr Probleme, als sie lösen.

Wenn aber Ihre Arbeitsweise so aussieht, dass Sie sich immer Prioritäten setzen, einer Sache immer ein bisschen Zeit zum Reifen geben, immer eine Ausrede haben, wieso Sie sich etwas erst später vornehmen, Ihre Papiere oder Ihre E-Mails immer wieder überfliegen, handeln Sie nicht. Sie verstärken praktisch nur Ihre Angewohnheit, nicht zu handeln. Wenn Sie alles sofort tun und nicht immer gleich eine Ausrede parat haben, um ein Hinausschieben zu rechtfertigen, machen Sie es sich zur Gewohnheit zu handeln.

Machen Sie sich Entschlusskraft zur Arbeitsgewohnheit

Erfolgreiche Menschen brauchen im Allgemeinen wenig Zeit, um Entscheidungen zu treffen, aber viel Zeit, eine einmal getroffene Entscheidung wieder über den Haufen zu werfen.

Viele Menschen haben Angst davor, sich zu entscheiden. Schließlich muss man mit den Konsequenzen einer einmal gefällten Entscheidung leben. Wenn Entschlusskraft eine Ihrer Schwachstellen ist, gibt es eine einfache Methode, das Dilemma zu meistern. Malen Sie sich die schlimmstmöglichen Folgen jeder Handlungsalternative aus und fragen Sie sich, ob Sie mit diesen Folgen leben können. Wenn die Antwort Ja ist, treffen Sie die entsprechende Entscheidung. Sie können natürlich nicht immer hundertprozentig sicher sein, dass der von Ihnen gewählte Handlungskurs auch zum gewünschten Ziel führt.

Soweit ich weiß, lautete das Erfolgsrezept von George Patton, dem berühmten amerikanischen General, wie folgt: »Wenn Sie sich zu 80 Prozent sicher sind, dass Ihre Handlung zum gewünschten Erfolg führt, gibt es keinen Grund, nicht sofort zu handeln.«

Dann gibt es noch die Benjamin-Franklin-Technik. Dieser berühmte Erfinder, Politiker und Philosoph des achtzehnten Jahrhunderts wendete folgende Methode an, um zu einer Entscheidung zu gelangen: Nehmen Sie ein Stück Papier und falten Sie es in der Mitte. Auf der einen Seite schreiben Sie alle Gründe auf, die für die fragliche Entscheidung, auf der anderen Seite alle, die gegen sie sprechen. Wenn Sie die zwei Listen vergleichen, wird Ihnen oft die einzuschlagende Richtung klar.

> Zweifel – ganz gleich welcher Art – lassen sich nur durch Handeln aus dem Weg räumen.
>
> *Thomas Carlyle*

Entschlusskräftige Menschen können auch falsche Entscheidungen treffen. Interessanterweise gelingt es ihnen fast immer, ihr angepeiltes Ziel trotzdem zu erreichen. Vielleicht steht hinter diesem Phänomen eine Art Naturgesetz. Sich überhaupt zu entscheiden ist möglicherweise wichtiger als die Richtigkeit der letztendlich gefällten Entscheidung und hat mehr Einfluss auf die Folgen. Seien Sie entschlusskräftig, handeln Sie – und Sie kommen im Beruf und im Leben voran.

Gewöhnen Sie sich an, alles sofort zu tun

Wir sind alle Gewohnheitstiere, ob uns das gefällt oder nicht. Die meisten Menschen verfallen sehr leicht in eingefahrene Routinen. Wie oft fährt man beispielsweise dieselbe Strecke zur Arbeit, isst in demselben Restaurant oder fängt seinen Arbeitstag auf die gleiche Weise an? Einige dieser Gewohnheiten und Routinen sind gut, andere aber auch unter Umständen schädlich, und ein völlig gewohnheitsmäßig ablaufendes Leben kann sehr demotivierend sein.

Manche Gewohnheiten sind es sicherlich wert, gepflegt zu werden. Gewohnheiten wie auf Sicherheit bedachtes Autofahren oder höfliches Verhalten gegenüber Freunden und Kollegen sollten Routine sein und sind definitiv von Nutzen. Das Pflegen der Gewohnheit »Tun Sie's sofort« soll einen handlungsorientierten Lebensstil verstärken. Dazu gehört, entschlusskräftiger zu werden, in die Gänge zu kommen und dabei zu bleiben. Viele unserer Aufgaben erfordern nicht viel Überlegung, und doch behandeln wir sie genauso wie sehr wichtige Aufgaben mit schwerwiegenden Folgen, weil das unser Arbeitsstil ist. Es ist eine Gewohnheit. Sie sollten dieses Buch mit dem Ziel lesen, mit Ihren alten Arbeitsgewohnheiten zu brechen und effizienter und somit produktiver zu werden. Machen Sie sich einen entschlussfreudigen und handlungsorientierten Arbeitsstil zu eigen, und Sie werden Ihr Ziel erreichen.

Edwin Bliss beschreibt in seinem Buch *Getting Things Done. The ABC's of Time Management* die Gewohnheit, Dinge aufzuschieben, so:

»Wenn es uns nicht gelingt, so prompt zu handeln, wie wir sollten, liegt es gewöhnlich nicht daran, dass die infrage stehende Aufgabe besonders schwierig ist, sondern vielmehr an unserer Angewohnheit, wann immer möglich Dinge hinauszuschieben. Dieses Verschleppen bezieht sich selten nur auf eine einzelne Sache, sondern ist in der Regel ein eingewurzeltes Verhaltensmuster.«

Lernen Sie, alles sofort zu tun, und Sie werden die Angewohnheit, Dinge aufzuschieben, ausmerzen. Alles sofort in Angriff zu nehmen, führt zu einem handlungsorientierten Verhalten. Sie agieren, bevor die mentalen Barrieren wirksam werden, sodass Sie keine Zeit haben zu denken: »Es ist zu schwierig; es erledigt sich vielleicht von selbst; ich habe keine Lust dazu; vielleicht kümmert sich wer anders darum; ich mag nicht.«

Perfektion

Bestimmt gibt es einige unter Ihnen, die der festen Überzeugung sind, dass zwischen »Tun Sie's sofort« und »Tun Sie's richtig« Welten liegen. Fast jeder von uns kennt Menschen, die ihre Arbeit schlampig erledigen. Auch ich mache diese Erfahrung nahezu täglich mit meinen Kindern: Ein Aufsatz sieht nun mal besser aus, wenn er am Computer erstellt wurde; eine kurze Suche im Internet nach der passenden Grafik, um ihm den letzten Schliff zu geben, und schon könnte aus der Note zwei die eins werden. Es ist gut, hohe Ansprüche zu stellen, doch sollten sich gute Arbeitsqualität und unverzüglicher Arbeitsbeginn nicht widersprechen.

Perfektionisten zögern den Beginn einer Arbeit gern allzu lange hinaus. Wenn man der Ansicht ist, man könnte eine bestimmte Aufgabe nicht perfekt erledigen, besteht eigentlich auch gar kein Anreiz, überhaupt damit zu beginnen, oder? »Tun Sie's sofort« könnte bedeuten, dass man etwas nicht so gut erledigen kann, wie man es gern erledigen würde.

Linda Sapadin erklärt diesen Sachverhalt wie folgt: »Perfektionisten neigen dazu, in Extremen zu denken. Ihr Motto lautet: Entweder ganz oder gar nicht. Für sie gibt es keinen annehmbaren Mittelweg, keinen Kompromiss. (...) Werden Perfektionisten vor eine anspruchsvolle Aufgabe gestellt, sind sie zwischen zwei Extremen hin- und hergerissen: Entweder alles geben oder komplett aufgeben.«

Wie könnte denn nun ein realistischer Kompromiss aussehen? Wollen wir so arbeiten, dass ein Rolls-Royce dabei herauskommt, der der Vorstellung des perfekten Autos am nächsten kommt? Was ist mit den anderen Marken wie Mercedes oder Ford? Ein Rolls-Royce liegt in der Preisklasse ab 200 000 Euro, ein großer *Mercedes* ab etwa 80 000 Euro, ein Ford ab ungefähr 25 000 Euro. Jedes dieser Autos bringt Sie mehr oder weniger bequem an Ihr Ziel. Jeder Fahrzeughersteller bedient einen anderen Markt, für den andere Grenzen gelten – nämlich der Preis, den der Kunde für ein Auto zu zahlen bereit ist. Der Hersteller produziert ein Auto, das den Erwartungen seiner Kunden entspricht.

Auch in Ihrer Arbeit sollten Sie sich folgende Frage besser nicht stellen: »Wie sieht die optimale Lösung dieser Aufgabe aus?« Besser ist es, wenn Sie darüber nachdenken, welche Qualität Ihr Kunde von Ihnen erwartet. Neigen Sie zum Perfektionismus, laufen Sie Gefahr, Ihre Arbeit unnötig hinauszuzögern, obwohl Ihre Kunden vor allem eine prompte Reaktion von Ihnen erwarten.

Sicherlich gilt der Satz »Tun Sie's richtig«, doch definieren Sie zunächst, was richtig bedeuten soll und dann gilt: »Tun Sie's sofort.«

Disziplin

Disziplin ist ein gängiges Wort, wenn es in Diskussionen um Verhaltensänderungen geht. »Es ist eine Frage der Disziplin. Wenn ich disziplinierter wäre, könnte ich ... mit dem Rauchen aufhören ... Diät halten ... mehr Sport treiben ...« Obgleich Disziplin natürlich eine Rolle spielt, kann man mit dieser Meinung auf der falschen Spur sein. Bringen Sie so viel Disziplin auf, um eine Routine zu entwickeln, und Sie schaffen sich eine neue Gewohnheit. Diese hilft Ihnen, die Routine aufrechtzuerhalten. Disziplinieren Sie sich dazu, sofort zu handeln, und es wird Ihnen sehr schnell zur Gewohnheit. Und weil Sie es sich angewöhnt haben, müssen Sie weniger diszipliniert sein. William James, dessen Studien über das menschliche Verhalten wohl bekannt sind, behauptete, dass etwas zur Gewohnheit wird, wenn man es dreißig Tage lang täglich tut. Versuchen Sie es mit dem sofortigen Handeln.

Eigentlich geht es dabei um mehr, als nur das Verschleppen von Dingen in den Griff zu bekommen. Es geht um eine Arbeits- und Lebensphilosophie: Ich bin aktiv; ich bin handlungsorientiert; ich bin stärker als die Probleme, denen ich gegenüberstehe. Diese Merkmale beginnen (und enden) damit, wie Sie den kleinen Details bei Ihrer Arbeit und in Ihrem Leben begegnen und gewohnheitsmäßig mit ihnen umgehen.

Was sollten Sie nun also als Erstes sofort tun? Konzentrieren Sie sich auf die ersten Dinge. Richten Sie sich fortan nach dem Prinzip »Tun Sie's sofort«, und machen Sie's besser!

Zusammenfassung

1. Fangen Sie an. Begeben Sie sich an Ihren Schreibtisch – notfalls mit diesem Buch in der Hand –, und gehen Sie jedes einzelne Papier durch. Nehmen Sie das erste zur Hand, und bestimmen Sie, um was es geht und was getan werden muss, um die Sache abzuwickeln. Tun Sie alles, was erforderlich ist, erledigen Sie die Aufgabe und lassen Sie dieses Schriftstück ein für alle Mal von Ihrem Schreibtisch verschwinden. Wenn Sie für die Bearbeitung einer Aufgabe mehrere Stunden brauchen werden, planen Sie eine bestimmte Zeit dafür ein.

2. Hören Sie auf, sich mit dem gleichen Material immer und immer wieder flüchtig zu befassen. Schaffen Sie Ihr Stapelsystem ab. Nehmen Sie eine Sache in Angriff, wenn Sie sie das erste Mal in den Händen halten.

3. Bestimmen Sie, welche Aufgaben gemacht werden sollten, und entscheiden Sie, was getan werden muss, um jede einzelne endgültig abzuschließen. Bearbeiten Sie die Aufgabe so weit, wie Sie irgendwie können. Wenn Sie nicht weiterkommen, fragen Sie sich, wie Sie die Arbeit anders hinkriegen könnten. Sollten Sie sich dazu entschließen, die Aufgabe zu delegieren, denken Sie daran, sie weiterzuverfolgen.

2

Organisieren Sie sich sofort

Überblick: In diesem Kapitel lernen Sie,

* Ihr Handeln zu strukturieren und dadurch Zeit zu sparen;
* keine Zeit mehr mit Suchen zu vergeuden und getrennte Ablagesysteme für Ihre Arbeits-, Nachschlage- und Archivunterlagen einzurichten;
* Ihre Computerdateien zu organisieren und die richtigen Datei- und E-Mail-Verzeichnisse anzulegen;
* den Details Ihrer Arbeitsorganisation genauso viel Aufmerksamkeit zu widmen wie Ihrer Arbeit selbst.

Sie müssen gut organisiert sein, um die Routine aufzubauen, gewohnheitsmäßig alles sofort zu tun. Sie werden überrascht sein, wie viel Zeit Sie einfach nur dadurch sparen, dass Sie Ihren Arbeitsbereich optimal organisieren.

Über das Soldatenleben

Bei der Ausbildung von Soldaten wird viel Wert auf Details gelegt. Sobald die angehenden Soldaten in der Kaserne ankommen, werden ihnen ganz grundsätzliche Fertigkeiten eingepaukt. Neben der körperlichen Ertüchtigung erfahren die jungen Männer in häufig harschem Ton, wie sie ihr Bett zu machen, ihre Schuhe zu putzen, Ordnung in Spind und Bad zu halten, ihre Waffen zu reinigen und zu pflegen und viele andere grundlegende Dinge zu erledigen haben. Natürlich ist ein Ziel dabei, den Soldaten beizubringen, Befehle zu befolgen. Doch es steckt mehr dahinter. Die Grundausbildung vermittelt, wie der Name schon sagt, militärische Grundlagen. Augen auf für das Wesentliche, so lautet das Erfolgsrezept beim Militär.

Kein Beruf ist gefährlicher als der eines Soldaten, vor allem im Krieg, wenn es um Leben oder Tod geht. Aus gutem Grund ist exakt festgelegt, an welcher Stelle des Körpers die Waffe zu tragen ist und wie sie in erstklassigem Zustand zu halten ist. Nähert sich ein Feind, kann eine Ladehemmung aufgrund eines verschmutzten Laufes tödliche Folgen haben. Undisziplinierte, schlampige Soldaten, die ihre Waffen falsch tragen oder nicht ordnungsgemäß behandeln, können diese Nachlässigkeit schon bald mit dem Leben bezahlen. Deswegen nehmen Ausbilder die Grundausbildung todernst.

Viele Menschen wissen nicht, wie wichtig gute Vorbereitung und Organisation bei der Arbeit sind. Chaos kann mörderisch sein.

Das Durcheinander beseitigen

Unordnung ist das Chaos, dem Sie jeden Tag gegenüberstehen, wenn Sie Ihr Büro betreten. Es ist Ihr Mantel, der über der Lehne des Besucherstuhls baumelt, weil Sie ihn am Morgen nicht an den Garderobenständer gehängt haben. Es ist das halbe Dutzend Berichte, das sich in der Ecke Ihres Aktenschranks türmt und unter den Resten Ihres gestrigen Frühstücksbrots dahinvegetiert. Es sind

> Chaos und Verwirrung weisen auf Fehler in der Planung hin und haben nichts mit Informationen an sich zu tun. Ein Zuviel an Informationen gibt es nicht.
>
> *Edward Tufte*

die herumliegenden Zeitschriften, die zu lesen Sie noch nicht geschafft haben. Es ist der Berg der aus- und eingehenden Post, der sich über Ihren Schreibtisch verteilt. Es sind die angefangenen Briefe, die Sie per Hand schreiben, um ihnen eine persönliche Note zu geben. Es sind die Unterlagen, die Sie eigentlich mit nach Hause nehmen wollten, um sie am Wochenende durchzusehen, die aber jetzt unter dem vierteljährlichen Haushaltsplan begraben liegen.

Was wir am Arbeitsplatz am wenigsten brauchen, ist ein total chaotisches Durcheinander. Wir schimpfen vielleicht jeden Tag mit unseren Kindern, dass sie ihr Zimmer aufräumen sollen, gehen aber dann in ein unordentliches Büro und merken noch nicht einmal, dass etwas nicht stimmt. Aber der Wirrwarr im Büro und auf dem Schreibtisch hält uns davon ab, unsere Arbeit effektiv zu tun.

Wie kommt es zum Durcheinander?

Der erste Schuldige ist das Papier. Was ist bloß aus der Idee von einem papierlosen Büro geworden? Irgendwann einmal wurde darüber spekuliert, dass aufgrund neuer Technologien der ganze Papierkram aus den Büros verschwände, weil alles nur noch elektronisch abgewickelt würde. Eines Tages wird es vielleicht dahin kommen, bisher ist es jedoch noch nicht so weit. Der Computer druckt mehr Papier aus, als wir wieder loswerden können, und Kopierer tun es ihm gleich. Die Papierflut ist heute größer als je zuvor.

Das elektronische Postfach, obwohl eine tolle Erfindung, ist sogar für ein noch größeres Durcheinander verantwortlich als Papier, falls das möglich ist. Es erzeugt digitales Chaos. Mit einem einzigen Tastendruck können Sie eine Notiz an 150 Leute versenden. Manche Menschen bekommen täglich über 200 E-Mails. Können Sie sich das vorstellen? Vielleicht müssen Sie das gar nicht, weil Sie selbst zu diesen Leidtragenden in einem »voll computerisierten« Büro gehören.

Die Informationsflut, die das Büro überschwemmt, verursacht oft einiges Chaos. Und dann ist da noch unsere Einstellung zum Durcheinander. Büros sind wie Kleiderschränke – Orte, wo wir eine Menge Zeug anhäufen. Ein gutes Beispiel ist ein Umzug. Viele Menschen nehmen all ihren Krempel mit. Vieles davon bewahren sie schon seit Monaten oder sogar Jahren auf in dem Glauben, dass sie es eines Tages brauchen werden.

Wir lachen über solche Geschichten, aber sie sind die Normalität. Die meisten Menschen glauben, die ganzen Dinge, die sie horten, eines Tages möglicherweise gebrauchen zu können. Viele Menschen heben irgendwelche alten Zeitschriften auf, die sie jedoch nie mehr anschauen. Wieso sie also aufbewahren? Wozu sie in Ordnung halten? Irgendwann müssen Sie anfangen, die Dinge, die Sie mit sich herumtragen, realistisch zu betrachten und dafür zu sorgen, dass Sie nur die Sachen mitnehmen, die Sie wirklich brauchen. Wenn nicht, weg damit!

Warum die Unordnung bleibt

Der Wirrwarr spiegelt die Art wider, wie Menschen ihre Arbeit und ihr Leben angehen. Er erzählt etwas über diese Menschen – sie sind vielleicht auch im Kopf ungeordnet. Viele Menschen rechtfertigen Unordnung, indem sie sagen, dass das Chaos ihren Gedanken Nahrung gibt und ihre Kreativität fördert. Andere glauben, dass kreative und künstlerische Menschen eben einfach so sind. Eine PEP-Teilnehmerin erzählte einmal eine interessante Geschichte. Sie beschrieb, wie sie das erste Mal in das Haus eines berühmten Künstlers kam. Bevor sie hinging, malte sie sich aus, wie es in so einem Haus aussehen würde: avantgardistisch, sehr chaotisch, die Räume voll mit Bildern, die sich in allen Ecken stapeln, das Atelier voller Dinge, die die Kreativität anregen.

Aber das Haus war sauber und ordentlich. Sie dachte, der Künstler hätte vielleicht Ordnung gemacht, weil er Gäste erwartete, aber als sie im Laufe des Abends sein Atelier besichtigte, sah sie, dass auch dieses penibel aufgeräumt war. Die ganzen Pinsel waren exakt geordnet und die Farbtöpfe säuberlich aufgereiht und beschriftet. Sie konnte kaum glauben, was sie sah – es widersprach all ihren Erwartungen, wie ein Künstler arbeitet.

Als sie ihn auf seine Ordentlichkeit ansprach, sagte er, dass er das während des Studiums an der Kunstakademie gelernt hätte. Ihm wurde beigebracht, seine Werkzeuge in einem guten Zustand zu halten. Er wusste, dass die Pinsel unbrauchbar wären, wenn er sie nicht nach jeder Benutzung reinigen würde. Er beschriftete alle Farben, weil er ansonsten sicherlich vergessen würde, welche er gemischt hatte.

Wenn Sie effektiv arbeiten wollen, muss Ihr Werkzeug funktionsfähig und geordnet sein. Es ist einfach leichter, in einer saubeeren und ordentlichen Umgebung zu agieren.

Aus den Augen, aus dem Sinn?

Es gibt Menschen, die den Ausspruch »aus den Augen, aus dem Sinn« absolut wörtlich nehmen. Sie haben Angst, eine Aufgabe oder einen Auftrag zu vergessen, wenn sie keine konkrete Gedächtnisstütze auf ihrem Schreibtisch oder in Sichtweite klebende Haftzettel hätten. Deshalb wollen sie alles im Auge behalten.

»Aus den Augen« bedeutet zweifellos sehr oft »aus dem Sinn«. Wenn jemand erzählt, dass er Schwierigkeiten hat, sich an Dinge zu erinnern, braucht er ein Erinnerungssystem. Man muss aber auch gar nicht ständig an die ganzen Dinge auf seinem Schreibtisch erinnert werden, die man sowieso nicht in Angriff nehmen kann. Fortwährend an Sachen erinnert zu werden, die man nicht sofort erledigen kann, verstärkt nur die schlechte Gewohnheit, etwas auf später zu verschieben.

Beginnen Sie, sich zu organisieren, indem Sie erst einmal aufräumen. Beseitigen Sie die Unordnung. Trennen Sie die nützlichen Hilfsmittel von den unnützen. Entscheiden Sie, was aufbewahrt und was weggeworfen werden soll. Misten Sie aus und bauen Sie sich gleichzeitig Systeme und Routinen auf, damit ein für alle Mal Schluss mit dem Durcheinander ist.

Die meisten Menschen unterliegen dem Irrglauben, es sei eine nützliche Gedankenstütze, alles Mögliche auf irgendwelchen Zetteln zu notieren, doch in den meisten Fällen stellen diese Zettel eine Ablenkung dar und leisten einen weiteren Beitrag zum Alltagsstress. Mein Rat lautet: Schaffen Sie für alles einen speziellen Aufbewahrungsort. Auf Ihren Schreibtisch gehören nur die Unterlagen, an denen Sie gerade arbeiten. Führen Sie einen ordentlichen Terminkalender als Gedankenstütze, wann Sie welche Arbeiten erledigen müssen, und erledigen Sie diese dann auch wirklich.

Übersehen Sie nicht das Offensichtliche

Beim Versuch, unsere Arbeitsweise zu verbessern, entgeht uns sehr oft das Offensichtliche. Wir bemühen uns, komplexere Probleme zu lösen, und übersehen das Grundlegende. Zu den elementaren Dingen, mit denen ein Schreibtischarbeiter jeden Tag zu tun hat, gehören sein Schreibtisch, Hefter, Kugelschreiber, Tesafilm, Büroklammern, Lampen, ein Stuhl, ein Computer, Aktenordner, Aktendeckel, CDs und vieles mehr. Ein Büro, in dem diese ganzen Sachen wild umherliegen, ist nichts Ungewöhnliches – deplatzierte Scheren, kaputte Hefter, leere Tesafilmrollen, wahllos verstreute Papiere. Und doch erwarten wir irgendwie, unter diesen Bedingungen produktiv zu arbeiten.

Viele Menschen erkennen nie, dass sie sich selbst den effektiven Umgang mit ihren täglichen Problemen erschweren, indem sie ihren eigenen Arbeitsplatz nicht in Ordnung halten. Das klingt vielleicht trivial. Will man allerdings dem *Wall Street Journal* Glauben schenken, so verbringen Schreibtischarbeiter durchschnittlich sechs Wochen im Jahr damit, etwas in ihrem Büro zu suchen!

Ein leitender Bankangestellter, der für eine Regionalbank mit 2500 Mitarbeitern verantwortlich war, war PEP-Teilnehmer. Es handelte sich um einen cleveren Geschäftsmann, der dank seiner Führungsqualitäten und seines Geschäftssinns aufgestiegen war. Er war sehr überlastet und wollte durch PEP besser klarkommen. Beim Training kam ein Stapel Papier auf seinem Schreibtisch zur Sprache. Er sagte, dass die Papiere gelocht werden müssten, er aber bisher noch nicht dazu gekommen sei. Mit dem Hinweis »Tun Sie's sofort« galt es, die Schriftstücke jetzt zu lochen. Er sagte »natürlich« und verließ das Büro, vorbei an seinen Assistenten, den Flur entlang, durch eine Tür, viele Treppen hinunter und in ein Materiallager. Er nahm einen Locher, ging zurück in sein Büro und begann, die Papiere zu lochen. So lief es jedes Mal ab, wenn er etwas lochen musste. Auf die Frage, warum er sich nicht einen eigenen Locher besorge, schaute er auf und erwiderte: »Das ist eine gute Idee.« Er hatte einfach nie daran gedacht.

Das Offensichtliche ist nicht nur, Ihr Werkzeug griffbereit zu haben. Treten Sie einen Schritt zurück und schauen Sie sich Ihr Büro genau an. Steht Ihr Schreibtisch an der günstigsten Stelle? Ist Ihr Büro im Winter schön warm und im Sommer angenehm kühl? Ist Ihr Stuhl bequem?

So kann beim Persönlichen Effektivitäts-Programm zutage treten, dass es einem Teilnehmer nicht gut geht, weil er zum Beispiel Rückenschmerzen hat. Bei der Überprüfung seines Bürostuhls stellte sich heraus, dass dieser kaputt war. Kleine Ursache, große Wirkung. Solche Fälle begegnen mir immer wieder. Besorgt sich der Teilnehmer dann im Zuge von PEP einen neuen Stuhl, ist oft der Kommentar: »Es ist ganz erstaunlich. Ich habe einen neuen Stuhl bekommen, und meine Rückenschmerzen waren wie weggeblasen. Ich kann jetzt viel besser arbeiten, nur wegen meines neuen Stuhls.«

Ein anderer Mann steigerte seine Produktivität einfach dadurch enorm, dass er seinen Schreibtisch mit Blickrichtung zum Fenster anstatt zur Tür stellte. Weil seine Tür die ganze Zeit offen stand, wurde er dauernd von vorbeikommenden Leuten gestört. Wenn sie seinen Blick suchten und er ihn erwiderte, glaubten sie, hereinkommen und ein Schwätzchen halten zu können. Folglich wurde er dauernd unterbrochen. Als er seinen Schreibtisch samt Stuhl so drehte, dass er mit dem Rücken zur Tür saß, hörten die Störungen schlagartig auf.

Neue Studien widmen sich der Frage, wie die Interaktion des Einzelnen mit seiner Umwelt untersucht und verbessert werden kann. Die Firma Compaq fördert ein Konzept in Schweden, das sogenannte Büro der Zukunft. Dabei wird alles in Betracht gezogen, von der verwendeten Hard- und Software über die Farbe der Wände bis hin zum Mobiliar, das den Rücken am besten stützt, und unterschwelligen produktivitätsfördernden Hilfen, die von einer angenehmen Arbeitsumgebung ausgehen.

Compaq hat sogar untersucht, wie kulturelle Unterschiede die Definition einer wohltuenden Umgebung beeinflussen. In Schweden schaut das Büro der Zukunft beispielsweise wie ein schwedisches Landhaus aus. Die Menschen glauben, dass sie in der Atmosphäre eines solchen Hauses produktiver sein können als in einem gewöhnlichen Büro.

Führende Möbelhersteller sowie Innenarchitekten und Softwareberater haben ihre Dienstleistungspalette um einen weiteren Service ergänzt: Sie bieten nun auch Möbel und Büroausstattung für flexibles Arbeiten an. Auch in unserem Institute for Business Technology hat sich in dieser Hinsicht ein Wandel vollzogen. Zusätzlich zu unserer Aufgabe, den Menschen zu helfen, produktiver und organisierter zu arbeiten, unterstützen wir sie nun auch beim Übergang vom herkömmlichen Büro mit der üblichen Ausstattung zu einem neu gestalteten Arbeitsumfeld, das den Teamgeist innerhalb der heutzutage wesentlich flexibleren Belegschaft fördert. Wenn man also seine Arbeitsleistung steigern will, muss man dafür sorgen, dass die Werkzeuge parat und in Ordnung sind und die Arbeitsumgebung die Produktivität fördert.

Beginnen Sie mit dem Grundlegenden

Wenn Sie Ihre Arbeit produktivitätssteigernder organisieren wollen, müssen Sie einige sehr grundlegende Aspekte in Betracht ziehen, die die meisten Menschen nie in den Griff bekommen. Sind Ihre Werkzeuge tauglich? Ist Ihr Produkt leicht herzustellen? Auch Schreibtischarbeiter müssen sich diese beiden Fragen stellen, tun es allerdings kaum.

Wenn sich ein Fließbandarbeiter beispielsweise jedes Mal nach vorn beugen und ein schweres Werkzeug ergreifen muss, um ein Rad an einem Wagen anzubringen, sollte dieser Arbeitsvorgang anders gestaltet werden. Vielleicht braucht der Arbeiter eine Art Hebel, damit er sowohl Zeit als auch Mühe spart, das Rad zu befestigen. In ähnlicher Art müssen Sie Ihre Arbeitsweise umstrukturieren, falls Sie immer erst alle möglichen Papiere oder Verzeichnisse durchwühlen müssen, sobald Sie einen Telefonanruf machen wollen. Es kommt darauf an, dass es leicht ist, alles sofort zu tun.

Ihre Büroutensilien

Betrachten wir zunächst Ihr Arbeitswerkzeug. Welche Gegenstände befinden sich auf Ihrem Schreibtisch oder an Ihrem Arbeitsplatz?

Drei Ablagen. Sie sollten mit drei Ablagen (oder Körben) für Ihre tägliche Papierflut arbeiten, nämlich einer für die eingehenden, einer für die ausgehenden Schriftstücke und einer für die laufenden Angelegenheiten, bei denen Sie auf Antwort warten. Diese Ablagen sind wohlgemerkt nicht für die dauerhafte Aufbewahrung der Papiere gedacht. Ihr Ablagesystem sollte dem in Abbildung 2.1 gleichen.

Normaler Bürobedarf. Darunter fallen die Dinge, die Sie jeden Tag benutzen: Hefter, Kugelschreiber, Bleistifte, Tesafilm, Prospekthüllen, vielleicht ein Bleistiftspitzer, Taschenrechner, Büroklammern, CDs und so weiter.

Ich begegne gelegentlich Menschen, bei denen sich zwei oder drei »kaputte« Hefter in oder auf ihrem Schreibtisch befinden. Diese sind natürlich nicht eigentlich kaputt, sondern nur im Moment nicht zu gebrauchen, weil sich eine Heftklammer verklemmt hat und bisher niemand dazu gekommen ist, sie zu entfernen. Und diese Menschen müssen sich auch noch jedes Mal einen Hefter borgen, wenn sie einen benötigen! So unbedeutend ein Hefter auch erscheinen mag, ist er doch ein elementares Bürowerkzeug. Nur wenn Sie ihn und die anderen grundlegenden Dinge griffbereit haben, können Sie schnell und gut arbeiten.

Sorgen Sie dafür, dass alle benötigten Werkzeuge vorhanden und in Ordnung sind. Scheren und Hefter borgen gibt's nicht mehr. Nehmen Sie sich die Zeit, und schauen Sie sich alle Hilfsmittel an, die Sie haben oder haben sollten.

Am Ende dieser kleinen Übung werden Sie einen Hefter, Kugelschreiber, Bleistifte, einen Bleistiftspitzer, Schreibblöcke, Tesafilm, Prospekthüllen, Büroklammern, CDs, Aktenordner, Etiketten und was immer Sie normalerweise im Laufe eines Tages benötigen, haben – und alles wird voll funktionsfähig sein. Diese regelmäßig verwendeten Gegenstände sollten sich in der mittleren Schublade oder in einem der Seitenfächer Ihres Schreibtischs befinden – nicht auf Ihrer Arbeitsfläche.

Hüten Sie sich gleichzeitig vor Verschwendung. Von den unternehmensinternen Abrechnungsstellen hört man oft unglaubliche

Abbildung 2.1: Das Ablagesystem

Die Ablagen für eingehende und ausgehende Schriftstücke sowie Laufendes müssen vom Schreibtisch aus mit einem Griff erreichbar sein.

Eingehende Schriftstücke

Eingehende Post und Mitteilungen, die Sie noch nie in der Hand gehabt haben. Wenn Sie etwas herausziehen, nehmen Sie es in Angriff! Falls Sie eine Sekretärin haben, sollte die Post vorsortiert und für den Eilfall nach Priorität geordnet in Mappen gelegt sein (zum Beispiel Unterschrift erforderlich, dringend, innerbetriebliche Mitteilungen, zu Lesendes).

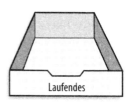

Laufendes

Für Dinge mit einer kurzen Verweildauer von ein bis zwei Tagen, die Sie bearbeiten wollten, aber noch nicht erledigen konnten (zum Beispiel, weil Sie weitere Informationen oder einen Rückruf erwarten oder etwas Dringenderes zur Unterbrechung geführt hat). Nicht für: das Hinausschieben von Arbeiten, unabgeschlossene Projekte, Wiedervorlagesachen.

Ausgehende Schriftstücke

Für abgearbeitete Dinge, die weggelegt werden können. Leeren Sie diese Ablage mehrmals am Tag, wenn Sie aus dem Büro gehen, oder beauftragen Sie Ihre Sekretärin damit.

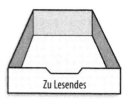

Zu Lesendes

Je nach Ermessen, ob Sie viel zu lesen haben. Passen Sie auf, dass sich nicht zu viel ansammelt, indem Sie kurze Artikel sofort lesen, Inhaltsverzeichnisse, markierte Absätze und Zusammenfassungen überfliegen, den Lesestoff auf die Abteilung verteilen, Ausschnitte oder Zusammenfassungen machen lassen und Lesezeiten einplanen.

Geschichten über Materialvergeudung. Die Leute sagen: »Erst als wir hier endlich System hineingebracht hatten, merkten wir, was alles bei uns vorhanden war, was wir tatsächlich benutzten und was wir verschwendeten.« Man steht oft fassungslos davor, wenn man mal ausgerechnet hat, wie viel Material einfach so verpulvert wird.

In einem PEP-Training in einer mittelständischen Immobilienfirma wurde initiiert, dass nach der Durchsicht einer Reihe der Schreibtische zuerst einmal alle überflüssigen Gegenstände, die vorhanden waren, eingesammelt und in die zentrale Materialbeschaffung zurückgebracht wurden. Dies ist sinnvoll, weil sich die Mitarbeiter oft darüber beklagen, dass sie dort nicht das finden können, was sie benötigen, oder in kleinen Unternehmen kein Material mehr angeschafft werden kann, weil der Etat dafür bereits ausgeschöpft ist. Im Verlauf dieses PEP-Trainings mit den ungefähr 120 Mitarbeitern des Unternehmens wurden sämtliche Materialien aufgetrieben, die sie unnötigerweise in ihren Schreibtischen horteten. Im Endeffekt hatten sie genug Verbrauchsmaterial, um damit ein Jahr auszukommen, ohne irgendetwas Neues zu kaufen! Das Einzige, was sie tun mussten, war, alles, was zutage gefördert worden war, untereinander zu organisieren. Und das ist typisch. Schauen Sie sich in, auf und um Ihren Schreibtisch herum um, bevor Ihnen der Kragen platzt. Wetten, dass Sie ein halbes Dutzend unbenutzte Kugelschreiber und andere Gegenstände finden werden, von denen Sie nicht einmal wussten, dass Sie sie besitzen?

Das gleiche Prinzip gilt auch für die Informationen in Ihren Akten: Sie benutzen nichts, von dem Sie nicht wissen, dass Sie es haben. Und ohne Organisation und regelmäßige Sichtung merken Sie nicht, was Sie haben. Sie vergeuden Ressourcen. Denken Sie an die Überlebenden eines Schiffsunglücks mitten auf dem Meer in einem Rettungsboot. Das Erste, was sie tun müssen, ist, jede einzelne verfügbare Ressource zu registrieren, sodass nichts unnütz vergeudet wird. Verschwendung kann in einer solchen Situation das Leben kosten.

Fotokopierer. Ein anderes Hilfsmittel, das Millionen arbeitender Menschen von Montag bis Freitag benutzen, ist der Kopierer. Auch wenn es banal klingt: Nicht zu wissen, wie man eine Kopie macht, kann teuer werden. Folgende Geschichte ist wahr: Ein Berater traf sich mit dem geschäftsführenden Direktor eines Unternehmens im Konferenzraum. Nachdem der Besucher sein einseitiges Handout präsentiert hatte, wollte der Geschäftsführer eine Kopie haben. Er brach die Präsentation ab, rief einen Kopierspezialisten und wartete dann. Zwanzig Minuten später kam dieser mit einem einzigen Blatt Papier zurück. Später fragte der Berater aus reiner Neugier, wieso die Kopie denn so lange gedauert hätte. Ein Mitarbeiter führte ihn durch das halbe Haus zum Kopierraum. Dort stand ein riesiger Kopierer – ein Monstrum mit vielen technischen Spielereien und Skalen und Dutzenden von Behältern für alles Mögliche. Man könnte von diesem Raum aus genauso leicht ein Space Shuttle starten wie eine Fotokopie machen. An die 90 Prozent der Mitarbeiter wussten nicht, wie man die Maschine bediente.

Faxgeräte. Sie sollten auch mit einem Faxgerät, einem Drucker und den ganzen anderen Gerätschaften umgehen können, die gemeinhin in einem Büro benutzt werden. Jede Maschine sollte funktionsfähig und mit Material und Ersatzteilen sowie einer einfachen Gebrauchsanweisung ausgestattet sein. Und Sie sollten sich die Zeit nehmen, sich mit ihr vertraut zu machen.

Beobachten Sie den Markt für Büroartikel

Machen Sie sich mit den besten Zeitmanagementsystemen und Hilfsmitteln vertraut. Gewöhnen Sie sich an, Kataloge durchzublättern oder regelmäßig durch Geschäfte für Bürobedarf zu streifen, um neue Ressourcen und Hilfsmittel zu entdecken. Sie werden überrascht sein, was es so alles gibt.

Individuelle Lösungen haben die größte Chance, beibehalten zu werden, wie folgendes Beispiel zeigt: Eine Kundin war sehr schlecht organisiert und wollte keine Vorschläge annehmen. Ihre Tätigkeit war nämlich ziemlich außergewöhnlich, und meine Lösungsvorschläge konnten nicht unmittelbar auf ihre Situation übertragen werden. Aber dann brachte eine ihrer Kolleginnen eines Tages ein Zeitmanagementsystem mit, das aus kleinen Karteikärtchen und einer Ledermappe mit passenden Schutzhüllen bestand, um die Karten einzustecken. Man musste auf jede Karte eine Aufgabe schreiben und das Kärtchen mit einer nicht erledigten Aufgabe in eine Hülle für den nächsten Tag stecken. Die Kollegin fand das System ziemlich nutzlos und wollte es schon wegwerfen, gab es aber dann stattdessen unserer Kundin. Diese mochte es und konnte schließlich viele Probleme damit lösen.

Zahlreiche ausgezeichnete Hilfsmittel eignen sich sowohl zur Steigerung Ihrer Produktivität als auch Ihrer Effizienz. Während der eine Mensch ein Werkzeug ineffektiv finden mag, kann der andere vielleicht nicht ohne es leben. Nutzen Sie die existierenden Hilfsmittel, und finden Sie diejenigen heraus, die zu Ihrem Stil und Ihrer Persönlichkeit passen.

Ablagesysteme – fangen Sie mit dem Papierkram an

Organisieren Sie Ihre Schriftstücke und Akten nach der Häufigkeit ihres Gebrauchs, um besser mit dem Papierkram fertig zu werden. Die am häufigsten benutzten Dinge müssen sich in unmittelbarer Reichweite befinden. Ihr Schreibtisch ist Ihre Arbeitsfläche, auf der einzig die Papiere liegen sollten, die Sie gerade bearbeiten.

Wie schon beschrieben, sollten Sie mit drei Ablagekörben arbeiten, um die Papiermassen in den Griff zu bekommen. Ihr Eingangs- und Ausgangskorb sowie Ihre Ablage für Laufendes sind für Aufgaben gedacht, die Sie sofort oder innerhalb der nächsten Tage

Abbildung 2.2: Ein Überblick über eine gute Büroorganisation und die wichtigsten Papierknotenpunkte

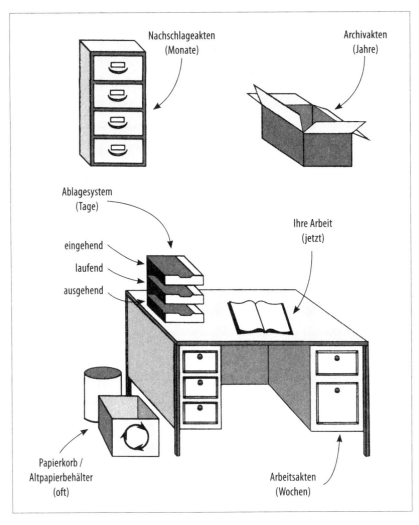

erledigen. Führen Sie als Nächstes drei Arten von Akten ein: Arbeitsakten, Nachschlageakten und Archivakten. Diese drei Aktentypen sind entscheidende Papierknotenpunkte, um mit Ihrer Arbeitsflut zurechtzukommen (siehe Abbildung 2.2).

Arbeitsakten sind für laufende Projekte und Routineaufgaben gedacht. In der Regel werden Sie für 80 Prozent Ihrer Arbeit 20 Prozent Ihrer Akten brauchen, sodass sie in Griffnähe sein sollten. Am besten bewahren Sie sie in Ihren Schreibtischschubladen als Hängeregistratur auf. Arbeitsakten beinhalten die Angelegenheiten, mit denen Sie regelmäßig über mehrere Wochen oder Monate befasst sind und die laufenden Projekte, für die Sie die Verantwortung tragen.

Nachschlageakten machen den Großteil der Akten in Ihrem Büro aus. Da Sie sie oft heranziehen, müssen sie sich in Ihrer Nähe befinden, aber nicht unbedingt in Reichweite.

Archivakten werden aus rechtlichen Gründen aufbewahrt und wahrscheinlich kaum gebraucht. Sie dokumentieren die Arbeiten der vergangenen Jahre und können auch außerhalb des Büros gelagert werden.

Arbeitsakten

Ein Mann, der fünf große Papierstapel auf seinem Schreibtisch hatte, erzählte mir einmal mit unbewegtem Gesicht, dass er genau wüsste, wo er was fände. Auf meine Frage »Dann sind Sie der Meinung, dass ein System nicht von Nutzen wäre?« zeigte er auf das Chaos auf seinem Schreibtisch und antwortete: »Ich habe ein System. Das ist mein System.«

Da klingelte das Telefon. Der Anrufer fragte nach einer Mitteilung, die er ihm vor ein paar Tagen zugesandt hatte. »Ja, sicher, einen Augenblick«, erwiderte der Angerufene. Er machte sich über einen Stapel her und blätterte ihn durch. Danach durchstöberte er den nächsten. Dann sah er schüchtern auf, wurde rot im Gesicht und durchsuchte noch einen weiteren Stapel. Verlegen sagte er zu dem Anrufer: »Ich werde Sie wohl zurückrufen müssen.«

Abbildung 2.3: Arbeitsakten

Für 80 Prozent Ihrer Arbeit brauchen Sie 20 Prozent Ihrer Arbeitsakten. Bewahren Sie diese getrennt von den anderen Akten und in Griffnähe auf.

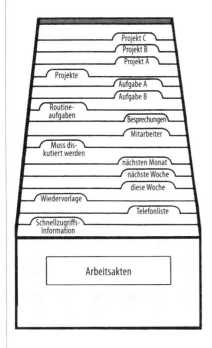

- ◆ Laufende Projekte, die Ihnen obliegen.

- ◆ Routineaufgaben, die Sie täglich/wöchentlich/monatlich ausführen.

- ◆ Muss diskutiert werden (für Routinebesprechungen und wichtige Mitarbeiter, mit denen Sie ständig zu tun haben).

- ◆ Rücksprache- oder Wiedervorlagenmappe für längerfristig Laufendes oder Weiterzuverfolgendes. Wenn Sie eine Sekretärin haben, sollte sie in deren Schreibtisch aufbewahrt werden.

- ◆ Schnellzugriffs-Informationen (Telefonlisten, Computercodes und so weiter).

Viele Menschen denken, sie wüssten, wo alles ist, aber sie verschwenden kostbare Zeit mit Suchen, weil sie es in Wirklichkeit doch nicht wissen. Zudem wäre es unsinnig zu verlangen, dass sie sich erinnern, wo jedes Schriftstück ist. Wenn es Ihrem Chef in den Sinn käme, von Ihnen zu erwarten, dass Sie sich bei jedem einzelnen Schriftstück in Ihrem Büro erinnern müssten, wo Sie es hingelegt haben, wären Sie wahrscheinlich empört.

Und genau dafür sind Ihre Arbeitsakten da. Wie in Abbildung 2.3 dargestellt, beinhalten Arbeitsakten gewöhnlich fünf verschiedene Arten von Informationen:

1. Schnellzugriffs-Informationen. Dies sind Telefonlisten, Adressenlisten, Computercodes, Firmenpolicen und andere Informationen, auf die Sie häufig zurückgreifen und die Sie schnell parat haben möchten, wenn Sie sie benötigen.

2. Themen, »die diskutiert werden müssen«. Legen Sie eine Akte für Routinebesprechungen und eine für jedes Belegschaftsmitglied an, mit dem Sie regelmäßig zu tun haben.

3. Routineaufgaben. Diese Akten enthalten Informationen, die Sie für die Erledigung der täglichen, wöchentlichen oder monatlichen Routineaufgaben benötigen.

4. Laufende Projekte. Diese Projekte bearbeiten Sie im Moment. Legen Sie für jedes Projekt eine Hängemappe an, in der Sie alles, was für Ihre augenblickliche Arbeit notwendig ist, ablegen. Sortieren Sie von Zeit zu Zeit weniger dringliche Dinge aus diesen Mappen aus und legen Sie sie zu den Nachschlageakten.

5. Wiedervorlagemappe. Eine Wiedervorlagemappe ist sinnvoll für längerfristig laufende oder weiterzuverfolgende Projekte. Wenn Sie eine Sekretärin haben, sollte sie Ihre Wiedervorlage führen. Diese Mappe besteht in der Regel aus zwei Teilen: Der erste ist für jeden Monat im Jahr von 1 bis 12, der zweite für die Monatstage von 1 bis 31 durchnummeriert. Die Wiedervorlagemappe wird für längerfristig laufende und weiterzuverfolgende Angelegenheiten gebraucht. Auch sie kann in die Hängeregistratur integriert werden.

Mit einem Wiedervorlagesystem, das Sie täglich durchsehen, schaffen Sie sich ein Erinnerungssystem, durch das Sie Fehler vermeiden. Nehmen wir beispielsweise an, Sie verabreden sich für den 15. Dezember mit mir. Vermerke in Ihrer Wiedervorlagemappe erinnern Sie daran, mich am 13. Dezember anzurufen, um sicherzustellen, dass alles vorbereitet ist. Im Aktendeckel für den 13. liegt auch eine Notiz, die alle getroffenen Vereinbarungen festhält. Zudem befinden sich in Ihrer Wiedervorlagemappe zu den gegebenen Zeitpunkten im Dezember Hinweise wie »Flug bestätigen lassen« und »Verbindung in die USA überprüfen« sowie ein Vermerk, der Sie daran erinnern soll, Ihre Assistentin über ein bestimmtes Firmenkonto zu informieren, sodass sie Sie in der auf den 15. Dezember festgesetzten Besprechung mit dieser Firma vertreten kann.

Mit der Wiedervorlagemappe vermeiden Sie auch, dass Ihre Ablage für Laufendes bis oben hin vollgestopft ist. Nehmen wir beispielsweise an, Sie müssen einen Vertrag aufsetzen und wissen, dass dies einige Stunden in Anspruch nehmen wird. Vielleicht haben Sie bereits einen Vorentwurf, der an einem bestimmten Stichtag fertig überarbeitet sein muss. Aus Erfahrung wissen Sie allerdings, dass eine solche Überarbeitung mindestens zwei Stunden dauern wird, und so viel Zeit werden Sie vor Donnerstag nicht aufbringen können. Deshalb planen Sie für diesen Tag zwei Stunden ein, die Sie in Ihrem Terminkalender markieren, und legen die Rohfassung in die Wiedervorlagemappe für Donnerstag. Dort werden Sie sie vorfinden, wenn Sie sich an die Arbeit machen können. Und weil Sie es sich angewöhnt haben, die Wiedervorlagemappe jeden Morgen durchzusehen, werden Sie am Donnerstag auf den Entwurf stoßen und in Ihrem Kalender sehen, dass Sie sich die Zeit zwischen 9.00 und 11.00 Uhr freigehalten haben, um an dem Vertrag zu arbeiten. Wenn dann die endgültige Fassung fertig ist, legen Sie sie in Ihren Ausgangskorb, von wo aus sie an die nächste beteiligte Person weitergeleitet wird. Wichtig ist, dass Sie nur solche Unterlagen in die Wiedervorlage legen, die Sie ausschließlich unter dem zeitlichen Aspekt wiederfinden müssen.

Die Funktion einer Wiedervorlage lässt sich auch auf ein Programm wie MS Outlook, Lotus Notes und viele andere anwenden. Solche elektronischen Wiedervorlagesysteme sind oft Bestandteil von E-Mail-Systemen. Elektronische Systeme lösen die klassische Wiedervorlage immer mehr ab, weil sie effektiver und leichter zu handhaben sind.

Das Wesentliche an der »Tun-Sie's-sofort«-Philosophie ist, die Wiedervorlagemappe jeden Tag durchzusehen. Danach wissen Sie genau, was Sie an dem entsprechenden Tag tun müssen, um den Zeitplan einzuhalten, und erledigen die Aufgaben, die Sie in Ihrer Arbeit weiterbringen.

So entwickeln Sie eine Ablagestruktur für Arbeitsakten

Denken Sie bitte daran, dass Sie ein Ablagesystem entwickeln müssen, das sich für alle Aspekte Ihrer Tätigkeit eignet, einfach nachvollziehbar ist und mit dem Sie vor allem sämtliche Informationen im Bedarfsfall schnell wiederfinden. Mit einem gut strukturierten Ablagesystem wissen Sie immer, wo Sie bestimmte Unterlagen ablegen sollen und wo Sie diese wiederfinden, wenn sie benötigt werden, egal ob es sich um Arbeits-, Nachschlage- oder Archivakten handelt.

Abbildung 2.3 hat Ihnen am Beispiel der fünf Arten von Informationen gezeigt, wie der Inhalt Ihrer Arbeitsakten aussehen könnte. Damit Ihr System funktioniert, benötigen Sie natürlich Ihre eigenen, speziell auf Ihre Tätigkeit zugeschnittenen Akten. Dafür müssen Sie sich zunächst Gedanken über Ihre Hauptaufgaben und die dafür erforderlichen Informationen oder Vorgehensweisen machen. Abbildung 2.4 illustriert, wie diese Überlegungen bei einem Manager eines Fertigungsbetriebs aussehen könnten.

Dies ist nichts anderes als eine vereinfachte Analyse Ihrer Tätigkeit. Stellen Sie eine stichpunktartige Liste Ihrer Aufgaben zusammen. Normalerweise lässt sich fast jeder Job mit sechs bis acht Hauptaufgaben beschreiben. Anschließend definieren Sie für jede Hauptaufgabe die wichtigsten Unteraufgaben. Verwenden Sie hierfür die Vorlage aus Abbildung 2.5, um die wichtigsten Tätigkeitsbereiche Ihrer Arbeit zu untergliedern.

Halten Sie sich an die folgenden Punkte, wenn Sie Ihre Arbeitsakten anlegen:

Abbildung 2.4: Beispiel für die Zuständigkeiten eines Managers und den Aufbau einer Ablagestruktur

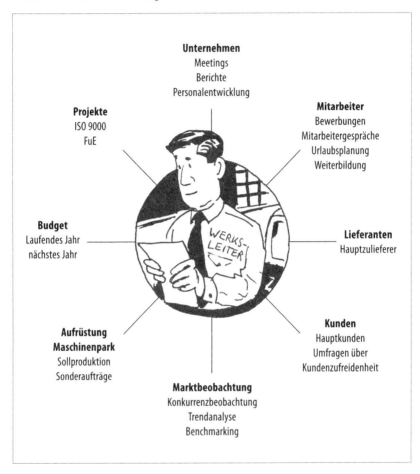

- Wählen Sie sich ein Fach für Ihre Arbeitsakten, am besten eine Ihrer größeren Schreibtischschubladen. Denken Sie daran, dass Sie diese Informationen griffbereit haben möchten. Beschriften Sie das Fach klar und eindeutig mit auffallenden Großbuchstaben.
- Entfernen Sie alle Akten, mit denen Sie nicht mehr arbeiten. Legen Sie sie zu den Nachschlage- oder den Archivakten.

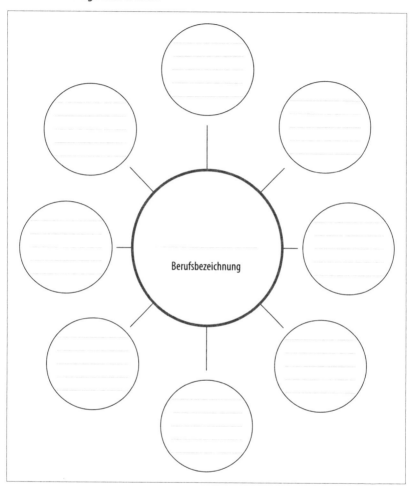

- Sorgen Sie dafür, dass für jedes Projekt und jeden Vorgang ein
  eigener Aktendeckel vorhanden ist. Beschriften Sie jede Akte
  klar und eindeutig.
- Führen Sie eine Wiedervorlagemappe ein. Ein Teil darin ist entsprechend den Monaten des Jahres von 1 bis 12, der andere entsprechend den Monatstagen von 1 bis 31 durchnummeriert.

Nachschlageakten

Nachschlageakten sollten folgende Dinge beinhalten:

- vergangene Projekte, auf die Sie sich noch beziehen;
- Material für interessante zukünftige Projekte;
- Informationen über geeignete Mitarbeiter;
- Verwaltungsdaten;
- Budgetinformationen;
- Kundenabrechnungen.

Berücksichtigen Sie bei der Einrichtung Ihrer Nachschlageakten die folgenden beiden Punkte:

1. Welche Informationen möchten Sie aufbewahren?
2. Wie finden Sie in Ihren Akten etwas am besten wieder?

Folgende Tipps helfen Ihnen, Ihre Nachschlageakten zu strukturieren (siehe auch Abbildung 2.6):

- Ergänzen oder bilden Sie Ablagekategorien (zum Beispiel Verträge, Messen, Produktentwicklung).
- Beschriften Sie die Akten entsprechend den ausgewiesenen Kategorien klar und deutlich.
- Sortieren Sie vorhandene Akten aus und werfen Sie unnötige Papiere weg.
- Bei Verwendung von Hängeregistraturen richten Sie Fächer mit jeweils einer oder mehreren Kategorien ein.
- Ordnen Sie die Akten innerhalb einer Kategorie oder Unterkategorie alphabetisch.
- Beschriften Sie Fächer und Aktenordner eindeutig und gut lesbar, damit das Entnehmen und Zurücklegen der Akten einfacher und schneller geht.

Abbildung 2.6: Nachschlageaktensystem

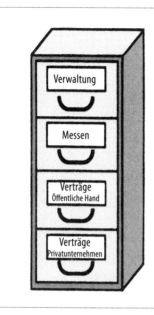

Schrank für Nachschlageakten

Um in Nachschlageakten, die in mehreren Schubladen oder Schränken verstaut sind, eine Akte schnell wiederzufinden, reicht eine einfache alphabetische Anordnung gewöhnlich nicht aus.

Vielmehr sollten die Akten zusätzlich nach Sachgebieten sortiert sein.

Ein Sachgebiet kann zudem in wichtige Aufgabenbereiche gegliedert werden, die sich als Kategorien in Ihren Akten widerspiegeln.

Archivakten

Archivakten stehen oft vielen Mitarbeitern zur Verfügung und werden entsprechend anders angelegt als persönliche Akten. Aus diesem Grund empfiehlt es sich, zwei verschiedene Aktensysteme anzulegen: Eines für Ihr Büro und eines außerhalb Ihres Büros für den allgemeinen Zugriff.

Ich fand einmal im Aktenschrank eines Unternehmens eine betriebsinterne Mitteilung aus dem Jahr 1906. Niemand hatte die Akten seither durchgesehen! Da es auch nichts Ungewöhnliches ist, dass sich Aktenschränke nicht einmal mehr öffnen lassen, hat einer unserer PEP-Berater immer einen Schraubendreher und Hammer dabei.

Oft nutzen Mitarbeiter das Archivsystem nur ungern, weil sie häufig glauben, ihm nicht trauen zu können. Es obliegt der Verant-

Tipps Was Sie aufheben und von was Sie sich trennen sollten

Viele Menschen tun sich schwer damit, Dinge wegzuwerfen. Wie viele Informationen sollten Sie also aufheben? Beachten Sie das Folgende:

- Neigen Sie dazu, Dinge »für alle Fälle« zu horten?

- Heben Sie zu viel in Ihren Nachschlageakten auf?

- Wenn Sie sich entscheiden müssen, ob Sie etwas aufbewahren sollen oder nicht, fragen Sie sich: »Wenn ich diese Information wieder benötige, wo bekomme ich sie her?«

- Kann jemand anderes im Haus die Informationen liefern? Wenn ja, heben Sie sie nicht auch noch auf, außer Sie benötigen sie häufig.

- Müssen Sie sich mit irgendjemandem absprechen, um auszumachen, wer was aufbewahrt?

Tipps zur Verbesserung Ihres Ablagesystems

Die folgenden Vorschläge machen Ihr Ablagesystem effizienter (siehe auch Abbildung 2.7 auf Seite 76):

- Verwenden Sie eine Hängeregistratur. Hängemappen erleichtern das schnelle Auffinden und korrekte Zurücklegen von Akten.

- Beschriften Sie die Akten eindeutig und gut lesbar. Das erleichtert das Auffinden und Zurücklegen.

- Reihen Sie Unterkategorien versetzt hinter die entsprechenden übergeordneten Kategorien ein. Das vereinfacht den Überblick und das schnelle Finden der gesuchten Akte. Farbetiketten für die Kategorien erleichtern das Überfliegen zusätzlich. (Aber nur, wenn es nötig und nützlich ist. Es wurde einmal von einer Sekretärin berichtet, die einen ganzen Tag damit verbracht hat, die Akten Ihres Chefs farbig zu kennzeichnen, nur um hinterher zu erfahren, dass er farbenblind ist.)

- Nachschlageakten sollten der gleichen Ablagelogik wie Arbeitsakten folgen. Das verringert Suchzeiten. Durch ein solches System können Akten auch aus anderen Bereichen genutzt werden. Somit verhindern Sie doppelte Aktenführung und koordinieren die gemeinsame Verwendung von Akten.

Abbildung 2.7: Tipps für die Ablage

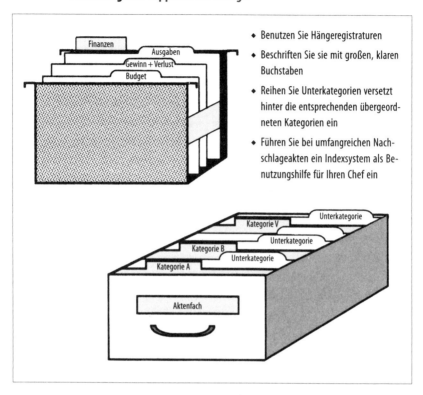

• Benutzen Sie Hängeregistraturen

• Beschriften Sie sie mit großen, klaren Buchstaben

• Reihen Sie Unterkategorien versetzt hinter die entsprechenden übergeordneten Kategorien ein

• Führen Sie bei umfangreichen Nachschlageakten ein Indexsystem als Benutzungshilfe für Ihren Chef ein

wortung des Managements, ein funktionierendes Archivsystem bereitzustellen. Die Mitarbeiter sind dafür verantwortlich, es zu verstehen und richtig zu gebrauchen.

Sie können den Zustand Ihres Archivsystems anhand der folgenden Fragen überprüfen:

• Haben Sie Abteilungsarchive und /oder allgemeine Unternehmensarchive?

• Welche Einstellung hat das Unternehmen zur Aufbewahrung von Dokumenten?

• Wer ist für die Pflege der Archive verantwortlich?

- Existiert ein Indexsystem?
- Was muss getan werden, um an archivierte Dokumente heranzukommen?
- Können Sie sich darauf verlassen, dass benötigte Dokumente wiedergefunden werden?
- Haben Sie das Archivsystem in letzter Zeit getestet?
- Müssen Archivakten angelegt werden? Wenn ja, wer sollte das tun?

Ein persönliches Ablagesystem ist meiner Meinung nach unbedingt notwendig, unabhängig davon, wie umfangreich die Abteilungs- oder allgemeinen Unternehmensarchive auch sein mögen. Stellen Sie den Aktenschrank mit Ihren persönlichen Archivakten in die hinterste Ecke Ihres Büros, da Sie diese Akten vermutlich nur ganz selten benötigen werden.

Ablage und Beschriftung

Ablagen dienen hauptsächlich dem Zweck, etwas wiederzufinden. Die einfachste Methode ist, mit umfassenden Allgemeinkategorien zu arbeiten, die für sich selbst sprechen und auch von anderen leicht verstanden werden. Halten Sie sich bei der Einrichtung des Ablagesystems an die Faustregel, dass nicht nur Sie, sondern auch andere etwas wiederfinden können müssen. Dafür gibt es zwei Gründe: Erstens muss vielleicht gelegentlich jemand anderes in Ihren Akten etwas finden, und zweitens tun Sie sich, wenn die Benut-

Tipp zum Eingewöhnen

Wenn Sie ein neues Ablagesystem einführen, haben Sie anfangs möglicherweise Probleme damit, die Dokumente auf Anhieb wiederzufinden. Vermerken Sie den Ablageort daher in Ihren dazugehörigen Arbeitsunterlagen.

zung für andere einfach ist, wahrscheinlich auch leicht damit. Innerhalb einer breiteren Kategorie können Sie immer Unterkategorien bilden, aber hauptsächlich sollte mit umfassenden Kategorien gearbeitet werden. Beschriften Sie sowohl Ihre Fächer als auch die darin abgelegten Akten und benutzen Sie dazu leicht lesbare, große Buchstaben.

Elektronische Ablagesysteme

Noch vor nicht allzu langer Zeit mussten sich Büroangestellte nur um Ihren Papierkram kümmern (als ob das nicht Arbeit genug gewesen wäre). Mittlerweile sind die meisten von uns am Arbeitsplatz von einem Rechner abhängig, da viele Dokumente in elektronischer Form verfügbar sind. Dazu gehören Arbeitsblätter, Präsentationen, Briefe, E-Mails, Internetseiten und vieles mehr, die man im eigenen PC speichert.

Es ist ein Kinderspiel, digitale Dokumente zu erzeugen, die meistens auch praktischerweise keine sichtbare Unordnung verursachen, und da elektronischer Speicherplatz relativ billig ist, lassen sich viele Gigabyte an Daten bequem speichern und aufheben. Das Problem besteht jedoch darin, die gespeicherten Dokumente auch wiederzufinden.

Glücklicherweise erleichtert uns der technische Fortschritt das Wiederauffinden von Dateien, doch das war nicht immer so. Diejenigen unter uns, die noch mit dem Betriebssystem MS-DOS arbeiten mussten, können sich sicherlich noch daran erinnern, wie schwierig es damit war, die Dateien auf der Festplatte zu verwalten. Am lästigsten war es, dass Dateinamen auf höchstens acht Zeichen begrenzt waren. So war es unter MS-DOS ganz normal, auf Dateien mit so eigenartigen Namen wie 4Q99KFR.txt zu stoßen (was für Kapitalflussrechnung viertes Quartal des Jahres 1999 stand) und kein Mensch mehr wusste, was sich dahinter verbarg.

Heutzutage kann leichter auf Dateien zugegriffen werden, da zum einen Dokumente mehrfach in anderen Verzeichnissen gespeichert (kopiert oder als Verknüpfung) werden können und es mehrere Möglichkeiten gibt, eine Datei zu suchen.

Bei der Organisation Ihres Dateiablagesystems sollten Sie an die folgenden Punkte denken, damit Sie später keine Arbeitszeit mit der unnötig langen Suche nach bestimmten Dokumenten vergeuden.

Ein Computer gleicht in vielerlei Hinsicht einem leeren Aktenschrank. Sie können Ihre Anwendungen und Daten dort einfach wahllos ablegen oder, ähnlich wie Sie es mit Ihren papierenen Akten tun würden, sie gruppieren, allgemeine Kategorien bilden und sie in getrennten Fächern aufbewahren, innerhalb derer Sie sie nach Unterkategorien weiter klassifizieren. Die Festplatte, der Desktop- beziehungsweise Arbeitsplatz-Bereich, die Menüs (die Liste der Befehle, die verfügbar sind, wenn Sie ein Symbol anklicken) und die Dateien (elektronische Dokumente, die unter einem bestimmten Namen in Ihrem Computer gespeichert sind) können und sollten organisiert werden.

Bei der Organisation und Verwaltung Ihrer Dateien am Rechner empfiehlt sich folgende Vorgehensweise, die Ihnen helfen soll, jederzeit schnell auf Ihre »Akten« zugreifen zu können:

- Erstellen Sie ein Ablagesystem analog zu Ihren papierenen Akten.

- Erstellen Sie Unterordner für die einzelnen Bereiche.

- Ihr Ablagesystem im Rechner sollte der Organisationsweise entsprechen, nach der sie sämtliche andere Informationen (papierene und elektronische) auch ablegen und ordnen.

- Verschieben Sie jetzt sämtliche Dateien, die Sie aufbewahren möchten, in die entsprechenden Ordner.

- Gestalten Sie den Desktop übersichtlich, sodass Sie auf alle Dateien und Anwendungen mühelosen Zugriff haben.

Am Anfang steht das Betriebssystem

Das Betriebssystem (Windows, Mac, Linux oder wie sie sonst noch alle heißen mögen) Ihres Computers legt den Zugriff auf Programme und Dateien fest. Jedes Betriebssystem hat seine eigenen Befehle und Icons, mit deren Hilfe Sie Ihre Programme und Dateien verwalten und aufrufen können. Der erste Schritt zur ordentlichen Organisation der Daten auf Ihrem Computer besteht darin, dass Sie sich mit Ihrem Betriebssystem und der Dateiverwaltung auseinandersetzen. Rufen Sie die entsprechenden Hilfemenüs auf, oder lesen Sie in der Bedienungsanleitung nach. Geht es Ihnen so wie mir, dass Sie in technischen Dingen unbeholfen oder ängstlich sind und nur wenig Ahnung von den ganzen Fachbegriffen haben, sollten Sie um kompetente Unterstützung bitten. Sorgen Sie dafür, dass Sie ein Computerexperte durch Ihren gesamten Lernprozess begleitet. In größeren Unternehmen können Sie sich mit Sicherheit an jemanden aus dem Rechenzentrum oder der Support-Abteilung wenden. Die goldene Regel für den Umgang mit Computern lautet: Bevor Sie mit den Dateien auf Ihrem Computer »herumspielen«, müssen Sie sicher wissen, was Sie tun, oder einen Experten zurate ziehen.

Eine Sicherungskopie Ihrer Festplatte erstellen

Selbst wenn Sie sich gut mit der Dateiverwaltung auskennen, ist es immer eine gute Idee, eine Sicherungskopie (Backup) Ihrer Festplatte zu erstellen, bevor Sie Dateien löschen oder verschieben. In den aktuellen Windows-Versionen lässt sich das Backup ganz einfach erstellen: Klicken Sie auf Start, dann Systemsteuerung, System und Sicherheit, Sichern und Wiederherstellen, wählen dann Sicherung einrichten und folgen den Anweisungen. Hier können Sie ein automatisches Backup einrichten, beispielsweise einmal wöchent-

lich. Sie sollten die Sicherungskopie natürlich nicht auf dem zu
sichernden Rechner ablegen, sondern am besten eine externe Festplatte nutzen oder ein anderes ex-
ternes Speichermedium – je nach
Datenmenge zum Beispiel einen
USB-Stick oder eine DVD. Gewöhnen Sie sich an, Ihre Daten regelmäßig zu sichern, denn das
kann Sie vor einem erheblichen
Datenverlust schützen. Bevor Sie

Tipp

Wenn möglich, sollten Sie eine Sicher-
heitskopie Ihrer gesamten Festplatte,
einschließlich aller Programme, auf
einem externen Laufwerk anlegen. Es
ist immer eine kluge Entscheidung,
seine Dateien doppelt zu sichern, denn
wenn Ihre Festplatte den Geist aufgibt,
müssen Sie nicht alle Programme neu
installieren.

mit dem nächsten Schritt weitermachen, sollten Sie zunächst eine
Sicherungskopie erstellen.

Abspeichern und Benennen von Dateien

Das Dateiablagesystem auf Ihrem Computer sollte ebenso organisiert sein wie das Ablagesystem in Ihrem Aktenschrank. Nachfolgende Softwareanwendungen sind typisch für einen Arbeitsplatz-
Computer, und mit allen werden Dokumente erzeugt, die ordentlich
organisiert werden sollten:

- Textverarbeitungsprogramm mit allen abgespeicherten
  Dateien,
- Tabellenprogramm mit allen erzeugten Tabellen und
  Kalkulationen,
- Internetbrowser, abgespeicherte E-Mails und aus dem Internet
  heruntergeladene Dokumente,
- Terminverwaltungssoftware mit Kalender und Erinnerungs-
  funktionen,

- Netzwerkanwendungen und zugehörige Datenbanken,
- Finanzdienstprogramme einschließlich abgespeicherter Dateien,
- Software zur Projektplanung einschließlich zugehöriger Dateien,
- Bildbearbeitungssoftware einschließlich digitaler Fotos,
- Grafikprogramm mit abgespeicherten Grafiken, Folien und ähnlichen Dateien.

Mit all diesen Programmen können Sie Dateien erzeugen, deren Kategorien der Ordnung in ihrem Aktenschrank entsprechen. Ich möchte noch einmal betonen, dass Sie für Ihre papierenen und elektronischen Akten das gleiche Ordnungssystem verwenden.

Gehen Sie unter Verwendung der entsprechenden Befehle Ihres Betriebssystems wie folgt vor:

- Erstellen Sie den Ordner »Eigene Dateien« (sofern nicht bereits vorhanden). Erzeugen Sie in diesem Ordner drei weitere Ordner (Unterverzeichnisse). Nennen Sie diese Ordner »1 Arbeitsdaten«, »2 Nachschlagdaten« und »3 Archivdaten«. Nun können Sie Ihre Dateien ebenso wie in Ihrem Aktenordner verwalten. Durch die Eingabe der Ziffer vor dem Namen Ihres Verzeichnisses ist dafür gesorgt, dass die wichtigen Arbeitsdaten an erster Stelle, die Nachschlagedaten an zweiter und die Archivdaten an dritter Stelle dieses Verzeichnisses erscheinen.

- Nehmen Sie die Liste mit Ihren Aktenordnertiteln zur Hand und erstellen Sie am Rechner die entsprechenden Unterverzeichnisse in den unter Punkt 1 erstellten Ordnern »1 Arbeitsdaten«, »2 Nachschlagdaten« und »3 Archivdaten« (siehe Abbildung 2.8).
Die Verzeichnisse und Unterverzeichnisse auf Ihrem Computer könnten in etwa so aussehen wie in Abbildung 2.9.

- Nachdem Sie nun die elektronischen Datenverzeichnisse angelegt und benannt haben, können Sie sämtliche Dateien der
verschiedenen Softwareanwendungen in die entsprechenden
Verzeichnisse verschieben. Wenn Sie Ihre Dateien jetzt ordnen
und aufräumen, müssen Sie die drei folgenden Punkte berücksichtigen:

  – Löschen Sie alle Dateien, die Sie nicht mehr benötigen
  (wenn Sie unsicher sind, erstellen Sie eine Kopie auf einem
  USB-Stick oder einer CD und löschen die Datei von der
  Festplatte).

  – Benennen Sie Dateien, die Sie speichern möchten, gegebenenfalls um.

  – Verschieben Sie die Dateien in Ihre Verzeichnisse »1 Arbeitsdaten«, »2 Nachschlagdaten« und »3 Archivdaten«.

Lassen Sie Ihren Rechner die Dateien für Sie finden

Meine Methode zur systematischen Dateiverwaltung nimmt
zwar einige Zeit in Anspruch, aber Sie werden sehen, dass sich die
Mühe lohnt. Auf diese Weise gewöhnen Sie sich an, Ihren Dateien
sinnvolle Namen zu geben und unnötige Dateien zu löschen, und
vielleicht stoßen Sie auf nützliche Ressourcen, die schon längst in
Vergessenheit geraten sind. Natürlich könnten Sie sich diese Mühe
sparen und stattdessen ein Suchprogramm verwenden, beispielsweise das voreingestellte auf Ihrem Rechner (zu finden über das
Start-Menü).

Dieses Programm funktioniert gewissermaßen wie eine auf-
merksame Sekretärin. Damit lässt sich fast alles an Ihrem Computer organisieren, und Sie finden genau das, was Sie suchen im richtigen Moment. Sie müssen lediglich das Programm öffnen und den
Namen eines Projekts, einen bestimmten Begriff, eine Nachnamen,
eine Firma, ein Thema oder Ähnliches eingeben. Nun sucht das

Abbildung 2.8 Dateiverwaltung mit dem Windows Explorer

1. Ebene   Hauptverzeichnis / Verzeichnisstruktur.
Bei den Namen dieser Ordner / Verzeichnisse steht als erstes Zeichen eine Ziffer, damit sie an erster Stelle der Verzeichnisstruktur Ihrer Festplatte angezeigt werden.

Arbeitsakten (Ordner oder Verzeichnis): *1 Arbeitsakten*
Nachschlageakten (Ordner oder Verzeichnis) *2 Nachschlageakten*
Archivakten (Ordner oder Verzeichnis) *3 Archivakten*

2. Ebene   Arbeitsbereiche
In dieser Verzeichnisebene sollten Sie für die Ordner oder Verzeichnisse die Oberbegriffe Ihrer Papierablage wählen (siehe Abb. 2.5). Spezielle Daten haben darin nichts verloren.

1 Arbeitsakten, zum Beispiel: Kunden, Lieferanten, Unternehmen, Personal, Projekte

2 Nachschlageakten, zum Beispiel: Grafiken / Tabellen, Kalkulationen, Abgeschlossene Projekte, Ausgabenbericht, Berichte, Auswertungen (et cetera)

3 Archivakten, zum Beispiel: Steuererklärungen der letzten Jahre, Aufbewahrungspflichtige Dokumente

3. Ebene   Unterverzeichnisse mit deutlicher Benennung
Die Namen dieser Ordner sollten nicht zu spezifisch sein, sondern jede weitere Verzeichnisebene enthält die immer spezifischer werdenden Informationen über die darin gespeicherten Dateien. Sammeln sich in einem Ordner zu viele Dateien an, sollten Sie weitere Unterverzeichnisse erstellen.

Kunden- und Lieferantennamen alphabetisch, Ausgabenberichte, Budgets, Namen der Angestellten oder Personalakten, Unterbegriffe zu Projekten

4. Ebene   Dateien
Die Namensvergabe für eine Datei will gut überlegt sein. Verwenden Sie nur Abkürzungen, die Ihnen geläufig oder auf den ersten Blick verständlich sind.

Abbildung 2.9: So könnte Ihr Dateiverzeichnis im Windows Explorer aussehen

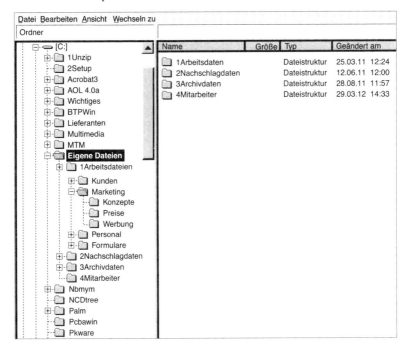

Programm nach dem entsprechenden Begriff und listet die Suchergebnisse (Dateien, E-Mails oder sonstige Dokumente, die den Suchbegriff enthalten) auf. Sie können sich die jeweiligen Dateien aus dieser Liste anzeigen lassen, ohne das Programm öffnen zu müssen, in dem sie erzeugt wurden. Auf diese Weise finden Sie schnell, was immer Sie auch suchen.

Organisation allgemein zugänglicher Daten

Im Prinzip ist es ein Kinderspiel, seine Daten auf dem Computer mit System zu verwalten. Viele von uns sind jedoch mit anderen

Rechnern vernetzt und müssen auch schnell und problemlos auf deren Daten zugreifen können.

Die Personalabteilung einer internationalen Großbank – einer unserer Kunden – hatte Probleme mit dem Kundenservice, da es nicht einfach für sie war, auf die Dateien von anderen Mitarbeitern zuzugreifen. Es passierte häufig, dass einer ihrer Kunden um eine telefonische Auskunft bat, sein zuständiger Sachbearbeiter jedoch gerade nicht an seinem Platz war. Zwar bemühte sich in so einem Fall ein Kollege redlich, die benötigten Daten im Rechner des abwesenden Sachbearbeiters zu finden – meist jedoch vergeblich. Unser Kunde beschloss daher, seine Dateiverwaltung so umzustrukturieren, dass jeder einfach und schnell auf alle Daten zugreifen konnte und bat dafür das Institute for Business Technology um Hilfe.

Als Erstes kümmerten wir uns um die Papierberge der gesamten Gruppe. In dieser Phase bestand unsere Hauptaufgabe darin, Standards und Kategorien für die gesamte Personalabteilung zu entwickeln, damit sichergestellt war, dass jeder Mitarbeiter ein und dasselbe System verwendet.

Als nächstes befassten wir uns mit den elektronisch gespeicherten Daten, die von allen Mitarbeitern der Bank genutzt wurden. Die Personalabteilung wünschte sich ein transparentes System, mit dem sich die benötigten Unterlagen rasch finden ließen. Außerdem sollte künftig vermieden werden, dass derselbe Vorgang mehrmals kopiert und archiviert wurde.

Wenn auch Sie ein transparentes System für Ihr Netzwerk einrichten wollen, um schnell auf sämtliche Daten zugreifen zu können, müssen Sie sich als Faustregel merken, dass Sie immer als erstes das Okay der IT-Abteilung (und eventuell der Rechtsabteilung) einholen müssen, bevor Sie irgendetwas am Server ändern. Insbesondere sollten Sie folgende Punkte im Vorfeld abklären:

◆ *Gelten in Ihrem Unternehmen irgendwelche Vorschriften hinsichtlich der Aufbewahrung der Unterlagen? Was muss aufbewahrt werden? Und wie lange?*

- *Wie ist der Server derzeit organisiert?* In manchen Unternehmen steht den Mitarbeitern Speicherplatz für persönliche Daten zur Verfügung. Mitunter wird dafür sogar die Festplatte partitioniert, und die Partitionen werden dann den einzelnen Mitarbeitern zugewiesen. Dieses Laufwerk kann mit einem beliebigen Buchstaben gekennzeichnet sein, je nachdem, wie das Netzwerk aufgebaut ist.

- *Gibt es ein Laufwerk für die gesamte Abteilung oder Firma?* Das heißt, gibt es bereits ein Laufwerk, auf das alle Mitarbeiter einer Abteilung Zugriff haben? Man kann dort Dateien speichern, obwohl es kein explizit privater Bereich ist. Ihre IT-Abteilung informiert Sie bestimmt gerne darüber, welche Vorschriften beachtet werden müssen, wenn so ein Verzeichnis erstellt werden soll, und was getan werden muss, damit sämtliche Kollegen auf eine bestimmte Verzeichnisstruktur zugreifen können, um ihrerseits Dateien lesen, bearbeiten oder kopieren zu können.

- *Welche Dokumente befinden sich auf dem Server oder der gemeinsam benutzten Partition?* Dort sollten alle Dateien gespeichert sein, mit denen Ihr Team arbeitet.

- *Was ist auf der eigenen Festplatte oder dem persönlichen Laufwerk erlaubt?* Ganz gleich, ob es sich um eine Partition des Servers oder Ihr Laufwerk C handelt, Sie sollten nur Dateien abspeichern, die privater Natur sind und die Ihr Team nicht für die tägliche Arbeit benötigt.

Sobald Sie sich mit der IT-Abteilung auf ein System geeinigt haben und sich ihrer Unterstützung sicher sein können, können Sie mit Ihrem Team einen Plan erstellen, wie Sie die gemeinsam genutzten Dateien ablegen. Um noch mal auf unseren Bankkunden zurückzukommen: Dort wurde ein passwortgeschütztes Laufwerk für die Personalabteilung eingerichtet, das speziell auf die Bedürfnisse dieser Usergruppe zugeschnitten war.

Nachdem sich das gesamte Team in PEP eingearbeitet hatte, war es ein Leichtes, die gesamten Papierunterlagen zu kategorisieren und das Gleiche auch auf dem allgemein zugänglichen Laufwerk durchzuführen – in Form von Verzeichnissen und Ordnern.

Aufgrund dieser systematischen Vorgehensweise fiel es den Mitarbeitern leichter zu entscheiden, welche Informationen auf dem Server gespeichert werden können. Außerdem listeten sie – wie bereits beschrieben – die Verantwortungsbereiche für jeden einzelnen Angestellten auf, was die Strukturierung der Verzeichnisse noch einfacher machte. Diese Struktur spiegelte die Verantwortungsbereiche der ganzen Abteilung und nicht der einzelnen Mitarbeiter wider. Für jeden Tätigkeitsbereich wurde ein Ordner angelegt. Normalerweise braucht eine Abteilung rund ein Dutzend solcher Ordner für die Hauptkategorien – natürlich werden diese dann noch durch Unterverzeichnisse ergänzt.

Denken Sie bitte daran, sämtliche Daten, auf die auch Ihr Team zugreifen muss, von Ihrem Rechner oder einem anderen Laufwerk am Server in diese neu angelegten Verzeichnisse und Unterverzeichnisse zu kopieren oder zu verschieben.

Damit jeder auf den ersten Blick erkennen kann, dass diese Ordner und Verzeichnisse neu angelegt wurden, sollten Sie vor dem Namen ein Sternchen (*) oder ein anderes Symbol eingeben. Alle so benannten Dateien werden auf diese Weise in der Dateienhierarchie ganz oben angezeigt und sind damit für alle Nutzer eindeutig zuzuordnen.

Da in jedem Unternehmen unzählige Ordner und Dateien vorhanden sind, empfehle ich, bestimmte Bereiche der alten Dateistruktur einigen ausgewählten Mitarbeitern zuzuweisen, die dann für die erfolgreiche Umsetzung verantwortlich sind. Damit man auf den ersten Blick erkennen kann, wer für welche Ordner verantwortlich ist, können die Verzeichnisse beispielsweise mit den Initialen des jeweiligen Mitarbeiters beginnen, sodass alle Ordner nach diesen Kürzeln sortiert werden.

Die Aufgabe dieser Mitarbeiter besteht nun darin, die alte Dateistruktur durchzusehen und festzulegen, welche Ordner gelöscht oder umbenannt werden müssen. Allerdings sollte diese Entscheidung mit dem ganzen Team abgesprochen werden. Sobald alle Ordner gelöscht beziehungsweise umbenannt wurden, können die Initialen wieder aus den Verzeichnisnamen herausgenommen werden.

Wenn auch Sie vorhaben, die Dateiverwaltung Ihrer Abteilung umzustrukturieren, sollten Sie folgende Grundregeln beherzigen:

- Alle Mitarbeiter einer Abteilung müssen umfassend über die neue Dateistruktur informiert werden.

- Ein Mitarbeiter muss die Verantwortung für das neue Datenverwaltungssystem übernehmen.

- Für das Löschen, Umbenennen und Speichern von Dateien müssen eindeutige Anweisungen bestehen.

Die Organisation und Umsetzung eines solchen Vorhabens ist ohne Aktionsplan kaum denkbar. Was es noch dafür braucht, sind engagierte Mitarbeiter, die die Verantwortung für dieses Projekt übernehmen.

Viele unserer Kunden haben von dieser Umstellung enorm profitiert. Ein besserer Kundenservice ist einer der Vorteile, der sich als Erstes bemerkbar macht. Außerdem sparen sich alle Mitarbeiter viel Zeit dadurch, dass sie nun schnell auf bestimmte Daten zugreifen können.

Sicherlich ist es viel aufwändiger, in Absprache mit der IT-Abteilung ein neues Dateiverwaltungssystem für eine ganze Abteilung einzuführen, als Ordnung auf dem eigenen Rechner zu schaffen. Außerdem müssen bestimmte Regeln aufgestellt werden, an die sich alle halten. Trotz all dieser Hürden waren alle Klienten von uns einstimmig der Meinung, dass sich dieser Aufwand für sie mehr als gelohnt hat.

Organisation von E-Mails

Über manche Menschen rollt täglich eine Lawine von über 200 E-Mails hinweg. Wie Sie dieser Informationsflut Herr werden, erfahren Sie weiter hinten in diesem Buch. In diesem Kapitel geht es vielmehr darum, wie Sie die Mails, die Sie aufbewahren möchten, am besten organisieren, um später schnell auf sie zurückgreifen zu können.

Wie Ihr Eingangskorb für Post kann sich auch Ihre Mailbox schnell füllen. Je nach Einstellung des Postfachs ist es möglich, dass sich Hunderte von Nachrichten anhäufen, was rasch zum Chaos führt und die Leistung Ihres Computers verringert. Eine der wichtigsten Tasten auf Ihrer Tastatur ist die Löschtaste! Es liegt auf der Hand, dass Sie umso weniger organisieren und ablegen müssen, je mehr Mails Sie löschen. Aber Sie können selbstverständlich nicht alles löschen, was reinkommt. Nachrichten, die Sie behalten wollen, sollten in den entsprechenden Verzeichnissen oder Ordnern abgelegt werden.

Bei vielen E-Mail-Programmen ist es möglich, Ordner anzulegen, um die Mitteilungen zu speichern, die Sie zwar aufheben möchten, die sie aber gleichzeitig nicht länger im Posteingang behalten wollen. Es kann allerdings auch von der Firmenpolitik Ihres Unternehmens abhängen, welche Mails gelöscht werden können oder aufbewahrt werden müssen. In rund 90 Prozent aller Unternehmen gibt es Vorschriften über die Archivierung von E-Mails und Schriftstücken. Leider wird die große Mehrheit der Angestellten nicht darin geschult oder weiß gar nicht, dass es ein solches Regelwerk gibt – und hält sich deshalb natürlich auch nicht daran. Bevor Sie also Ihre E-Mails löschen, sollten Sie sich vergewissern, dass Sie damit nicht gegen die Vorschriften Ihres Unternehmens verstoßen.

Sobald Sie wissen, welche Mitteilungen gelöscht werden können und welche aufbewahrt werden müssen, ist es nur noch eine Frage der richtigen Umsetzung einer übersichtlichen Verwaltungsstruktur, damit Sie Ihre gespeicherten E-Mails in Zukunft leichter wiederfinden können.

Am einfachsten ist es, wenn Sie das gleiche Prinzip anwenden wie bei der systematischen Ablage Ihrer Schriftstücke. Erstellen Sie also in Ihrem E-Mail-Programm Ordner mit denselben Bezeichnungen, die auch Ihre Akten tragen.

Neben allen anderen E-Mail-Ordnern, die Sie erstellen wollen, rate ich Ihnen, einen Ordner mit der Bezeichnung »Nachverfolgen« zu erstellen. In diesen Ordner können Sie alle empfangenen oder gesendeten E-Mails abspeichern, bei denen noch Punkte geklärt werden müssen – von Ihnen oder einem Dritten. Auf diese Weise können Sie solche E-Mails aus Ihrem Posteingang entfernen und woanders ablegen, die ansonsten auf unabsehbare Zeit in Ihrem Posteingang bleiben und Sie permanent von Ihrer eigentlichen Arbeit ablenken würden. Das Wichtigste an diesem Ordner ist jedoch, dass Sie ihn routinemäßig überprüfen, damit sichergestellt ist, dass Sie an der jeweiligen Sache auch dran bleiben.

Wie sich E-Mails am besten organisieren lassen:

1. Machen Sie sich mit den Funktionen Ihres E-Mail-Programms vertraut. Nutzen Sie die Hilfefunktion, um herauszufinden, wie man Verzeichnisse und Ordner anlegt.

2. Richten Sie elektronische Verzeichnisse ein, die Ihren Arbeits- und Nachschlageakten entsprechen.

3. Wenn Sie Ihre E-Mails der Reihe nach durchgehen, entscheiden Sie als Erstes, was damit geschehen soll:
   – Löschen?
   – Speichern? Entweder auf Ihrem Laufwerk C:, Ihrer Partition – sofern vorhanden – oder gleich auf dem gemeinsam genutzten Server.

4. Soll die Mitteilung auf dem Server abgespeichert werden, sollten Sie darauf achten, dass der Dateiname intuitiv ist, sodass Sie die Datei später auch sicher wiederfinden.

5. Bearbeiten Sie grundsätzlich nur eine Mail und kümmern sich erst dann um die nächste, wenn Sie die erste komplett abgeschlossen haben.

6. Wenn Sie den Entschluss gefasst haben, System in Ihre Mailverwaltung bringen zu wollen, und nun mit Tausenden von ungeordneten Mitteilungen zu kämpfen haben, sollten Sie in dieser Reihenfolge vorgehen: Als Erstes erstellen Sie Ihre Verzeichnisse und Ordner, dann legen Sie ein »Verfallsdatum« für eingegangene Mails fest (zum Beispiel Anfang des laufenden Jahres), erstellen ein Archivverzeichnis und verschieben alle Mitteilungen, die älter als das Verfallsdatum sind, auf einmal dorthin. Nun können Sie diese Mails getrost vergessen. Für den Fall, dass Sie doch einmal eine ältere Mail aufrufen müssen, öffnen Sie Ihr Archiv und legen dort dieselbe Struktur an wie beim Posteingang (siehe Abbildung 2.10).

Abbildung 2.10: Ordnerstruktur für E-Mails

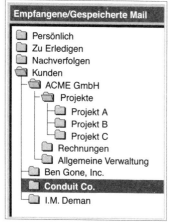

Erstellen und Verwalten Ihres E-Mail-Adressbuchs

Das E-Mail-Programm kann Ihre gesamten E-Mail-Adressen in einem Adressbuch speichern. Bei den meisten E-Mail-Anwendungen werden die Adresseinträge alphabetisch geordnet, doch man kann auch allgemeine Kategorien (Gruppen) innerhalb des Adressbuchs erzeugen und die jeweiligen Adressen entsprechend verwalten. Ich sortiere meine Kontakte durch die Kategorien »Kollegen«, »Kunden«, »Privat«. Durch die Anzahl an E-Mail-Adressen wird festgelegt, wie spezifisch man bei ihrer Organisation und Verwaltung vorgehen muss. Es macht natürlich keinen Sinn, für ein paar wenige E-Mail-Adressen viele verschiedene Ordner anzulegen.

Durch die Organisation von E-Mail-Adressen nach Gruppen lässt sich jede E-Mail-Adresse nicht nur einfach auffinden, sondern macht es auch weniger aufwändig, ein und dieselbe E-Mail an mehrere Empfänger zu versenden.

Bookmarks verwalten

Wenn Sie das Internet öfter nutzen, gibt es vermutlich auch Webseiten, die Sie häufiger besuchen. Fast alle Internet-Browser bieten die Möglichkeit, solche Seiten als Bookmarks oder Favoriten zu kennzeichnen. Fügen Sie eine Seite einfach zu Ihren Favoriten hinzu – fertig. Oder Sie erstellen Ordner für bestimmte Kategorien und verwalten Ihre Lieblingsseiten dann auf diese Weise. Nur tun müssen Sie es.

Sie können aber auch einen Schritt weitergehen und sich einen Account bei einem Social-Bookmarking-Dienst (beispielsweise Delicious, Mister Wong oder OneView) zulegen, um Tags zu Webseiten zu erstellen. Tags sind Schlüsselwörter, die Webseiten, Fotos, Videos, Artikeln und so weiter zugewiesen werden können, auf die Sie im Internet stoßen. Sie weisen einem Link einen Tag zu und speichern diesen Link in einem persönlichen Bereich des jeweiligen Anbieters. Links und Tags werden dann im Netz veröffentlicht, damit auch andere Anwender Ihren Link sehen können. Jeder kann also den Tag nutzen und alle unter diesem Schlüsselwort vorhandenen Einträge einsehen. Natürlich können die Links auch mit weiteren Tags versehen werden, die der Social-Bookmarking-Dienst dann wieder für alle zugänglich macht.

Diese Dienste sind also eine weitere Art und Weise, Informationen im Internet zu organisieren – mit dem Vorteil, dass Sie auf die Empfehlungen von vielen anderen Menschen zugreifen können.

Strukturieren Sie Ihren Desktop

Das Erste, was Sie sehen, wenn Sie Ihren Computer einschalten, ist der Desktop. Er entspricht gewissermaßen Ihrem Schreibtisch und lässt sich deshalb genauso organisieren. Sämtliche Dokumente, Dateien und laufenden Projekte, die Sie ständig benötigen, können dort, eventuell auch als Verknüpfung, abgelegt werden.

Bei den meisten Windows-Programmen ist es zum Beispiel möglich, Kategorien zu erstellen und damit Anwendungen zusammenzufassen, wodurch ein schnellerer Zugriff gewährleistet ist. So könnten sich zum Beispiel in der Kategorie »Finanzen« die Programme Quicken (für private Abrechnungen), Excel für Tabellenkalkulationen und QuickBooks für die Buchhaltung befinden.

Dokumente, auf die Sie oft zugreifen müssen, können gruppiert und entsprechend benannt werden, das Icon erscheint dann auf dem Desktop. Ein Klick auf das Icon – und das jeweilige Programm sowie die entsprechende Datei werden geöffnet. Es lohnt sich wirklich, sich eine Organisation Ihres Desktops zu überlegen, sodass Sie schnellen Zugriff auf Ihre Programme und Dateien haben.

Mit Suchfunktionen arbeiten

Sie können sich diese Umorganisation auch sparen, wenn Sie stattdessen die verbesserten Suchfunktionen Ihres Betriebssystems oder anderer Anwendungen nutzen. Google und Yahoo haben Desktop-Suchfunktionen nach dem Vorbild ihrer Suchmaschinen entwickelt. Wenn Sie weder Zeit noch Lust haben, sich durch Ihre

Dateien zu wühlen, kann ich Ihnen diese Funktion nur empfehlen. Manuell sämtliche Dateien durchzugehen, die sich auf der Festplatte angesammelt haben, kann allerdings recht heilsam sein. Außerdem stoßen Sie bestimmt auf nützliche Ressourcen, die Sie schon längst vergessen haben. Wenn Sie wissen, wo Sie etwas abgelegt haben, und Sie Dokumente über logische Dateipfade auffinden können, ersparen Sie es sich, lange Listen mit ähnlichen Dateien durchforsten zu müssen. Denn auch wenn die neuesten Suchfunktionen schnell und genau sind, ist es immer gefährlich, sich vollständig von ihnen abhängig zu machen.

Ehrlich gesagt bin ich kein Freund der Suchfunktionen von Microsoft. Die Suche dauert zu lang. Andererseits bietet diese Funktion anders als die Konkurrenten Google und Yahoo die Möglichkeit, sich die Ergebnisliste nach unterschiedlichen Kategorien sortiert anzeigen zu lassen.

Desktop von Google oder auch X1 Professional von Yahoo sind wesentlich schneller. Ihren Anleitungen zufolge erstellen sie (wie jedes andere Suchprogramm) zunächst einen Index aller Dokumente und Dateien. Neu erstellte beziehungsweise gerade heruntergeladene Dateien werden automatisch in den Index aufgenommen. Sobald dies geschehen ist, bieten beide Programme eine vollständige Textsuche Ihrer E-Mails, Dateien, Musikdateien, Fotos, Chats, gespeicherten Webseiten und so weiter.

In der Ergebnisliste von Google Desktop werden alle Daten aus dem Index aufgeführt, die den eingegebenen Suchkriterien entsprechen. Als Standardvorgabe werden die Suchergebnisse nach dem Datum sortiert, an dem die Daten zuletzt geöffnet wurden. Es gibt nur zwei Möglichkeiten, die Ergebnisse zu sortieren: nach Datum und nach Relevanz. Google hat sich ein nettes Tastaturkürzel einfallen lassen: Einfach doppelt auf die Steuerungstaste (Strg) drücken, und schon öffnet sich das Suchfenster.

X1 Professional von Yahoo funktioniert ähnlich, die Suchergebnisse lassen sich jedoch nach Namen, Datum, Typ, Größe und Speicherort sortieren.

Bei den aktuellen Versionen von Microsoft Outlook und Lotus Notes wurden die Suchfunktionen verbessert. Egal, ob Sie Ihre E-Mail-Ordner organisiert und Ihre Aufgaben kategorisiert haben oder nicht, Sie sollten sich damit vertraut machen.

Noch eine letzte Anmerkung: Unabhängig davon, ob Sie Ihre elektronisch gespeicherten Daten selbst ordnen oder sich einer Suchfunktion bedienen oder mit einer Kombination aus beiden Möglichkeiten arbeiten, denken Sie an die jeweiligen Schwächen der von Ihnen gewählten Methode und schneidern Sie Ihren Lösungsansatz auf Ihre Anforderungen zu, damit Sie es einfacher haben. Schließlich ist es das, was Sie wollen, oder?

Organisation anderer Medien

Andere Medien wie Bücher, Regale, Aktentasche, Adresskarteien, Visitenkarten und digitale Datenträger müssen ebenfalls gut organisiert sein. Einige Richtlinien sind in Abbildung 2.11 wiedergegeben.

Für die Organisation anderer Medien gelten folgende Regeln:

- Fassen Sie ähnliche Dinge in Gruppen zusammen.
- Geben Sie ihnen einen eigenen Platz.
- Beschriften Sie sie eindeutig.

Verwenden Sie zur Aufbewahrung von Heftklammern, Kugelschreibern, Pagemarkern, Notizblöcken, Heftzwecken und Briefmarken dafür vorgesehene Einlegefächer aus Kunststoff, die im Schreibwarenladen erhältlich sind. (Übrigens, auch Ihr Geschäftswagen muss gut organisiert sein, wenn Sie beruflich viel auf Achse sind.)

Kurz gesagt: Sich zu organisieren ist nicht einfach. Die Aufgabe erscheint zunächst gar nicht zu schaffen oder langweilig. Sicherlich spielen auch Sie mit dem Gedanken, diese leidige Aufgabe auf einen späteren Zeitpunkt zu verschieben.

Abbildung 2.11: Übertragung der Organisationsprinzipien auf andere Medien

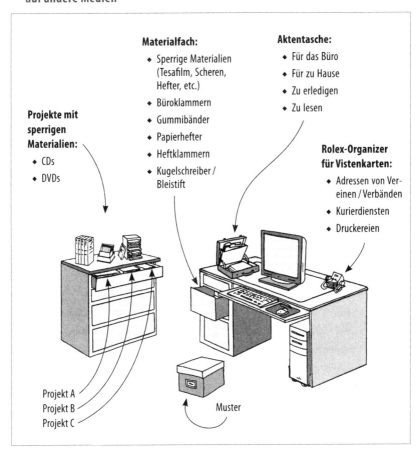

Bei unseren Seminaren sehen wir uns oft in der Rolle derjenigen, die den Stein ins Rollen bringen, das heißt, wir ermutigen unsere Klienten dazu, System und Ordnung in ihre Angelegenheiten zu bringen. Die Entscheidung, wann Sie damit anfangen, liegt jedoch ganz bei Ihnen, und es ist höchst unwahrscheinlich, dass wir zu diesem Zeitpunkt bei Ihnen sind. Bitte versuchen Sie immer daran zu denken, dass sich Ihre Mühe auszahlt und Sie Ihre Arbeit viel schneller zu Ende bringen können, wenn Sie Ordnung halten.

Je genauer Sie das Trainingsprogramm befolgen, umso mehr werden Sie davon profitieren. Auf die Frage, ob meine Teilnehmer beispielsweise bei einer Verkaufspräsentation Wert aufs Detail legen, lautet die Antwort so gut wie immer: »Aber sicher doch!« Mein Rat lautet dann, sich auch bei der Organisation Ihres Arbeitsplatzes und Ihrer Arbeit aufs Detail zu konzentrieren. Sie werden sehen: Die Mühe lohnt sich!

Zusammenfassung

1. Arbeiten Sie Rückstände auf und organisieren Sie Ihren Arbeitsbereich. Sehr wahrscheinlich werden Sie dazu einen oder mehrere Tage benötigen. Wenn irgend möglich, planen Sie im Voraus eine gewisse Zeit dafür ein, sodass Sie ungestört arbeiten können.

2. Legen Sie sich zumindest drei Ablagen zu, und kennzeichnen Sie sie mit »Eingang«, »Ausgang« und »Laufendes«. Alles Neue kommt in Ihren Eingangskorb. Ihre Ablage für »Laufendes« ist für jene Arbeiten gedacht, die Sie im Augenblick nicht beeinflussen und somit nicht sofort erledigen können. In Ihren Ausgangskorb wandern die Papiere, die erledigt sind.

3. Räumen Sie alle Papiere oder Dokumente aus Ihren Schubladen, Ablagen, Regalen und Ihrer Aktentasche aus, und legen Sie sie auf Ihren Schreibtisch. Schauen Sie auch unter oder hinter den Schreibtisch, aufs Fensterbrett, hinter den Vorhang, unter die Bücher. Sparen Sie kein einziges Papier aus!

4. Nehmen Sie das oberste Blatt zur Hand, und bearbeiten Sie es sofort! Sie sollten

   – die Angelegenheit abschließend erledigen;

   – sie so weit bearbeiten, wie Sie können, und sie dann entweder in die Wiedervorlagemappe unter dem entsprechenden Datum legen, falls Sie auf Antwort warten, oder in Ihren Ablagekorb für Laufendes, falls es sich um eine kurzfristige Sache handelt;

   – die Angelegenheit delegieren;

- einen Stapel auf dem Boden für die Papiere bilden, die Sie für Ihre laufenden Arbeiten oder Projekte benötigen und die in Ihren Arbeitsakten abgelegt werden sollen;

- einen anderen Stapel auf dem Boden für Papiere einrichten, die Sie benötigen, mit denen Sie aber im Moment nicht direkt arbeiten und die in die Nachschlageakten wandern sollen;

- einen Stapel auf dem Boden für die Akten bilden, die im Archiv abgelegt werden sollen;

- das Papier in den Papierkorb werfen! Werfen Sie alles weg, was belanglos, bereits bearbeitet, veraltet oder anderswo vorhanden ist.

5. Verwenden Sie die Ablagestruktur (siehe Abbildung 2.4), um festzulegen, wo die Dokumente gespeichert werden sollen.

6. Richten Sie danach Ihre Arbeitsakten ein. Legen Sie Hängeregistraturen für jedes Arbeitsprojekt und jede allgemeine Kategorie an und beschriften Sie sie. Verfahren Sie gleichermaßen mit Ihren Nachschlage- und Archivakten.

7. Legen Sie für jeden Ihrer Mitarbeiter und Ihren Chef oder die Kollegen, mit denen Sie regelmäßig Kontakt haben, eine eigene Mappe an. Bezeichnen Sie die Akten namentlich und notieren Sie dort alles, was Sie im Rahmen laufender, langfristiger Projekte überprüfen müssen.

8. Richten Sie sich eine Wiedervorlagemappe ein. Diese ist Teil Ihrer Arbeitsakten. Wenn Sie eine Sekretärin haben, sollte die Wiedervorlagemappe in deren Schreibtisch aufbewahrt werden.

9. Legen Sie fest, ob Ihre Dateien auf Ihrem Laufwerk C oder auf einer gemeinsam genutzten Partition abgespeichert werden sollen.

10. Wurden Ihre Dateien auf Laufwerk C abgespeichert, erstellen Sie die Verzeichnisse »1Arbeitsdaten«, »2Nachschlagedaten« und »3Archivdaten«, um dort Ihre Dateien abzuspeichern.

11. Ihre Dateiverwaltung sollte der systematischen Ablage Ihrer Schriftstücke entsprechen. Erstellen Sie also Verzeichnisse und Ordner mit derselben Bezeichnung wie auf Ihren Akten und verwenden Sie dieselben Kategorien.

12. Machen Sie jetzt den Anfang und überprüfen Sie alle Dateien, um zu entscheiden:

- Arbeiten Sie mit dieser Datei – derzeit oder später einmal?

- Gibt es diese Datei bereits in elektronischer Form?

- Muss die Datei aufgehoben werden? Wenn ja, wo?

- Soll die Datei umbenannt werden?

- Soll die Datei gelöscht werden?

13. Listen Sie fehlende Materialien und Hilfsmittel auf, die Sie für Ihre Arbeit benötigen: Tesafilm, Heftklammern, zusätzliche Aktenordner, Aufkleber, Kugelschreiber, CDs, Scheren, Umschläge, Briefmarken und alles, was Sie sonst noch brauchen könnten. Sorgen Sie dafür, dass Sie alles zur Hand haben und alles funktioniert.

Und nun setzen Sie Ihre Entscheidungen in die Tat um!

3

Bauen Sie Routinen auf

> Wir sind, was wir immer wieder tun. Aus diesem Grund ist Exzellenz keine große Sache, sondern reine Gewohnheit.
>
> *Aristoteles*

Überblick: In diesem Kapitel lernen Sie,

- Ihre Zeit und Arbeit so einzuteilen, dass Sie länger am Stück arbeiten können;

- Ihre Arbeit zu bündeln und so zu planen, dass Sie Ihre Post und Betriebsmitteilungen in einem Zug erledigen und mit Telefonaten, E-Mails und so weiter in gleicher Weise verfahren;

- belanglosere Informationen auszusortieren und vor allem zu verhindern, dass sie überhaupt eingehen;

- zeitraubende und unnötige Störungen auszumerzen;

- planmäßig wöchentliche Einzelgespräche mit Ihren direkten Untergebenen zu führen, um die Kommunikation zu verbessern und die Arbeit effektiv voranzutreiben.

Sie werden Ihre Effektivität und Effizienz erhöhen, wenn Sie geschickter an den richtigen Dingen arbeiten. Entscheidend für die persönliche Produktivität ist, viele Arbeiten routinemäßig hintereinander zu erledigen. Es kommt darauf an, auf relativ unwichtige Dinge ein Minimum an Zeit zu verwenden, sodass man für die wichtigen Aufgaben ein Maximum an Zeit zur Verfügung hat.

Natürlich müssen Sie zunächst bestimmen, was bedeutsam ist – was Sie zuerst in Angriff nehmen sollten –, und anschließend Methoden finden, diese Arbeiten effizienter und effektiver zu erledigen.

Zu diesem Zweck sollten Sie sich als Erstes anschauen, wie Sie gegenwärtig Ihre Zeit verwenden. Fragen Sie sich dann: »Käme mehr dabei heraus, wenn ich stattdessen etwas anderes täte?« und »Wie könnte ich das wirklich Wichtige und Schwierige häufiger und effizienter in Angriff nehmen?«

Führen Sie ein Aktivitätsprotokoll

Führen Sie ein Aktivitätsprotokoll, um genau zu bestimmen, was Sie wann wie lange tun. In seinem richtungweisenden Buch *Die ideale Führungskraft* sagt Peter Drucker, dass wir unsere Zeit nie unter Kontrolle bringen werden, solange wir nicht wissen, wo sie bleibt. Selbstverständlich glauben wir, es zu wissen, aber meistens stimmt das nicht. Drucker schreibt:

»Ich bitte manchmal Führungskräfte, die auf ihr Gedächtnis stolz sind, niederzuschreiben, wie sie ihrer Meinung nach ihre Zeit verbringen. Dann schließe ich diese Mutmaßungen für ein paar Wochen oder Monate fort. In der Zwischenzeit lassen die Führungskräfte tatsächlich Zeitaufschreibungen über sich machen. Es besteht niemals viel Ähnlichkeit zwischen der vermuteten Zeitverwendung und den tatsächlichen Aufschreibungen.« (Seite 49)

Nur wenn Sie ein Aktivitätsprotokoll führen, werden Sie eine genaue Vorstellung davon erhalten, womit Sie Ihre Zeit verbringen. Ich setze diese Technik oft bei besonders beschäftigten Klienten ein. Sie haben so viel zu tun, dass sie über die Art ihrer Arbeitsbelastung gar nicht richtig im Bilde sind und sie daher auch nicht effektiv angehen können. Ein Protokoll verdeutlicht ihnen nicht nur, was sie wann und wie lange tun, sondern auch, wer ihnen möglicherweise etwas unterjubelt, ob es Aufgaben gibt, um die sie sich nicht kümmern, und wie sie vielleicht anderer Leute Zeit stehlen.

Damit das Aktivitätsprotokoll nicht zu einer bürokratischen Last wird, legen Sie sich einfach ein Blatt Papier auf den Schreibtisch.

Abbildung 3.1: Beispiel für ein Aktivitätsprotokoll

	Tätigkeit	Person	Thema
7:00			
:15			
:30			
:45			
8:00			
:15			
:30			
:45			
9:00			
:15			
:30			
:45			
10:00			
:15			
:30			
:45			
11:00			
:15			
:30			
:45			
12:00			
:15			
:30			
:45			
13:00			
:15			
:30			
:45			
14:00			
:15			
:30			
:45			
15:00			
:15			
:30			
:45			
16:00			
:15			
:30			
:45			
17:00			
:15			
:30			
:45			
18:00			
:15			
:30			
:45			

Bei allem, was Sie tun, notieren Sie, was es war, wie lange es gedauert hat und wer sonst noch beteiligt war. Abbildung 3.1 zeigt ein Beispiel für ein Aktivitätsprotokoll.

Nachdem Sie ein paar Wochen Protokoll geführt haben, rechnen Sie alles auf, und Sie bekommen eine ziemlich gute Vorstellung davon, wo Ihre Zeit bleibt. Sie können dann Unproduktivität und Zeitverschwendung konkret angehen.

Ihr Aktivitätsprotokoll im Rechner

Mithilfe Ihres Computers ist es ein leichtes, ein exaktes Protokoll Ihrer Aktivitäten in Tabellenform zu erstellen und auszuwerten. Das Beste daran ist jedoch, dass nicht nur Sie selbst genau wissen, womit Sie Ihre Zeit verbringen, sondern dieses Protokoll in der gesamten Abteilung oder im ganzen Unternehmen einsetzen können.

Mit solchen Excel- oder Word-Dokumenten wissen Sie nicht nur ganz genau, was Sie an einem Arbeitstag erledigt haben, sondern Sie können auch Projekte, die auf Stundenbasis abgerechnet werden, einfacher und wesentlich genauer in Rechnung stellen.

Als Hilfsmittel für die Planung lässt sich zum Beispiel auch Microsoft Project einsetzen (siehe auch Kapitel *Planen Sie sofort*, Abschnitt *Projektplanung*). Dieses und andere Programme erleichtern die exakte Zeitplanung von Projekten immens.

Auch hier lautet die Regel: Wer Herr über seine Zeit sein möchte, muss wissen, womit er sie verbringt.

Dämmen Sie die Informationsflut ein

Die täglich auf uns einströmenden Informationen können uns so überschütten, dass wir blind werden für das, worauf wir uns ei-

Abbildung 3.2: Drei Methoden zum Filtern von Informationen

Ungefiltert
(Nicht empfehlenswert)

Vorgeschaltetes Filtern
(Empfehlenswert)

Filtern an der Quelle
(Optimal)

gentlich konzentrieren sollten. In dem heutigen Informationszeitalter müssen wir unterscheiden lernen, welche Informationen wir benötigen und welche nicht.

Die moderne Technik eröffnet immer neue Möglichkeiten, uns aus allen möglichen Quellen mit Arbeit und Informationen zu überhäufen. Vorbei sind die Zeiten, wo im Büro nur das Telefon läutete und die Post einmal am Tag zugestellt wurde. Nun müssen wir auf Faxe, E-Mails und Handys reagieren, möglicherweise auch auf Tweets oder Google Alerts, und Postboten, Kurierfahrer und Fahrradkuriere gehen in unseren Büros ein und aus.

Die beste Methode, der Informationsflut Herr zu werden, ist, zu verhindern, dass belanglose Informationen und Aufgaben überhaupt erst bis zu uns vordringen. Abbildung 3.2 verdeutlicht unterschiedliche Vorgehensweisen, um Informationen zu filtern. Die am wenigsten effektive Methode zur Kontrolle des Informationsflusses ist das nachgeschaltete Filtern. Alle Informationen landen ungefiltert bei Ihnen und werden erst danach von Ihnen durchsortiert. Besser wäre es, wenn die Informationen schon gefiltert bei Ihnen ankämen, und noch besser, wenn Ihre Mitarbeiter dies tun würden! Die ideale Lösung ist allerdings, alle Informationsquellen sorgfältig zu prüfen und die unwesentlichen Informationen gleich von vornherein auszuschalten, indem Sie sich von Verteilern streichen lassen, das Abonnement abbestellen und so weiter.

Zum Thema Eingangskorb

Schriftstücke in Ihrem Eingangskorb, Voicemail- und E-Mail-Nachrichten, Telefonanrufe und Ihre Kunden und Mitarbeiter verlangen allesamt heftig nach Ihrer Aufmerksamkeit. Zählen Sie noch die ganzen Besprechungen hinzu, an denen Sie teilnehmen müssen, und Sie brauchen sich nicht zu wundern, dass Sie das Gefühl haben, kaum etwas Wichtiges richtig auf die Reihe zu bringen.

Es gibt Menschen, die ihrer Meinung nach produktiv arbeiten, wenn sie den ganzen Tag an ihrem Schreibtisch sitzen und die Dinge durchsehen, die sich in ihrem Eingangskorb befinden. Damit sind sie schon vollauf beschäftigt.

Zu viel von dem, was täglich in Ihrem Eingangskorb landet, bezieht sich auf die Nachprüfung beziehungsweise Kontrolle getaner Arbeiten von anderen. Diese Aufgaben sind bereits erledigt, also weg damit, und wahrscheinlich ist die Hälfte der Papiere lediglich zu Ihrer Information oder für Ihre Akten bestimmt. Selten, wenn überhaupt, hängt davon das Wohl des Unternehmens ab. Sie bearbeiten von daher oft relativ irrelevante Dinge. Deshalb empfehle ich Ihnen, diesen Papieren nur ein Minimum an Zeit zu widmen und mit Ihrer eigentlichen Arbeit fortzufahren.

Um diese oft überwältigende Informationsflut in den Griff zu bekommen, müssen Sie die Informationen kategorisieren und gruppieren und sich so organisieren, dass Sie effektiv auf sie reagieren können.

Erledigen Sie Routinearbeiten in einem Rutsch

Die Kategorisierung und Gruppierung Ihrer Arbeit könnte »Bündeln« genannt werden. Jedes Schriftstück, jede E-Mail-Nachricht, jeder Telefonanruf, jede Störung und alles, was Sie verschicken, ist eine Form der Kommunikation. Ähnliche Kommunikation und Aufgaben sozusagen zu bündeln, das heißt, in einem Rutsch zu bearbeiten, spart Zeit und Lauferei. Sie werden jede Aufgabe schneller erledigen.

Viele Arbeitsvorgänge können zu einfachen Routinen gemacht werden, sodass sich ähnliche Aufgaben in der schnellstmöglichen Zeit erledigen lassen.

Diese Aufgaben eignen sich ohne weiteres zum Bündeln. Ihre Arbeit so anzugehen, bietet zahlreiche Vorteile:

- Es ist effizienter, wenn Sie Ihre E-Mails regelmäßig zu bestimmten Tageszeiten bearbeiten – ungefähr zwei- oder dreimal am Tag. Damit vermeiden Sie, sich durch Dinge ablenken zu lassen, die Sie jetzt ohnehin nicht in Angriff nehmen würden, und Sie lernen, sich ein Zeitlimit zu setzen und sich auch daran zu halten.

- Legen Sie täglich eine bestimmte Uhrzeit fest, zu der Sie Ihre Voicemail prüfen, und tätigen Sie alle Rückrufe auf einmal. Diese Vorgehensweise schützt Sie wiederum vor Ablenkung und hält Sie an, Ihre Telefonate effizient und effektiv zu erledigen.

- Reservieren Sie täglich etwas Zeit zum Lesen. Das Lesen von Fachzeitschriften und ähnlichen wichtigen Informationsquellen ist zugleich nützlich und wertvoll – möglicherweise auch für Sie und Ihre Tätigkeit. Selbstverständlich gehen dringende Aufgaben vor! Doch wenn Sie zum Beispiel die Mittagspause dafür einplanen und Ihre Lektüre einfach zum Essen mitnehmen, wird daraus eine Gewohnheit, die Sie auf dem Laufenden hält.

- Es ist einfacher, ein Bündel erledigter Arbeiten aus dem Ausgangskorb zu nehmen und sie gemeinsam zu verteilen, als jedes Mal vom Schreibtisch aufzustehen, wenn ein Papier abgearbeitet ist.

- Es spart Zeit, alle Schreibarbeiten am Computer auf einmal zu erledigen, anstatt die verschiedenen Programme neu aufzurufen und wieder zu schließen – jedes Mal, wenn Sie etwas schreiben müssen.

- Es macht weniger Mühe, alle Papiere zusammen abzulegen als jedes Stück einzeln.

- Wenn Sie ähnliche Arbeiten in einem Rutsch erledigen, werden Sie feststellen, dass Sie die Arbeit nur einmal organisieren und vorbereiten müssen, anstatt viele Male, wenn Sie einfach so drauflos arbeiten.

Planen Sie und vermeiden Sie ständige Entscheidungszwänge

Es ist wichtig, zwischen dem sofortigen Erledigen von eingehenden Dingen und dem ständigen Hinausschieben von Angelegenheiten zu jonglieren. Dafür gibt es eine Methode, die man als »Tun Sie's später sofort« bezeichnen kann. Terminieren Sie bestimmte Aufgaben (wie beispielsweise das Öffnen und Lesen Ihrer Post), und führen Sie sie sofort aus, sobald die Zeit dafür gekommen ist. Schauen Sie sich die Arbeiten erst an, wenn Sie dafür bereit sind, und bearbeiten Sie sie dann gleich. Tun Sie's später sofort.

Planen Sie alles, was Sie zuwege bringen wollen. Die Aufgaben in Ihrem Eingangskorb stellen kaum den wichtigsten Teil Ihrer Arbeit dar, weshalb ihnen selten eine hohe Priorität eingeräumt wird und sie nicht erledigt werden.

Ist Ihnen auch schon aufgefallen, dass die Punkte, die auf Ihrer To-do-Liste ganz unten stehen, scheinbar nie erledigt werden? Dringende Aufgaben scheinen die Erledigung von »nur« wichtigen Aufgaben ständig zu verzögern und lassen Sie nicht dazu kommen, sich um Ihren Papierkram und Ihre E-Mails zu kümmern. Solange Sie ständig nur Angelegenheiten von oberster Priorität erledigen, werden Sie nie Zeit dafür finden, sich um die oft weniger dringenden Arbeiten zu kümmern. Irgendwie ein Teufelskreis, denn wenn Sie die Routineaufgaben, den Schriftverkehr und Ihre E-Mails nicht bewältigen, kommt es zwangsläufig dazu, dass Sie eher früher als später vor einem Riesenberg unerledigter Aufgaben stehen.

Das Chaos in Ihrer Ablage und die Unmenge an Informationen verlangsamen versteckt die Bearbeitung Ihrer wichtigen Aufgaben.

Falls Sie wählen könnten, einen Kunden anzurufen oder Ihren Eingangskorb durchzusehen, was würden Sie tun? Sie würden wahrscheinlich, wie die meisten Menschen auch, den Anruf vorziehen. Aber auf diese Art und Weise werden die anderen Sachen nie erledigt! Bringen Sie sich nicht in die Lage, pausenlos zwischen Dingen entscheiden zu müssen. Dadurch wird Ihr Leben schwieriger, als es sein müsste. Legen Sie stattdessen Zeiten fest, in denen Sie Ihren Eingangskorb durchsehen und andere Routineaufgaben hintereinander weg erledigen. Wenn dann die angesetzte Zeit für die spezielle Aufgabe gekommen ist, tun Sie sie, und gehen Sie anschließend wieder an die wichtigen Arbeiten.

Auf die Frage, ob Sie morgens Ihre Zähne putzen, werden Sie sicherlich mit »Ja« antworten. Denken Sie jemals darüber nach? Steht das Zähneputzen auf irgendeiner Prioritätenliste? Fragen Sie sich, ob Sie Ihre Zähne sofort putzen oder zuerst eine Tasse Kaffee trinken sollten? Wahrscheinlich nicht. Sich morgens die Zähne zu putzen gehört zu einer von Ihnen aufgebauten Routine. Sie haben es sich angewöhnt und müssen überhaupt nicht mehr darüber nachdenken. Die Macht der Gewohnheit nimmt Ihnen die bewusste Entscheidung zum Zähneputzen ab. Sie machen es einfach routinemäßig. Und genauso sollten Sie leichte Aufgaben in einem Rutsch erledigen.

Parkinsons Gesetz und Zeiteinteilung

Parkinsons Gesetz besagt, dass Arbeit tendenziell die für sie verfügbare oder angesetzte Zeit ausfüllt oder sich ihr anpasst. Wenn Sie sich nur eine Stunde Zeit für eine bestimmte Aufgabe nehmen, sind die Chancen viel größer, dass Sie sie auch in dieser Zeit erledigen. Wenn Sie sich einen Stichtag für den Abschluss eines Projekts setzen, werden Sie sich wahrscheinlich ausrechnen, wie Sie es innerhalb der vorgesehenen Zeit schaffen.

Zeitblöcke

Längere Zeit am Stück zu arbeiten ist effizienter und effektiver, als alles scheibchenweise zu erledigen. Dieses Prinzip lässt sich nicht nur auf das Bündeln von ähnlichen Aufgaben wie Telefonaten oder auf die Bearbeitung der Eingangspost, sondern auch auf Projektarbeit, Vertreterbesuche oder eine Werbekampagne anwenden. Nach Peter Drucker ist es ideal, anderthalb Stunden am Stück zu arbeiten. Sie erledigen mehr, wenn Sie sich 90 Minuten konzentriert einer Sache widmen, als wenn Sie doppelt so lange an der gleichen Aufgabe sitzen, dabei aber dauernd gestört werden. Zeiten für ungestörtes Arbeiten festzulegen wird Ihre Produktivität enorm steigern. Wenn Sie es schaffen, die zahlreichen kleinen Aufgaben zuerst aus dem Weg zu räumen, können Sie sich während der Zeit, in der Sie ungestört sind, besser konzentrieren. Sie werden sich gut fühlen in dem Wissen, sich um alle wichtigen Angelegenheiten gekümmert und Ihre Zeit und Arbeit so organisiert zu haben, dass Sie die relevanten Dinge tun können. Genug Zeit zur Verfügung zu haben, um zum Kern einer Sache vorzustoßen, ist weit produktiver, als von der Arbeit ständig durch andere Aufgaben abgelenkt zu werden, die plötzlich auftauchen und Ihre Aufmerksamkeit fordern.

Wer kein eigenes Büro besitzt, muss kreativer sein, um in den Genuss zu kommen, eine Zeit lang ungestört arbeiten zu können. In dem Unternehmen eines Klienten arbeiteten die Finanzleute alle zusammen in einem lauten Großraumbüro, wo dauernd das Telefon klingelte, weil Kunden Termingeschäfte abwickeln wollten. In einem Teil des Gebäudes gab es jedoch mehrere kleine Interviewräume. Wenn ein Mitarbeiter einmal längere Zeit ungestört an einem Angebot arbeiten wollte, zog er sich in einen dieser Räume zurück, und ein Kollege übernahm seine Vertretung.

Ein anderer Klient pflegte immer einen Tag pro Woche zu Hause zu arbeiten. Dort, so fand er, hatte er die nötige Zeit und Ruhe für die strategische Planung und Prüfung neuer Geschäfte.

Telefonate hintereinander weg erledigen

Durch die Handys ist es heutzutage ein Kinderspiel, miteinander in Kontakt zu bleiben. Doch genau das ist auch das Dilemma an ihnen! Es ist noch nicht allzu lange her, da blieb man zumindest auf dem Heimweg oder nach Dienstschluss von Anrufen ungestört. Doch heute ist man praktisch rund um die Uhr erreichbar. Was können Sie tun, damit Sie Ihr Handy kontrollieren und nicht umgekehrt?

Nehmen Sie es nicht länger hin, während des ganzen Arbeitstags willkürlich von Telefonanrufen gestört zu werden. Erwidern Sie stattdessen die Anrufe (je nach Art Ihres Jobs) vielleicht ein- oder zweimal am Tag. Teilen Sie Ihren Mitarbeitern einfach mit, dass Sie Telefonate nur noch zwischen beispielsweise 11.30 Uhr und 12.00 Uhr sowie 16.00 Uhr und 17.00 Uhr entgegennehmen werden. Das heißt nicht, dass Sie möchten, dass Ihr Assistent Ihnen Anrufe vom Leibe hält, sondern dass Sie eine Routine aufbauen: Sie nehmen Telefonate nur noch zu festgesetzten Zeiten an, außer in ganz besonderen Fällen. Natürlich müssen Sie diese Ausnahmebedingungen definieren. Darunter fallen wahrscheinlich Anrufe von einem wichtigen Kunden oder Ihrem unmittelbaren Vorgesetzten; auch sollten Sie bezüglich dringender Notfälle klare Vorgaben machen.

Ihre Mitarbeiter müssen das neue Verfahren begreifen und wissen, wer und was die Ausnahmen sind und wie Mitteilungen entgegengenommen werden sollen. Denn Sie müssen, wenn Sie zurückrufen, verstanden haben, um was es geht.

Eine Auskunft wie »Müller hat angerufen« genügt einfach nicht. Bitten Sie die Mitarbeiter, die Mitteilungen vollständig und richtig in Empfang zu nehmen. Bringen Sie Ihren Mitarbeitern bei, wie sie herausfinden, was Müller möchte und wann er erreichbar ist, um die Angelegenheit zu besprechen: »Müller hat angerufen, um einen Termin für ein Treffen mit dem Vertriebsteam in München festzulegen. Er ist den ganzen Nachmittag unter der und der Nummer zu erreichen.« Aufgrund dieser Informationen können Sie sich auf den Anruf vorbereiten. Sie wissen, worum es geht und wann Sie Müller telefonisch antreffen werden. Wenn Sie zurückrufen, liegt Ihr Kalender geöffnet vor Ihnen, und Sie können verschiedene Termine für ein Treffen anbieten. Sie werden Müller beeindrucken und das Telefonat in Minimalzeit abwickeln.

Wenn Sie mit Voicemail oder einem Telefonauftragsdienst arbeiten, könnten Sie eine Mitteilung hinterlassen, die die gleichen Informationen enthält:

»Guten Tag, hier ist Frank Müller. Ich kann Ihren Anruf im Moment leider nicht entgegennehmen. Wenn Sie eine ausführliche Nachricht hinterlassen, werde ich mich auf unser Gespräch vorbereiten und Sie sobald wie möglich zurückrufen. Ich beantworte Telefonate gewöhnlich zwischen 11.00 Uhr und 12.00 Uhr mitteleuropäischer Zeit. Bitte teilen Sie mir mit, ob es Ihnen zu diesem Zeitpunkt passt. Falls nicht, bitte ich um einen anderen Vorschlag.«

Nun müssen Sie bei diesem neuen Verhalten bleiben. Machen Sie es sich zur Routine, alle Anrufe zu einer gegebenen Tageszeit zu erwidern und zu anderen Zeiten (im Rahmen der von Ihnen aufgestellten Richtlinien) zurückzuweisen.

Auf diese Weise sind Sie auf Ihre Rückrufe vorbereitet und können sich entsprechend organisieren. Bevor Sie den Anruf erwidern, können Sie in Ihren Akten oder Dokumenten nachschlagen und das einschlägige Material heraussuchen, sodass Sie keine Zeit verschwenden. Arbeiten Sie Ihre Telefonate genauso ab wie die Papiere in Ihrem Eingangskorb – eines nach dem anderen, bis alle erledigt sind. Indem Sie Ihre Anrufe planen, sind Sie auch flexibel genug, sich auf unterschiedliche Zeitzonen, dringende Notfälle und andere besondere Umstände einstellen zu können.

Und noch etwas!

Ich rate Ihnen dringend, Ihr Handy pünktlich zum Feierabend auszuschalten und erst am nächsten Morgen zum Arbeitsbeginn wieder einzuschalten. Mir ist bewusst, dass viele von Ihnen sich sicherlich dagegen sperren werden, zu bestimmten Zeiten einfach nicht erreichbar zu sein. Es ist auch klar, dass sich dieser Tipp in manchen Branchen einfach nicht umsetzen lässt. Ein Hausarzt sollte jederzeit erreichbar sein – ebenso wie ein Immobilienmakler. Doch die Mehrzahl von uns arbeitet in einem Job, wo der Arbeitstag eigentlich zu einer bestimmten Uhrzeit endet. Wenn Sie Ihr Handy rund um die Uhr eingeschaltet lassen, wird man Sie auch zu Zeiten anrufen, zu denen Sie sich besser um Ihr Privatleben kümmern sollten. Sie werden überrascht sein, was passiert, wenn Sie Ihr Handy zum Feierabend ausschalten! Dadurch lernen Sie nämlich, wie Sie Ihre Arbeit in der Zeit erledigen, die Sie dafür eingeplant haben. Und all diejenigen, die Sie telefonisch erreichen wollen, werden schon bald merken, dass sie das etwas geschickter anstellen müssen und berücksichtigen sollten, dass Sie nur zu den üblichen Geschäftszeiten erreichbar sind. Denken Sie immer daran: Es hat nur derjenige die Kontrolle über sein Handy, der es auch ausschalten kann.

Der richtige Umgang mit E-Mails

Für den Umgang mit E-Mails gilt das Prinzip »Tun Sie's sofort« ebenso wie für die Beantwortung von Briefen, Faxen oder Voicemails. Viele der Probleme, mit denen Sie konfrontiert sind, weil Sie sich tagein, tagaus mit einer Unmenge an Korrespondenz befassen müssen, lösen sich von selbst, wenn Sie nach dem PEP-Prinzip »Tun Sie's sofort« vorgehen. Wichtig ist dabei jedoch, »sofort« nicht wörtlich zu nehmen, sondern den richtigen Zeitpunkt zu finden, zu dem Sie sich um Ihre Mails kümmern.

Bei manchen E-Mail-Anwendungen gibt es eine akustische oder optische Alarmfunktion, wenn eine neue Nachricht ankommt, die Sie gewissermaßen dazu auffordert, die eingegangene E-Mail zu lesen. Da Sie aber gerade mitten in einer anderen Arbeit stecken oder keine Zeit für die Beantwortung haben, stört Sie diese Ankündigung und Sie werden eventuell sogar die Bearbeitung der E-Mail sofort erledigen. Doch dies ist nicht die richtige Methode. Ich empfehle Ihnen: Schalten Sie die Alarmfunktion ab, und reservieren Sie sich in Ihrem Terminplaner feste Zeiten, zu denen Sie sich um Ihre E-Mails kümmern. E-Mails nur einmal am Tag abzurufen und zu beantworten reicht heutzutage nicht mehr aus, da sie Telefongespräche und persönliche Treffen mehr und mehr ersetzen. Selbstverständlich sollten Sie zügig auf E-Mails reagieren, aber in den meisten Fällen sind E-Mails nicht so dringend zu erledigen wie ein Anruf.

Was also sollen Sie tun? Ich schlage vor, Sie rufen Ihre Mails drei- bis viermal täglich ab. Nur in den seltensten Fällen wird von Ihnen erwartet, dass Sie eine Mail sofort beantworten. Normalerweise reicht es völlig aus, wenn Sie Ihre Mails zu Beginn Ihres Arbeitstags – allerdings nicht als allererstes, siehe Tipp auf dieser Seite –, vor der Mittagspause und kurz vor Feierabend abrufen und beantworten. Tragen Sie diese Termine in Ihren Terminplaner ein und versuchen Sie, sich daran zu halten. Wenn das nicht möglich ist, sollten Sie sich überlegen, wie sich die Bearbeitungsdauer oder die Anzahl von E-Mails reduzieren lässt (mehr davon später).

Bitte denken Sie daran, dass Sie Ihre Mails nicht nur lesen, sondern dann auch sofort erledigen. Ist dies nicht möglich, stellen Sie die Bearbeitung so weit wie möglich fertig, notieren sich, was in diesem Zusammenhang noch alles zu erledigen ist, und tragen in Ihren Kalender ein, wann Sie diese Punkte erledigen. Nimmt die Beantwortung einer Mail sehr viel Zeit in

> **Tipp**
>
> Unsere IBT-Niederlassung in Kanada empfiehlt ihren Kunden, den Arbeitstag nicht damit zu beginnen, E-Mails abzurufen. Erledigen Sie stattdessen die dringlichsten Dinge. Erst wenn Sie damit fertig sind (oder die Angelegenheiten auf den gewünschten Stand gebracht) haben, sollten Sie sich um die Mitteilungen in Ihrer Mailbox kümmern. E-Mails können Sie von weitaus wichtigeren Aufgaben ablenken – also erledigen Sie immer das Wichtigste zuerst!

Anspruch, sollten Sie sich einen bestimmten Termin dafür setzen und die entsprechende Mail abspeichern.

Externe und interne Post

Bearbeiten Sie Ihre externe und interne Post täglich zu festgelegten Zeiten, vielleicht morgens und frühnachmittags, bevor die normalen Besprechungen und Aktivitäten beginnen. Widmen Sie, je nach Art Ihres Jobs, den ganzen Papieren, die sich in Ihrem Eingangskorb angesammelt haben, eine festgesetzte Zeit, zum Beispiel eine halbe Stunde. Wenn Sie eine Assistentin haben, lassen Sie den Posteingang prinzipiell über sie laufen. Bitten Sie sie, das Material sinnvoll vorzusortieren, damit die Bearbeitung für Sie einfach ist. Beauftragen Sie sie, Unwichtiges auszumustern, die Sie betreffenden Schriftstücke in Ihren Eingangskorb und das, was andere Leute angeht, in deren Fächer zu legen. Auf diese Weise müssen Sie nicht die Post anderer durchsehen. Die Post, die Sie durch Ihre Sekretärin bekommen, schließt auch Schriftstücke aus Ihrer Wiedervorlagemappe ein, die zur Bearbeitung auf den betreffenden Tag terminiert worden sind.

Einige Manager bitten ihre Sekretärinnen/Assistenten zu Beginn der Zusammenarbeit, gemeinsam mit ihnen die eingehende Post durchzusehen. Der Manager erklärt die Zusammenhänge bestimmter Unterlagen, die Sekretärin notiert sich Aufträge und nutzt diese Wissensvermittlung, um zukünftige Post besser einschätzen und zuordnen zu können. Diese Methode empfiehlt sich übrigens nicht nur bei der Einarbeitung neuer Assistenten. Auch bei neuen Projekten sollte der Manager diese Zusammenkunft nutzen, Zusammenhänge zu erklären, damit der Mitarbeiter ein Gefühl dafür bekommt, wie der Manager mit bestimmten Dingen umgeht, was ihm wichtig ist, was er sehen oder nicht sehen möchte. Ein solches Training über ein paar Wochen besitzt häufig den gleichen Stellenwert wie die in einer einjährigen Zusammenarbeit gemachten Erfahrungen.

Ob Sie nun einen Assistenten haben oder nicht – sichten Sie Ihre Papiere nicht nur einfach so. Erledigen Sie alle Angelegenheiten in einem Arbeitsgang eine nach der anderen, lesen Sie sie, antworten Sie, leiten Sie sie weiter, und legen Sie sie ab. Wenn ein Papier zu einem Arbeitsprojekt gehört, dem Sie sich zu einem späteren Termin widmen werden, legen Sie es sofort in Ihre Arbeitsakte. Verweist ein Papier auf eine Angelegenheit, die unverzüglich bearbeitet werden muss, tun Sie's sofort. Wenn eine Sache mit einem Mitarbeiter oder Ihrem Chef besprochen werden sollte, aber nicht eilt, legen Sie das Papier in die für diese Person eingerichtete Arbeitsmappe, um es beim nächsten regulären Treffen zu diskutieren. Wenn es etwas ist, das gelesen werden muss, lesen Sie es.

Machen Sie keine Ausnahmen von der Regel. Falls ein Papier zwei oder drei Stunden Arbeit benötigt, planen Sie einen Termin für die Erledigung ein und legen Sie es in Ihre Wiedervorlagemappe für den entsprechenden Tag. Aber wann immer möglich, tun Sie's sofort. Auch wenn manches im Moment nicht ganz so wichtig erscheint – auch das muss bearbeitet werden.

Manchmal höre ich den Einwand, dass es nicht ausreicht, sich ein- bis zweimal am Tag die Papiere anzuschauen. Dennoch finden wirklich sehr wichtige Angelegenheiten normalerweise sehr schnell ihren Weg zu uns, sei es in Form von Anrufen, persönlichen Besuchen oder E-Mails. Im normalen Tagesgeschäft ist es in der Regel völlig ausreichend, wenn Sie Ihre Vorgänge täglich vollständig abarbeiten.

Zu Lesendes

Sie sollten bei den Dingen, die Sie lesen müssen, gleichermaßen vorgehen. Am besten ist, eine bestimmte Zeit dafür zu reservieren und es dann zu tun. Einiges werden Sie gleich lesen, wenn Sie Ihre Post und Aktennotizen bearbeiten. Denken Sie daran, sich mit jedem Schriftstück, das Sie zur Hand nehmen, unverzüglich zu befassen. Manche Menschen lesen am Morgen im Bus oder Zug auf der Fahrt zur Arbeit; manche im Flugzeug; andere nehmen sich am Ende des Arbeitstags dafür ein paar Minuten Zeit und organisieren sich für den kommenden Tag. Wichtig ist, eine geeignete Zeit dafür zu finden und es zur Routine werden zu lassen. Bestimmen Sie eine Zeit, planen Sie sie fest ein, und lesen Sie.

Wann Sie lesen, ist die eine Sache, wie Sie lesen, eine andere. Ihre Lesezeit kann durch Schnelllesen um die Hälfte verkürzt werden, indem Sie trainieren, das Material nicht Wort für Wort anzuschauen, wie es die meisten von uns gelernt haben, sondern sich an Begriffen, Sätzen, Abschnitten oder Seiten zu orientieren. Das bedeutet keinen Verlust an inhaltlichem Verständnis. Sie erfassen einfach mehr und schneller!

Wöchentliche Einzelgespräche

Auch die wöchentlichen Einzelgespräche zwischen dem Chef und seinen direkten Mitarbeitern laufen unter dem Schlagwort Routine.

Einzelgespräche dienen dem effizienten Kontakt zwischen viel beschäftigten Mitarbeitern, die bei ihrer Arbeit eng zusammenarbeiten müssen.

Falls es für Ihre Kollegen und Mitarbeiter nur möglich ist, Sie zu sprechen, wenn sie immer mal wieder ihren Kopf bei Ihnen zur Tür hereinstecken, werden Sie zwangsläufig dauernd gestört werden. Ihre Mitarbeiter werden zwar ein schlechtes Gewissen haben, müssen es aber trotzdem tun, wollen sie ihre Arbeit auf die Reihe bekommen. Sie werden Ihrerseits nicht auf das Thema und schon gar nicht auf dessen Diskussion vorbereitet sein, weswegen Sie unterbrochen wurden. Oder Ihre Mitarbeiter oder Kollegen werden genauso auf dem falschen Fuß erwischt, wenn Sie derjenige sind, der stört.

Sie argumentieren vielleicht, dass Sie kein anderes Treffen organisieren können. Viele Manager sind jedoch nur dem Namen nach Manager. Aufgrund des Stellenabbaus zwingen Unternehmen ihre Manager, viel mehr Pflichten zu übernehmen, als einfach nur zu managen. Sie benötigen eine effiziente Methode, um mit den Personen Kontakt zu halten, die Ihnen rechenschaftspflichtig sind und die Arbeit erledigen.

Dafür sind keine Gruppenbesprechungen, sondern nur Einzelgespräche geeignet. Führen Sie eine Aktenmappe für jede Person, mit der Sie Einzelgespräche abhalten, und sammeln Sie im Verlauf der Woche alle nicht vordringlichen Themen, die Sie diskutieren müssen. Dasselbe sollte umgekehrt auch jeder Ihrer Mitarbeiter tun.

Beraumen Sie für die Einzelgespräche feste wöchentliche Termine an. Sonst können sich die Mitarbeiter nicht darauf verlassen und werden wieder in ihre alte Gewohnheit verfallen, Sie zu jeder beliebigen Tageszeit aufzusuchen. Wenn Sie oft verreisen oder die Besprechungstermine aufgrund der Urlaubszeit nur schwer einzuhalten sind, machen Sie es sich zum Prinzip, das nächste Treffen am Ende Ihres Einzelgesprächs und unter Berücksichtigung der Umstände zu terminieren.

Denken Sie daran, dass diese Gespräche für nicht vordringliche Themen da sind, die sich ansammeln und ein paar Tage warten können, und nicht für Angelegenheiten, die eine sofortige Regelung erfordern.

Tägliche Besprechungen mit Assistenten

Vor Jahren lehrte mich die Sekretärin des Vorstands eines Fortune-500-Unternehmens, wie wichtig die tägliche, 15-minütige Besprechung mit dem Unternehmenschef ist. Diese Sekretärin war der Inbegriff von Kompetenz. Sie als Sekretärin zu bezeichnen, wird ihr nicht gerecht. Sie war die Voraussetzung für den Erfolg Ihres Vorgesetzten, seine rechte Hand – an ihr kam niemand vorbei. Wenn er wollte, dass eine bestimmte Aufgabe erledigt würde, teilte er sie ihr zu.

Sie erklärte mir, dass die Viertelstunde, die sie jeden Morgen als Erstes für die Besprechung mit ihrem Chef reservierte, die wichtigste Zeit des Tages war. In dieser Zeit genoss sie seine ungeteilte Aufmerksamkeit, teilte ihm wichtige Neuigkeiten mit, besprach den Tagesablauf mit ihm, vor allem aber machte sie sich ein Bild davon, mit welchen Problemen er sich herumschlug und wo seine Prioritäten lagen. So war sie in der Lage, sicherzustellen, dass sich an diesem Tag alles darum drehte, was er erreichen wollte. Wenn eine Nachricht hereinkam, die seinen Prioritäten diente, wusste sie genau, dass er sofort darüber informiert werden wollte. Ihre Unterstützung war für ihn von größter Wichtigkeit.

Gerade Führungskräfte leiden unter chronischem Zeitmangel. Ihre Assistenten sind Ihre wichtigste Hilfe dabei, den Arbeitstag zu strukturieren. Eine kurze gemeinsame Besprechung am Morgen stellt sicher, dass Ihr Assistent Sie maximal unterstützen kann. Probieren Sie doch einmal die morgendliche Besprechung unter vier Augen aus. Sie werden von dem Ergebnis überrascht sein.

Mit Störungen umgehen

Störungen sind natürlich nicht generell schlecht. Es gibt sogar wirklich gute. Es wäre zum Beispiel eine erwünschte Störung, wenn Ihr Kollege seinen Kopf zu Ihrer Tür hereinsteckt und sagt: »Hör mal, mir kam gerade eine tolle Idee, wie wir einen Verkauf perfekt machen könnten, ich würde das gerne mit dir besprechen.«

Um ungewollte Störungen zu verringern, gibt es bestimmte

Methoden. Im Folgenden finden Sie ein paar, die sich in der Praxis bewährt haben und mit denen Sie vertraut sein sollten.

> Zeit ist die Währung unseres Lebens und die einzige, die wir besitzen. Nur wir selbst bestimmen, wofür wir sie ausgeben. Das sollten wir gut überlegen, es sei denn, wir wollen zulassen, dass andere sie für uns ausgeben.
>
> *Carl Sandburg*

Tun Sie's sofort!

* Arbeiten Sie Rückstände auf, sodass Sie sich nicht mit deren Folgen herumschlagen müssen.
* Halten Sie verabredete Termine ein, um Forderungen nach Zwischenberichten zu umgehen.

Tun Sie's sofort und richtig!

* Erledigen Sie alles vollständig und korrekt, sodass Sie die Arbeit nicht noch einmal tun müssen.
* Instruieren Sie Ihre Mitarbeiter eindeutig und umfassend, sodass sie nicht um eine nochmalige Klärung des Sachverhalts bitten und Sie nicht frustriert darüber sein müssen, dass die Dinge beim ersten Anlauf nicht richtig gemacht worden sind.
* Denken Sie daran, dass es Ihre Aufgabe ist, Ihren Mitarbeitern beizubringen, wie Sie Routine- und auch größere Arbeiten erledigen.

Teilen Sie alles sofort und richtig mit!

* Teilen Sie alle Informationen mit, wenn Sie Nachrichten hinterlassen, um telefonische Nachfragen einzudämmen.

- Verlangen Sie, dass Mitteilungen vollständig entgegengenommen werden, wenn andere Sie anrufen.
- Benutzen Sie Kommunikationsmittel, die keine laufende Arbeit unterbrechen und mit denen Mitteilungen vollständig herübergebracht werden können, wie E- und Voicemail.

Beziehen Sie sofort Stellung!

- Begegnen Sie Störungen durch Artikulation Ihrer Zeitzwänge: »Ich habe genau 20 Minuten, um diesen Bericht für eine Besprechung fertig zu machen. Ich werde nach dem Treffen bei dir vorbeikommen, und wir werden über die Angelegenheit reden. Ich schätze, das wird so gegen 14.30 Uhr sein, passt dir das?«
- Unterstreichen Sie dieses Verhalten, indem Sie sich gegen hereinkommende Störenfriede ebenso zur Wehr setzen.
- Treten Sie aktiv für die Entwicklung von Umgangsformen ein, durch die es generell zu weniger Unterbrechungen kommt.
- Fangen Sie an, Ihre Kommunikation mit anderen in einem Rutsch zu erledigen.

Indem Sie Arbeiten bündeln, können Sie Störungen einschränken (siehe Abbildung 3.3 auf Seite 123) und sich besser auf die Aufgabe vor Ihnen konzentrieren.

Respektieren Sie anderer Leute Zeit

Manche Menschen sind so darauf fixiert, ihre Aufgaben abzuschließen, dass sie es sich angewöhnt haben, einfach in die Büros ihrer Kollegen zu stürmen und sie zu stören. Sie denken nur an ihr Projekt. Kein Gedanke daran, dass ihre Kollegen ebenfalls beschäftigt sind. Diese Angewohnheit ist besonders ärgerlich, wenn der

Abbildung 3.3: Die Kommunikation mit anderen gebündelt
zu erledigen, reduziert Störungen

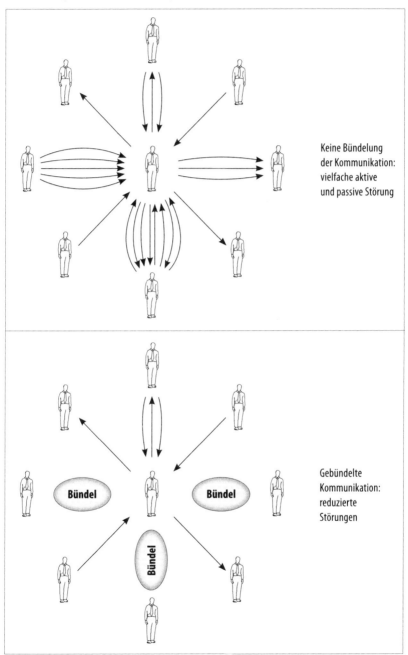

Keine Bündelung
der Kommunikation:
vielfache aktive
und passive Störung

Gebündelte
Kommunikation:
reduzierte
Störungen

Störenfried Ihr Vorgesetzter ist – oft hält er seine Aufgaben automatisch für wichtiger als die seiner Untergebenen. Das Lästigste daran ist, dass es sich bei diesem Verhalten um eine Angewohnheit handelt, die grundsätzlich praktiziert wird, nicht nur, wenn es wirklich einmal eilt. Natürlich gibt es Situationen, in denen es gerechtfertigt ist, Kollegen aus der Arbeit herauszureißen, weil andere Dinge dringlicher sind. Doch ich bin in meinem Berufsleben schon viel zu oft Menschen (Vorgesetzten und Untergebenen) begegnet, die dies andauernd tun. Überlegen Sie kurz: Gehören Sie selbst zu dieser Sorte Mitarbeiter? Dann spricht das nicht gerade für Ihre Effizienz. Gewöhnen Sie sich das so schnell wie möglich wieder ab. Respektieren Sie die Zeit anderer Menschen. Nutzen Sie andere Kanäle, um an Ihrem Projekt weiterzuarbeiten oder es abzuschließen. Auf diese Weise sorgen Sie für eine weitaus produktivere und zufriedenere Arbeitsatmosphäre.

So funktioniert es

Sie denken vielleicht: »Ich möchte mein Leben nicht bis auf die Minute verplanen« oder »Das mag vielleicht in einer idealen Welt funktionieren, mein Büro ist aber weit von diesem Ideal entfernt«. Allgemein sollten die fest geplanten Aktivitäten nicht mehr als 20 Prozent Ihres Arbeitstags ausmachen.

Kaum einer kann es leiden, wenn sein Tag bis auf die Minute verplant ist. Aber es geht im Grunde darum, die geistlosen und langweiligen Aufgaben effizient und routinemäßig anzupacken. Wir müssen diesen Alltagskleinkram tun, wollen wir uns auf die Dinge konzentrieren, für die wir eigentlich bezahlt werden. Warum stellen wir uns ihm deshalb nicht einfach und erledigen ihn? Bringen wir ihn so schmerzlos wie möglich hinter uns. Der Rest des Tages kann dann in Zeitblöcke eingeteilt werden, in denen man sich auf seine bedeutsamen beruflichen Arbeiten konzentrieren kann.

Fallstricke

Ein Problem, dem sich Menschen anfangs manchmal gegenübersehen, wenn sie lernen, nach den PEP-Prinzipien zu arbeiten, ist, dass sie für die Erledigung bestimmter Dinge die falsche Zeit wählen: Sie legen ihre telefonischen Rückrufe vielleicht auf eine regelmäßige Uhrzeit fest, zu der in anderen Zeitzonen niemand zu erreichen ist. So sollte man sich beispielsweise für Telefonate in die USA logischerweise eine bestimmte Zeit am Nachmittag reservieren. Nichts spricht dagegen.

Oder Sie entscheiden sich dafür, Ihre interne und externe Post ausnahmslos einmal pro Tag um 10.00 Uhr zu beantworten. Das ist aber vielleicht genau die Zeit, auf die die Besprechung mit den neuen Mitarbeitern terminiert ist, oder Ihre Post wird seit Neuestem immer erst um 15.00 Uhr ausgeliefert. So ist es, aus welchen Gründen auch immer, ziemlich wahrscheinlich, dass Ihr neuer Plan schon am ersten Tag scheitert. Und deswegen nehmen Sie an, dass er generell ein Fehlschlag ist. Sie geben Ihre Bemühungen auf, anstatt zu überprüfen, woran es gelegen hat, und zu versuchen, Ihre Aktivitäten neu zu planen, sodass sie zur Realität passen. Vielleicht finden Sie heraus, dass es günstiger ist, Betriebsmitteilungen zwischen 11.45 Uhr und 12.15 Uhr oder sogar noch eine Viertelstunde später abzuzeichnen, da Sie sowieso vorher selten in die Mittagspause gehen, und die Beantwortung Ihrer Tagespost auf 15.30 Uhr bis 16.00 Uhr zu legen. Sie müssen möglicherweise einiges ausprobieren, bis Sie den für Sie am besten geeigneten Zeitplan gefunden haben.

Den Job auf die Reihe zu bekommen und neue Arbeitsmethoden zu erlernen, geht oft nicht ohne Versuch und Irrtum. Beispielsweise müssen Sie vielleicht andere Leute zur Vertretung heranziehen, während Sie bestimmte Aufgaben in einem Rutsch erledigen. Oder wenn Sie im Kundendienst tätig sind, können Sie wahrscheinlich Ihr Telefon nicht abstellen. Ihre Arbeit mag auch von Laufkundschaft abhängig sein, und Sie wissen nie genau, wann ein Kunde kommen wird. Wenn Kunden eintreffen, möchten Sie natürlich mit ihnen sprechen und auf ihr Anliegen eingehen.

Ein Klient hatte fünf Angestellte, die 3 000 Kunden betreuten. Die meisten Angelegenheiten wurden über Telefon und E-Mail abgewickelt. Trotzdem konnte man davon ausgehen, dass täglich etwa zehn Kunden unangekündigt im Büro erschienen, um mit ihrem Versicherungsagenten zu sprechen. Die Besuche waren hauptsächlich sozialer Natur und wurden mehr oder weniger als Zeitverschwendung angesehen. Aber es handelte sich eben um Kunden, und die Mitarbeiter wollten nicht unfreundlich sein. Das verursachte ein echtes Problem. Einerseits wollte man einen guten Kundenservice anbieten, andererseits brachten die unangekündigten Besuche die Zeitpläne und Arbeiten durcheinander. Dieses Problem bestand über Jahre und ließ sich anscheinend nicht lösen. Schließlich organisierten die Mitarbeiter die Abteilung so um, dass jeder Agent einen Tag in der Woche dafür abgestellt wurde, sich um die hereinschneienden Kunden zu kümmern. Somit hatte jeder vier Tage pro Woche, um mit seiner eigenen Arbeit voranzukommen. Ich kann Ihnen nicht sagen, wie viele andere Lösungen sie ausprobierten, bevor sie auf diese relativ einfache stießen und herausfanden, dass sie funktionierte.

Das Umsetzen dieser Prinzipien in die Praxis wird auch bei Ihnen nicht ganz ohne Versuch und Irrtum vonstattengehen. Ausdauer zählt. Wenn Sie an dem Problem arbeiten, werden Sie nicht nur irgendeine Lösung finden, sondern eine, die gut funktioniert.

Wir alle wissen, wie schwierig es ist, Gewohnheiten und konditionierte Verhaltensmuster abzulegen. Ein Verhalten, das wir uns angewöhnt haben, verändert sich in der Regel nicht über Nacht. Die ersten 14 Versuche scheitern möglicherweise. Aber dann macht es beim 15. plötzlich klick – und alles fügt sich wie von selbst zusammen. Aber selbst wenn Sie sich die neue Gewohnheit schließlich zu Eigen machen, fallen Ihnen unangenehme oder langweilige Aufgaben dadurch nicht zwangsläufig leichter. Es kann beispielsweise jedes Mal hart sein, um 5.30 Uhr aufzustehen um zu joggen.

Aber das Joggen routinemäßig fest einzuplanen, hilft, es auch wirklich zu tun. Wenn man es sich nicht zur Gewohnheit gemacht hätte, würde es bestimmt noch mühsamer sein und eines Tages einschlafen. Geplante und einfache Angewohnheiten erleichtern Ihnen das Leben.

Zusammenfassung

1. Arbeiten Sie intelligenter. Sie können Ihre Effizienz und Effektivität steigern, indem Sie geschickter arbeiten. Sie allein bestimmen, was Ihre Aufmerksamkeit erfordert und verdient. Was es auch sein mag, Sie haben mehr Zeit für diese Dinge, wenn Sie alles klug in Angriff nehmen. Einfache Routinen für die Bewältigung der Alltagsaufgaben helfen Ihnen dabei.

2. Analysieren Sie Ihre Zeit. Das kann, falls Sie noch nie untersucht haben, mit was und wie Sie Ihre Zeit verbringen, sehr nützlich sein. Führen Sie ein Aktivitätsprotokoll, um über das, was Sie tun und wie lange es dauert, auf dem Laufenden zu bleiben. Sie werden erstaunt sein, wie viel Zeit Sie mit bestimmten Dingen zubringen und wie wenig mit anderen. Wenn Sie erst einmal wissen, was Sie tun, können Sie daran arbeiten, wie Sie es tun.

3. Lassen Sie es nicht zu, dass minderwertige Aufgaben oder Informationen überhaupt bis zu Ihnen vordringen. Beide behindern Sie in Ihrer Fähigkeit, produktiv zu arbeiten. Filtern Sie sie gänzlich heraus. Delegieren Sie Aufgaben in geeigneter Weise. Richten Sie die Aufmerksamkeit anderer auf Informationen, die Sie nicht brauchen. Verwenden Sie auf Routinearbeiten, wie die Bearbeitung der eingehenden Post, ein Minimum an Zeit. Kümmern Sie sich unverzüglich und routinemäßig darum, und machen Sie sich dann wieder an die wichtigen Aufgaben.

4. Lernen Sie, wie man Arbeiten in einem Rutsch erledigt. Erwidern Sie Telefonate ein- oder zweimal täglich, anstatt sich dauernd bei der Arbeit unterbrechen zu lassen. Behandeln Sie Ihre eingehende Post auf die gleiche Weise. Planen Sie eine bestimmte Zeit pro Tag ein, um alle Sachen vollständig durchzuarbeiten, oder setzen Sie sich geeignete Termine, um Dinge in absehbarer Zeit zu erledigen. Wenn

Sie Ihre Arbeit bündeln und nicht zulassen, dass unwichtige Aufgaben Ihren Tag beherrschen, werden Sie merken, dass Sie ungefähr 25 Prozent mehr Zeit für die wichtigen Arbeiten haben. Rückrufe, die Bearbeitung von Betriebsmitteilungen oder E-Mails sind alles Aufgaben, die in einem Rutsch erledigt werden sollten.

5. »Tun Sie's später sofort« heißt, einen festen Zeitplan einzuhalten. Wenn Sie mitten in einem Bericht sind, während Ihre Post ausgeliefert wird, fahren Sie mit Ihrer Arbeit an dem Bericht fort. Planen Sie jeden Tag eine bestimmte Dauer für die Bearbeitung Ihrer Post ein, und tun Sie es dann. Unterbrechen Sie eine Aufgabe nicht wegen einer anderen. Wenn Sie das tun, werden wahrscheinlich beide nicht abgeschlossen, weil die zweite Aufgabe infolge einer dritten liegen bleibt.

6. Terminieren Sie Aufgaben (und Sie müssen sich weniger damit herumquälen). Erledigen Sie eine Arbeit, sobald die Zeit dafür gekommen ist, und gehen Sie zur nächsten über. Wenn Sie für eine bestimmte Aufgabe eine Stunde angesetzt haben, werden Sie sie wahrscheinlich auch in dieser Zeit fertig stellen. Falls Sie einen Tag dafür einplanen, brauchen Sie vielleicht auch den ganzen Tag.

7. Setzen Sie wöchentliche Einzelgespräche mit Ihren direkten Mitarbeitern an, um die betreffenden Routineangelegenheiten zu besprechen. Das vermeidet Störungen und ermöglicht Ihnen, in regelmäßigen Abständen miteinander in Verbindung zu treten, um über laufende Projekte und Personalfragen zu reden. Sie sollten für jeden Ihrer Mitarbeiter eine eigene Mappe führen und es sich angewöhnen, dort festzuhalten, was auf Ihrer nächsten Besprechung diskutiert werden muss. Ihre Mitarbeiter sollten ebenfalls eine vergleichbare Akte für Sie besitzen, damit die Besprechung zügig über die Bühne gehen kann. Vergessen Sie nicht, dass diese Treffen für nicht vordringliche Angelegenheiten da sind, deren Regelung eine Woche warten kann – nicht für dringende Notfälle.

8. Kopieren Sie die Checkliste für effizientere Besprechungen im Anhang dieses Buches, und verteilen Sie die Kopien an Ihre Kollegen, die an den Besprechungen teilnehmen. Überlegen Sie gemeinsam mit dem Diskussionsleiter und anderen Teilnehmern, welche Verbesserungen Sie für Ihre Besprechungen einführen könnten.

9. Überprüfen Sie, was Sie unternehmen können, um Störungen abzustellen, und setzen Sie es in die Praxis um.

4

Planen Sie sofort

> Eine Gesetzmäßigkeit der Psychologie besagt, dass ein klares geistiges Bild dessen, was man sein möchte, letztendlich in Erfüllung geht, wenn man an diese Vorstellung glaubt und an ihr festhält.
>
> *William James*

Überblick: In diesem Kapitel lernen Sie,

- dass die Zeit rast, wenn Sie in Gedanken vertieft sind. Wenn Sie stundenlang darüber nachdenken, was Sie eigentlich tun müssen, anstatt Ihre Tätigkeiten effizient zu planen, vergeuden Sie wertvolle Zeit;
- dass sich Handeln aus einer klaren Vorstellung ergibt; wenn Sie ein deutliches Bild von dem haben, was Sie tun müssen, werden Sie es in Angriff nehmen, dagegen zögern, wenn die Vorstellung verschwommen ist; Planung schafft Klarheit;
- das einzurichten, was für Sie wichtig ist;
- Ihre Ziele zu formulieren (diejenigen, die definieren, was für Sie von Wert ist);
- effizient zu planen, indem Sie sich jede Woche etwas Zeit dafür nehmen, Ihre Ziele und Pläne zu überprüfen und die nächste Woche zu planen.

Vielleicht überrascht es Sie, aber Planung steht innerhalb des Persönlichen Effektivitäts-Programms unter dem Motto »Planen Sie sofort!«

Planen dient dem Zweck, Klarheit zu schaffen, das heißt zu wissen, was man täglich und langfristig tun soll. Zu viele Menschen planen sehr wenig, besonders wenn es um ihre eigene Arbeit geht. Der persönliche Terminkalender, Planer oder Organizer schlug bei seiner Einführung auf dem Markt in den 1980er Jahren unter anderem deshalb so ein, weil die Menschen in ihm ein Werkzeug und endlich die Chance sahen, sich zu organisieren, Dinge im Voraus zu planen und sich über die getane Arbeit auf dem Laufenden zu halten.

Manche Menschen denken fälschlicherweise, dass ihre geistigen Aktivitäten auf der Fahrt zur Arbeit, beim Morgenkaffee oder beim Duschen einem »Planen« für die Arbeit entsprächen. Sie mögen zwar über die Arbeit nachdenken, eine Planung im Sinne der Effektivitätssteigerung kann man diese Gedanken aber kaum nennen. Stattdessen ist es eine ineffiziente Form des Denkens, die wenig oder gar nichts klärt.

Manche Menschen glauben auch, dass Planen an und für sich pure Zeitverschwendung sei und nicht viel bringe. Wenn Sie ineffektiv planen und das, was Sie geplant haben, nicht tun, ist Planen tatsächlich für die Katz. Ein aufgestellter Plan ist nur gut, wenn er in die Tat umgesetzt wird – und nur dann ist Planen sinnvoll.

Wenn Sie spüren, dass Sie bei der Arbeit unter Druck sind, dass Sie zu viel zu tun und zu wenig Zeit dafür haben, dass Sie außer Kontrolle geraten sind oder einfach die wichtigsten Dinge nicht auf die Reihe bekommen, liegt es oft an einer schlechten oder fehlenden Planung. In diesem Fall werden Sie feststellen, dass das, was bei Ihrer Arbeit herauskommt, eine Ähnlichkeit mit einem Autoaufkleber aufweist, den ich einmal sah. Darauf stand »Plane im Voraus«, wobei das Wort »Voraus« ganz an die rechte Seite gequetscht war.

Das ist typisch und in erster Linie deshalb so, weil die Menschen Planen nicht mit ihrem persönlichen Tun verbinden. Wenn sie an Planen denken, haben sie das riesige Projekt im Kopf, das ihre Abteilung in den nächsten drei Monaten durchführen wird – ein Projekt, das so gewaltig ist, dass sich alle Beteiligten zu einer gemeinsamen Besprechung treffen und ausknobeln werden, was zu tun ist. Geht es dagegen um ihre tägliche Arbeit, messen sie dem Planen keine große Bedeutung bei.

Der Zweck des Planens

Planen dient dem Zweck, eine klare Vorstellung von dem zu bekommen, was man tun muss. Die Planung kann nur dann als effektiv angesehen werden, wenn sie ein klares Bild vermittelt, weil man ohne ein solches nicht handeln kann. James T. McCay schreibt in seinem Buch *Von Terminen gejagt oder Die Kunst, Zeit zu haben*:

»…unsere geistigen Bilder bestimmen unsere Handlungen. Wenn wir kein Bild haben, wenn wir nicht feststellen können, was los ist, handeln wir nicht. Wenn unsere Bilder wolkig und wirr sind, handeln wir zögernd. Wenn unsere Bilder klar und genau sind, handeln wir bestimmt und nachdrücklich.« (Seite 43)

Planung schafft diese klaren Vorstellungen. Wenn nicht, verfehlt sie ihren Zweck und ist keine echte Planung.

Wenn wir PEP mit einer großen Gruppe durchführen, beginnen wir gewöhnlich mit einer allgemeinen Gruppeneinführung. Wir fragen die Teilnehmer oft, wie viele von ihnen einen täglichen Handlungsplan aufstellen. Die Hälfte streckt vielleicht die Hand hoch. Der Rest hat es nicht einmal vor. Diese Menschen haben in der Vergangenheit so viele schlechte Erfahrungen mit täglichen Aufgabenlisten gemacht, dass sie sich sträuben, es noch einmal zu versuchen.

Haben Sie jemals den Tag mit einer Liste abzuarbeitender Aufgaben begonnen und am Ende des Tages keine einzige erledigt? Wenn dem so ist, wissen Sie, wie sich viele dieser Menschen fühlen. Tägliche Handlungspläne können einen deprimieren: Sie sind der Beweis für unsere unerledigten Arbeiten. Es gibt mehrere Gründe, warum Listen nicht abgearbeitet wurden. Man hat sich möglicherweise zu viel vorgenommen oder unerwartete und zeitraubende Aufgaben nicht berücksichtigt. Die Tagesliste war vielleicht viel zu allgemein gehalten. Eine richtige Planung nimmt sich erfolgreich dieser und der zahlreichen anderen Probleme an, die einen Tagesplan eher zu einer Enttäuschung als zu einem nützlichen Handwerkszeug machen. Wie sieht richtige Planung aus?

Als Beispiel wollen wir uns anschauen, was nötig ist, um einen Film zu drehen. Die Produktion eines Films geht in drei verschiedenen Stufen vonstatten: Vorproduktion, Produktion und Nachproduktion. Am zeitraubendsten ist die Vorproduktion. Das Drehbuch ist nur der Ausgangspunkt. Die wesentlichste Planungsunterlage in der Vorproduktionsphase ist das Storyboard, eine detaillierte Wiedergabe jeder einzelnen Szene, aus der sich der Film zusammensetzt.

Stellen Sie sich ein Blatt Papier vor, auf dem leere Felder eingezeichnet sind. Diese Felder bilden den Rahmen für jede Szene. Die Filmemacher skizzieren in groben Strichen, was an jedem Punkt des Films zu sehen ist: wie viele Leute in einer bestimmten Szene auftreten und wer es ist; was sie sagen; ob eine Szene mit einer kurzen oder langen Blende gedreht wird; wo die Lampen stehen; welche Sequenzen von einer Einstellung zur nächsten führen; welche Aufnahmen zu einer einzelnen Szene zusammengefügt werden; alles, woraus der Film in seiner Gänze schließlich bestehen wird.

Warum so viel Zeit und Arbeit in ein Storyboard stecken? Weil beim Filmen das Drehen vor Ort am teuersten ist. Wenn die Produktion einmal mit 200 Mitwirkenden läuft, möchte man wenig Zeit und Mühe darauf verschwenden, den Leuten zu sagen, wo sie stehen und was sie als Nächstes tun sollen, ganz zu schweigen vom Geld. Dafür ist die Vorproduktion, nicht die Produktion da. Angesichts der investierten Millionen vergeudet man einfach keine Zeit, wenn man adäquat plant und vorbereitet.

In der Filmbranche ist der Bedarf an Planung offensichtlich, und die Technik des Planens wurde kontinuierlich verfeinert, um den besonderen Bedürfnissen dieses Wirtschaftszweigs gerecht zu werden. Demgegenüber wird im Geschäftsleben und in der Industrie im Allgemeinen wenig formal geplant, besonders wenn es um die täglichen Aktivitäten geht.

Betrachten Sie Ihr Unternehmen einmal für einen Moment aus einer größeren Distanz, und Sie werden sehen, dass die meisten Menschen, mit denen Sie tagtäglich zu tun haben, ohne jede formale Planung arbeiten. Die Leute agieren ohne Storyboard oder

Vorproduktionsplanung einzig in der Hoffnung, mit den negativen Auswirkungen acht oder mehr Stunden zurechtzukommen. In der Sprache des Films sind sie jeden Tag der Arbeitswoche in der Szene, die Kameras laufen und sie wissen nicht, wo sie stehen, was sie sagen oder tun sollen.

Grundzüge der Planung

Zum effizienten Planen gehören drei Schritte: das Festlegen der Prioritäten, Zeitmanagement sowie die tatsächliche Umsetzung der Ziele. Nachdem Sie dieses Buch bis hierhin schon gelesen und (hoffentlich) einiges bereits umgesetzt haben, sollte es ein Leichtes für Sie sein, Ihre Ziele zu realisieren. Aus diesem Grund wollen wir uns nun mit den anderen beiden Punkten befassen.

Prioritäten setzen

Arbeitsplanung, ohne dabei Prioritäten zu setzen, ergibt überhaupt keinen Sinn. Sicherlich ist Ihnen beim Lesen auch schon aufgefallen, dass ich das Thema Prioritäten setzen sehr vorsichtig angehe, denn zu häufig entschuldigt man das Aufschieben von Aufgaben damit, dass andere höhere Priorität genießen. Nicht selten droht Chaos, weil unklar ist, ob nun wichtige und /oder dringende Aufgaben höhere Priorität genießen. Dennoch führt angesichts des Arbeitsaufkommens, das wir oft unter enormem Zeitdruck erledigen müssen, kein Weg daran vorbei, Prioritäten zu setzen.

Mein niederländischer Kollege und Freund hat einmal gesagt: Planen heißt nichts anderes, als Prioritäten zu setzen und sich die Zeit dafür zu verschaffen, die Aufgaben der Reihe nach abzuarbeiten. Damit Sie Prioritäten setzen können, brauchen Sie eine klare

Vorstellung über Ihre Ziele und den Weg, der Sie dorthin bringt. Überprüfen Sie, ob die von ihnen erwarteten Arbeiten den erforderlichen Schritten entsprechen, die Sie an Ihr Ziel bringen. Entscheiden Sie, ob Aufgaben von hoher Priorität von Ihnen selbst erledigt werden müssen oder ob es nicht besser wäre, diese zu delegieren. Falls Sie Aufgaben delegieren, sollten Sie sich aber darum kümmern, dass sie tatsächlich erledigt werden.

Das Aufgabenmanagement, auch Task-Management genannt, ist vor allem für diejenigen unter uns, die ihre Arbeitszeit nicht frei planen können, besonders wichtig. Denken Sie nur an all die Mitarbeiter von Call-Centern, Banken oder Informationsständen: Sie können ihre Aufgaben zeitlich so gut wie nicht planen, da sie immer sofort auf die Anfragen der Kunden reagieren müssen. Je weniger Sie frei über Ihre Zeit verfügen können, umso klarer muss Ihnen der Unterschied zwischen dringlichen und weniger dringlichen Aufgaben sein.

Zeitmanagement

Zeitmanagement könnte definiert werden als die Kunst, seine Zeit sinnvoll zu nutzen. Sobald Sie wissen, was Sie tun müssen und wie Sie es am besten erreichen (Aufgabenmanagement), müssen Sie die Ihnen zur Verfügung stehende Zeit optimal nutzen. Egal ob Sie sich gerade mit der Tages-, Wochen- oder Jahresplanung befassen: Legen Sie fest, welche Aufgaben wann erledigt sein müssen. Beachten Sie dabei bitte folgende Tipps:

- Legen Sie für jeden Tag fest, wann Sie bestimmte Routineaufgaben erledigen (täglich anfallende Aufgaben wie das Beantworten von E-Mails, wöchentliche Tätigkeiten wie die Teilnahme an Besprechungen und monatliche Aufgaben wie das Verfassen von Monatsabschlussberichten und so weiter).

- Bestimmen Sie, wann Sie gestört werden können und wann nicht.
- Berücksichtigen Sie Ihren Biorhythmus, wenn Sie kreative Arbeiten planen. Um welche Tageszeit sind Sie voller Energie und stecken voller Ideen? Wann sind Sie eher lustlos und müde und können nur Arbeiten verrichten, bei denen Sie sich nicht voll konzentrieren müssen?
- Legen Sie fest, wann Sie Ihre kurz- und langfristigen Pläne erstellen. Für die Tagesplanung brauchen Sie vermutlich nur einige Minuten, für die Wochen- und Monatspläne etwa eine Stunde, während Sie für den Jahresplan einige Tage einplanen sollten.
- Überlegen Sie sich, welche Art von Kalender Sie verwenden möchten. Einen herkömmlichen Kalender aus Papier, in den Sie Termine ausschließlich selbst eintragen, oder einen elektronischen, auf den auch Ihre Kollegen Zugriff haben und wahrscheinlich Termine eintragen. Je mehr Kollegen Zugriff auf Ihre Zeitplanung haben, umso genauer müssen Sie die Zeitplanung für Ihre eigenen Prioritäten verfolgen. Plant Ihre Sekretärin die Besprechungen für Sie? Kennt sie Ihre Vorlieben bei der Planung von Besprechungen und Routineaufgaben? Weiß sie, wann Sie unbedingt Ihre Ruhe brauchen? Die Art der Kalendereinteilung (eine Seite pro Tag, Woche oder Monat) bestimmt in großem Maße auch Ihr Zeitempfinden und somit den Umgang mit Ihrer Zeit.
- Der letzte Punkt ist auch einer der wichtigsten für das Zeitmanagement! Sie müssen sich davor schützen, dass andere über Ihre Zeit verfügen. Vermeiden Sie die im Anhang genannten Zeitkiller.

Ist es den Aufwand wirklich wert?

Wenn Sie es sich angewöhnen, mehr Zeit für die Planung Ihrer Aufgaben zu verwenden, verkürzt sich Ihr Verwaltungsaufwand und Sie müssen Ihren Aufgaben nicht immer hinterherrennen.

Die meisten von uns arbeiten hart und lang. Weshalb klagen wir andauernd darüber, wie aufwändig der Verwaltungskram ist? Nun, zum einen mag es daran liegen, dass wir – ganz gleich, wie geschickt wir darin sind – je nach Job etwa 10 bis 25 Prozent unserer Arbeitszeit damit verbringen. Ohne PEP verbringt ein normaler Angestellter in der Regel weniger als zwei Stunden die Woche mit der Planung seiner Arbeit. Laut Adam Riese sind das also 18 Minuten täglich – was in etwa der Zeit entspricht, die Sie morgens unter der Dusche verbringen. Gut so, machen Sie weiter so. Allerdings könnten Sie ruhig noch darüber hinausgehen und noch mehr Zeit für die Planung aufwenden, um so Ihren Verwaltungsaufwand zu reduzieren und nicht andauernd von Ihrer eigentlichen Arbeit abgelenkt zu werden. Sie möchten Beweise, dass das auch wirklich etwas bringt? Okay! Wir haben die Erfahrung gemacht, dass Unternehmen, deren Mitarbeiter wöchentlich zusätzlich eine halbe bis eine ganze Stunde mehr ihrer Arbeitszeit in aller Ruhe für die Planung derselben »opfern« (also auf etwa 2,5 Stunden Planungszeit die Woche kommen), einen drastischen Rückgang von Überstunden erleben, weniger Besprechungen nötig sind, es kaum noch zu Störungen in der täglichen Arbeit kommt und mehr Arbeiten sinnvoll delegiert werden.

PEP-Planung

Im Rahmen von PEP werden sechs Formen der Planung gelehrt:

- Tagesplanung
- Wochenplanung
- Projektplanung
- Strategieplanung
- Zielsetzung
- Werte

Tagesplanung

Wie bereits erwähnt, wird allgemein geklagt, dass der Tagesplan aufgrund unerwarteter Ereignisse zu oft nur teilweise erfüllt wird und sich dann in eine große Enttäuschung verwandelt. Für manche Menschen sind Tagespläne scheinbar nur etwas, das einen höhnisch an das erinnert, was nicht getan worden ist.

Sie müssen indessen begreifen, dass es unheimlich wichtig ist, täglich einige Zeit auf die Planung Ihrer Aktivitäten zu verwenden. Einige tun dies am liebsten am Ende ihres Arbeitstags, andere morgens noch vor allem anderen. Wann auch immer – Sie können Ihren Terminkalender nutzen, um Ihre täglichen Aufgaben zu notieren.

Um die tägliche Planung effizient und schnell durchzuziehen, sollten Sie Ihren Tagesplan nach einem Wochenplan erstellen. Teilen Sie anhand dieses größeren Plans die Arbeit der Woche in täglich zu erledigende handhabbare Einheiten auf, und Sie wissen jeden Tag, dass Sie auf ein größeres Ziel hinarbeiten.

Wochenplanung

Wie in Abbildung 4.1 (Seite 138) dargestellt wird, sollten Sie einmal pro Woche Ihre Arbeitsquellen überprüfen: Ihre Arbeitsakten einschließlich Ihrer Projekte, Ihren Terminkalender, zeitlich festgelegte Aktivitäten und Erinnerungshilfen, Ihr Wiedervorlagesystem für die Dinge, die während der kommenden Woche anfallen, Ihre laufenden Angelegenheiten (Korb und Akten für Laufendes – einschließlich Ihres E-Mail-Ordners, in dem Sie alle Mails sammeln, die Sie noch nicht beantworten können) sowie das Aufgabenbuch, das Sie vielleicht führen, um die Dinge zu notieren, die Sie tun müssen (mehr zum Aufgabenbuch ab Seite 192).

Nehmen wir zum Beispiel an, dass Sie gegenwärtig an acht Pro-

Abbildung 4.1: Aufstellung eines Wochenplans

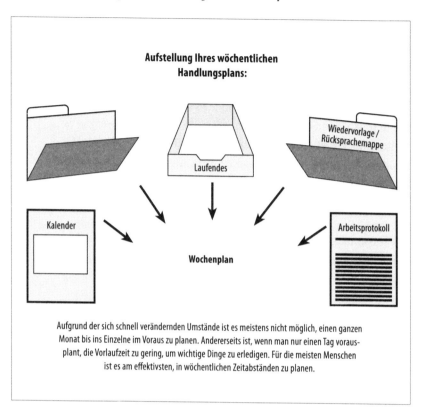

Aufstellung Ihres wöchentlichen Handlungsplans:

Wiedervorlage / Rücksprachemappe

Laufendes

Kalender

Arbeitsprotokoll

Wochenplan

Aufgrund der sich schnell verändernden Umstände ist es meistens nicht möglich, einen ganzen Monat bis ins Einzelne im Voraus zu planen. Andererseits ist, wenn man nur einen Tag vorausplant, die Vorlaufzeit zu gering, um wichtige Dinge zu erledigen. Für die meisten Menschen ist es am effektivsten, in wöchentlichen Zeitabständen zu planen.

jekten arbeiten, wovon vielleicht zwei ziemlich viel Zeit beanspruchen und die restlichen sechs so vor sich hin laufen. In Ihrer Ablage für Laufendes befinden sich noch weitere Angelegenheiten, unter anderem Pläne für eine Geschäftsreise, und in Ihrem Kalender sind für diese Woche sechs Besprechungen mit verschiedenen Abteilungsleitern und Kunden eingetragen. Ihre Wiedervorlagemappe enthält Dinge, die Sie zu bestimmten Terminen überprüfen müssen, damit sie auch garantiert rechtzeitig fertig werden. Um Sie herum liegen zudem zahlreiche Zettel, die Sie an Verschiedenes erinnern, das Sie tun müssen. (Möglicherweise besitzen Sie auch ein

Computerprogramm oder ein Aufgabenbuch, das als komprimierte Erinnerungshilfe dient, damit Sie nicht mit den vielen kleinen Zetteln arbeiten müssen. Das wäre besser.) Kurzum müssen Sie also ein halbes Dutzend Quellen konsultieren, um mit allem, was Sie zu tun haben, auf dem Laufenden zu bleiben. Sinnvollerweise sollten Sie alle diese Quellen einmal pro Woche durchgehen. Setzen Sie dabei Prioritäten für Ihre Arbeit, und planen Sie Ihre Woche.

Schauen Sie in Ihrem Kalender nach, wie viel Zeit in der Vergangenheit von unerwarteten, nicht geplanten Arbeiten aufgezehrt worden ist. Bei einigen wird es sich um Aufgaben handeln, die Ihnen von Ihrem Chef oder sonst einem Höhergestellten zum ungelegensten Zeitpunkt (Tag, Woche, Monat) aufs Auge gedrückt worden sind, bei anderen schlicht um unvorhersehbare Aufgaben, die Ihre Aufmerksamkeit fordern und die Zeit auffressen, die Sie einer anderen Arbeit widmen wollten. Aber was auch immer die Ursache sein mag: Sie werden nicht umhinkommen, sich einen Teil Ihres Arbeitstags oder Ihrer Arbeitswoche mit derartigen Arbeiten beschäftigen zu müssen – vielleicht 25 Prozent, vielleicht mehr als 50 Prozent.

Sei es nun viel oder wenig – Sie sollten Ihre Arbeitswoche basierend auf der Ihnen durchschnittlich zur Verfügung stehenden Zeit planen. Sollten Sie die Hälfte für unerwartete Angelegenheiten benötigen, können Sie nur die anderen 50 Prozent für Ihre eigene wirklich produktive Arbeit verplanen. Sie bewahren Ihre Flexibilität, indem Sie Zeit für diese unerwarteten, aber mit Sicherheit plötzlich anstehenden Dinge einrechnen (auch wenn Sie nicht im Voraus wissen, um was es sich handeln wird), und belasten sich nicht selbst mit unmöglich einzuhaltenden Zeitplänen. Sie haben für das Unplanmäßige vorgeplant und können die Arbeit für den Rest der Woche eindeutig und sinnvoll festlegen.

Sie vereinfachen die Tagesplanung, indem Sie die in der nächsten Woche zu erledigenden Aufgaben bestimmen und Schwerpunkte bilden. Es wird dann auch einfacher, Prioritäten zu setzen. Wenn etwas wichtig ist, wird es auf Ihrem Wochenplan stehen, anderen-

falls nicht. Sie müssen nur einmal, nämlich während Ihrer Wochenplanung, entscheiden, was vorrangig zu tun ist. Der Vorteil einer
solchen Planung ist, dass Sie vieles in einem größeren Zusammenhang sehen, sodass Sie realistischer einschätzen können, wie viel
Zeit Ihnen für die verschiedenen Projekte zur Verfügung steht. Sie
müssen nicht jedes Mal, nachdem Sie eine Arbeit fertig gestellt haben, den ganzen Entscheidungsprozess aufs Neue durchlaufen. Allein dadurch wird Ihre Arbeit schon wesentlich stressfreier. Die
Entscheidung, was jeden Tag zu tun ist, fällt leichter. Sie müssen nur
in Ihren Kalender schauen und lesen, was Sie sich zur Erinnerung
notiert haben, welche Besprechungen stattfinden sollen, welche Arbeiten Sie eventuell für die nächste Woche eingeplant haben. Aus
der Wochenliste wählen Sie dann die Arbeiten aus, die Sie heute tun
werden. Abbildung 4.2 gibt ein Beispiel für einen Wochenplan wieder.

Abbildung 4.2: Beispiel für einen Wochenplan

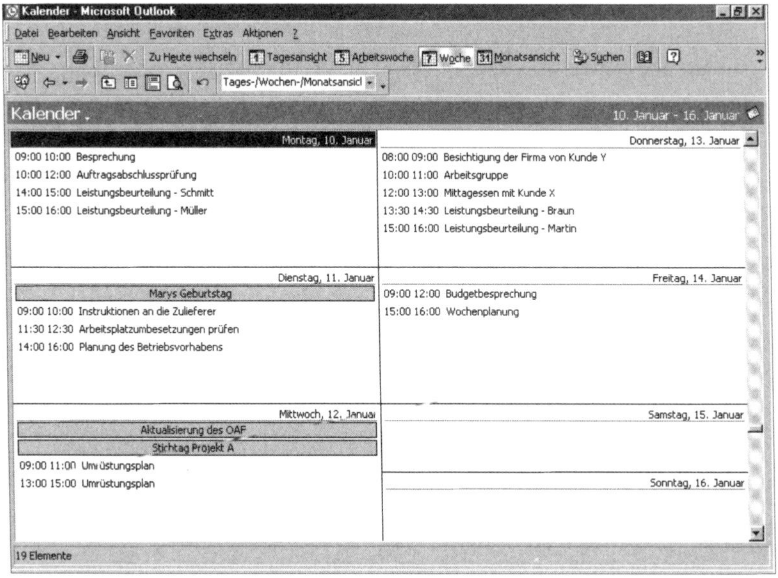

Am Ende der Arbeitswoche einen effizienten Plan für die nächste Woche aufzustellen, macht die dafür benötigte Zeit wett. Es geht dabei nicht nur um die Feststellung, was, sondern auch, wie Sie es tun sollten. Während Sie planen, durchdenken Sie alles ausführlich, damit Sie den größeren Rahmen, das heißt das angepeilte umfassendere Ziel sehen. Mit diesem vor Augen können Sie analysieren, was Sie tun (haben oder wissen) müssen, um eine Aufgabe zu erledigen.

Zu entscheiden, was zuerst, als Zweites oder Drittes getan werden sollte, dauert nur einen Augenblick. Wenn Sie Aufgaben planmäßig über die Arbeitswoche verteilen und bei Ihrer Tagesplanung den größeren Rahmen berücksichtigen, müssen Sie nicht jeden Tag aufs Neue darüber nachdenken, was Sie tun müssen oder wie Sie es anpacken sollen. Sie haben das bereits als Teil Ihres Wochenplans gemacht, und nun können Sie sich stattdessen auf die zu erledigende Arbeit konzentrieren und nach Abschluss einer Aufgabe einfach mit der nächsten beginnen.

Ihr Kalender oder Planungswerkzeug sollte auf jeden Fall eine Wochenübersicht enthalten, ob es sich nun um einen normalen Terminkalender aus Papier, um ein PC-Programm, einen tragbaren elektronischen Organizer oder sonst ein heutzutage zur Verfügung stehendes System handelt. Wenn alle Aufgaben Ihres Wochenplans in die wöchentliche Kalenderübersicht hineinpassen, umso besser – die Wahrscheinlichkeit, dass wichtige Dinge übersehen werden, ist dann viel geringer. Abbildung 4.3 zeigt beispielhaft ein Formular für einen Wochenplan.

In vielen Fällen ist es sinnvoll, sich im elektronischen Terminkalender die Planung für einen längeren Zeitraum als eine Woche anzeigen zu lassen. Bei Microsoft Outlook oder Lotus Notes ist das mit nur einem Klick möglich – was Ihnen dabei hilft, die optimalen Entscheidungen für Ihre Planung und auch deren Umsetzung schnell und effektiv zu treffen.

Entscheidungen hinsichtlich der Wochenplanung werden oft durch neue, für die Woche oder sogar den Tag anfallende Aufgaben

Abbildung 4.3: Beispielformular für einen Wochenplan

Name:	
Woche von:	
Montag	**Wochenplan** (aus Arbeitsakten, Ablage für Laufendes, Terminkalender, Wiedervorlagemappe zu entnehmen)
	1.
	2.
Dienstag	3.
	4.
	5.
	6.
Mittwoch	7.
	8.
	9.
	10.
	11.
Donnerstag	12.
	13.
	14.
	15.
Freitag	Nicht geplante Aktivitäten, die während der Woche hinzukommen
	1.
	2.
Samstag/Sonntag	3.
	4.
	5.
	6.
	7.

beeinflusst.
Deshalb sollten
Sie sich diese
Ansichten häu-
figer anzeigen
lassen, um so-
fort die opti-
male Entschei-
dung treffen zu
können. Ganz
gleich, ob Sie
gerade Ihren
heutigen Ar-
beitstag, die
laufende Wo-

Abbildung 4.4: Beispielformular für einen Monatsplan

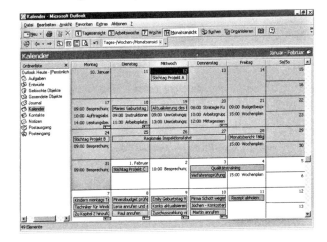

che oder den ganzen Monat planen, nutzen Sie diese Funktion Ihres elektronischen Kalenders in vollem Umfang – denn nur so ist
Ihre Planung wirklich effizient. Abbildung 4.4 zeigt ein Beispielformular für einen Monatsplan.

Worum geht es also bei dieser ganzen Planung? Es ist der Moment, wo Sie einen Überblick über Ihre Arbeit bekommen; wo Sie
sich organisieren, sich auf die neue Woche vorbereiten und die
Dinge im Griff behalten; wo Sie Ihre Ziele, Absichten und Träume
in Handlungsschritte umsetzen.

In seinem Buch *Lebe begeistert und gewinne – das Erfolgsbuch für
Verkäufer* bezeichnet Frank Bettger, einer der erfolgreichsten Verkäufer Amerikas, seine Wochenplanung als »Tag der Selbst-Orga-
nisation« und schreibt:

»Es ist erstaunlich, wie viel man erreicht, wenn man seine Arbeit
organisiert und plant. Es ist aber auch erstaunlich, wie wenig her-
ausschaut, wenn man es nicht tut. Es ist besser, nach einem genauen
Plan viereinhalb Tage in der Woche angestrengt zu arbeiten und so
auf einen grünen Zweig zu kommen, als die ganze Woche zu arbeiten und nichts zu erreichen.«

Den Terminkalender anpassen – eine Methode der Monatsplanung für Manager

Ein britischer Kollege des Institute for Business Technology, der seit Jahren erfolgreich für Topmanager zahlreicher Großunternehmen Englands tätig ist, hat eine sehr effiziente Methode der Monatsplanung entwickelt, die er als »den Terminkalender anpassen« bezeichnet. Er fordert seine Geschäftskunden auf, als Teil der Gesamtplanung ihre Terminkalender einmal monatlich, etwa in der Monatsmitte, für den Folgemonat anzupassen. Für Führungskräfte ist die Monatsplanung wesentlich sinnvoller, da sie ihre Besprechungen meist weit im Voraus planen und weniger mit den täglich anfallenden Geschäften und unerwarteten Ereignissen zu tun haben. Und so lautet seine Anweisung:

1. Nehmen Sie ein leeres Blatt Papier zur Hand, und erstellen Sie folgende Tabelle:

Tätigkeiten	Jetzt	Später

2. Tragen Sie nun höchstens acht relativ unspezifische Tätigkeiten ein, die Ihre Arbeitszeit zu 100 Prozent abdecken. Ihre Tabelle könnte zum Beispiel so aussehen:

- Besprechung mit dem Managementteam
- Erstellen von Berichten
- Personalsachen
- Budgets
- Firmenführungen, Besuche der Zweigstellen, Kundenbesuche
- Durchsicht des Eingangskorbs
- Projektarbeit
- Sonstiges

3. Nun überlegen Sie, wie viel Zeit Sie den von Ihnen eingetrage-
nen Tätigkeiten momentan widmen. Tragen Sie die Zeit als
Prozentsatz Ihrer Gesamtarbeitszeit in die Tabellenspalte »Jetzt«
ein. Es ist nicht weiter tragisch, wenn Sie beim ersten Durch-
gang nicht genau auf die Summe von 100 Prozent kommen,
schätzen Sie die Zeiten einfach nach Gefühl ab. Wenn Sie den
gefühlsmäßigen Prozentsatz an Arbeitszeit für jede Tätigkeit
eingetragen haben, korrigieren Sie die Angaben nachträglich,
bis sich die Summe von 100 Prozent ergibt.

4. Fragen Sie sich, ob es einen bestimmten Tätigkeitsbereich gibt,
den Sie Ihrer Meinung nach vernachlässigen und der nicht in
Ihrer Tabelle enthalten ist (zum Beispiel: Zeit zum Nachdenken,
Überarbeiten oder Planen). Fügen Sie diese Punkte in Ihrer Tabelle ein.

5. Überlegen Sie sich, mit welchen Tätigkeiten Sie in Zukunft Ihre
Arbeitszeit am liebsten verbringen würden. Folgendes Beispiel
könnte Ihnen dabei helfen:

– Gab es etwas, was Sie unter Schritt 4 ergänzt haben? Wie viel
Prozent Ihrer Arbeitszeit würden Sie gern darauf verwenden?
Tragen Sie diesen Wert in der Tabellenspalte »Später« ein.

– Genauso verfahren Sie nun mit den anderen Tätigkeitsberei-
chen und Prozentangaben.

– Bleiben Sie dabei auf dem Boden der Tatsachen! Verbringen
Sie derzeit beispielsweise 25 Prozent Ihrer Arbeitszeit in Besprechungen, wäre es völlig unrealistisch, dafür unter der
Spalte »Später« null Prozent als Ziel einzutragen. Besprechungen mit dem Managementteam gehören nun einmal zu
Ihren Aufgaben, und daran wird sich auch in Zukunft nichts
ändern.

6. Reservieren Sie sich nun für den nächsten Monat (oder den
übernächsten, wenn Sie schon völlig verplant sind) spezielle

Zeitfenster, um sich ausschließlich den Tätigkeiten zu widmen, für die in der Spalte »Später« ein höherer Prozentsatz eingetragen ist als in der Spalte »Jetzt«. Dadurch steigt die Wahrscheinlichkeit, dass Sie auch wirklich die Zeit für diese Tätigkeiten haben werden, wodurch sie eine echte Veränderung bewirken können. Reservieren Sie jedoch nicht für alle Tätigkeiten festgelegte Zeiten. Sie müssen flexibel genug sein, um auch auf unvorhergesehene Ereignisse reagieren zu können.

Projektplanung

Im Folgenden wird eine weitere Form des Planens, nämlich die Projektplanung, genauer unter die Lupe genommen. Wir haben bereits darüber gesprochen, dass Ihre Arbeitsakten die grundlegenden Ziele und Projekte verkörpern sollen, an denen Sie arbeiten. In jeder Akte spiegeln sich vielleicht Hunderte von Arbeitsstunden über einen langen Zeitraum wider, und sie kann daher einen kaum noch zu überschauenden Umfang haben.

Ist Ihnen die Frage »Wie essen Sie einen Elefanten?« ein Begriff? Ein Kollege erwiderte darauf: »Mit sehr viel Ketchup!« Die eigentliche Antwort lautet jedoch: häppchenweise. Und das ist eines der Geheimnisse, um die Produktivität zu erhöhen. Wenn Sie sich die Zeit nehmen, größere, komplexere Aktivitäten in handhabbare Einzelaufgaben zu zerlegen – wie beim strategischen und taktischen Planen –, werden Sie Ihre persönliche Produktivität steigern, ob es sich nun um lang- oder kurzfristige oder um multidimensionale Ziele handelt. Es kann nicht genug betont werden, wie wichtig dieses Konzept für die Produktivität und die Erreichung der Arbeits- und Lebensziele ist.

Die meisten Menschen wissen im Allgemeinen, was sie zu tun haben. Trotzdem verbringen wir einen Großteil unserer Zeit damit, darüber nachzudenken, was wir tun müssen und wie wir es tun sollten. Wir werden von den Arbeitsdetails voll in Anspruch genommen und erledigen dennoch im Endeffekt wenig.

Eine Projektplanung liefert demgegenüber die Storyboards für Ihre Lebens- und Arbeitsziele. Wir sind alle mit Projektplanung im weiten Sinne vertraut. Dazu gehört beispielsweise die Aufstellung des Jahresbudgets für das Unternehmen oder die Abteilung und der Ziele, um es zu erfüllen. Auch die Vorproduktionsphase eines Films kann als Projektplan begriffen werden. Eigentlich setzen sich Vorproduktionsphase wie Budgetfestsetzung aus vielen einzelnen Projektplänen zusammen. All die beruflichen und persönlichen Kurz- und Langzeitziele, an denen wir täglich arbeiten, und alle unsere Handlungen, um sie zu erreichen, können Projektpläne genannt werden. Ein anderer Kollege aus Großbritannien definiert »Projekt« so:

»Eine Reihe miteinander verbundener Handlungen, die, nachdem sie alle vollzogen sind, zu einem spezifischen, erwarteten Ziel oder Ergebnis führen.«

Für jedes unserer mittel- und langfristigen Ziele sollten wir einen eigenen Projektplan besitzen. Das Storyboard (der Projektplan) besteht aus klaren Vorstellungen über alle erforderlichen Handlungen, durch die Sie schrittweise zum Ziel kommen. Die Entwicklung eines Projektplans regt Sie an zu ermitteln, wie Sie etwas am besten bewerkstelligen, in welcher Reihenfolge, mit welchen Ressourcen, in welcher Zeit, mit wem, und welche anderen Projekte oder Aktivitäten gemeinsam damit durchgeführt werden müssen.

Wenn Ihre Arbeitsakten vollständig sind, werden sie Ihre gesamten Arbeitsziele widerspiegeln. Jede Ihrer Arbeitsakten sollte entsprechend einen eigenen Projektplan enthalten. Darin sollten sowohl die Abgabetermine für bestimmte Aufgaben als auch die Personen vermerkt sein, die für die Arbeit verantwortlich sind. Der Projektplan treibt Sie an, das zu tun, wodurch Sie Ihre Ziele erreichen, weil Sie sich diese klar vergegenwärtigt und die für ihre Umsetzung erforderlichen Arbeiten analysiert haben. Wenn die Aufgaben im Einzelnen definiert sind, können sie alle in kurzer Zeit getan

Abbildung 4.5: Beispiel für einen Projektplan

Projektplanung

Projekttitel: Handbuch zum Büromanagement

Ziele: Entwicklung von Arbeitsverfahren im Büro, die vom Management und der Belegschaft im nächsten Jahr mitgetragen werden.

	Handlungen	Geschätzter Zeitaufwand in Stunden	Beteiligte Personen	Geplanter Stichtag	Fertig-stellung am
1.	Aufstellung der gegenwärtigen Verfahren		Mitarbeiter	15.01.	
2.	Bildung von Arbeitsgruppen zur Überprüfung der gegenwärtigen Verfahren und der notwendigen Veränderungen	4	Selbst	20.01.	
3.	Die Arbeitsgruppen beurteilen die Verfahren und geben Empfehlungen ab *	*	Arbeitsgruppe	05.02.	
4.	Abstimmung der Empfehlungen	3	Selbst	15.02.	
5.	Beurteilung durch den Rechtsbeistand		Anwalt	20.02	
6.	Umlauf des Entwurfs zur Begutachtung durch die Manager		Manager auf der Umlaufliste	01.03.	
7.	Schlussredaktion		Selbst	05.03.	
8.	Überwachung der Umsetzung *	*	Mitarbeiter	15.03.	
9.	Schreiben eines Projketplans für eine interne PR-Kampagne, die zur Annahme des neuen Konzepts ermuntert	1	Selbst	20.03.	
10.	Verteilung des Handbuchs	2	Mitarbeiter	20.04.	

Fälligkeitstermin: 01.05

Für die mit einem * gekennzeichneten Aufgaben sollte jeweils ein eigener Projektplan erstellt werden, um sie aufzugliedern werden, und durch die Erledigung jeder Aufgabe werden Sie kontinuierlich Fortschritte auf das größere Ziel hin machen.

Gehen Sie im Zusammenhang mit der Aufstellung Ihres Wochenplans die Projektpläne in jeder Arbeitsakte durch, und wählen Sie die Aufgaben für die nächste Woche aus. Sie müssen sich nicht andauernd aufs Neue überlegen, was für das Projekt getan werden muss, weil Sie diesen Teil Ihrer Planung bereits gemacht haben. Ihre Wochenplanung geht schnell und effizient vonstatten und erfüllt ihren beabsichtigten Zweck. Wir wollen ein Beispiel betrachten. Es gibt nichts Wertvolleres, als sich regelmäßig und stetig darum zu bemühen, sich selbst zu verbessern. In vielen Unternehmen spiegelt sich diese Idee in einer jährlichen oder halbjährlichen Leistungsbeurteilung wider. Von daher ist es sinnvoll, dass Sie eine entsprechende Arbeitsakte führen. Diese Akte enthält Ihre letzte Beurteilung einschließlich der Aussage Ihres Vorgesetzten, dass Sie im kommenden Jahr dieses und jenes tun müssen, um Ihre Leistung zu steigern. Sie sind die Beurteilung mit Ihrem Vorgesetzten durchgegangen und haben seinen Vorschlägen zugestimmt.

Ihre Akte mit dem Titel »Leistungsbeurteilung« sollte jedoch mehr beinhalten als nur die Aussage, dass bestimmte Dinge einer Verbesserung bedürfen. Sie sollte eine Liste von Aufgaben enthalten, die Sie tun werden, um die erwünschten und geplanten Verbesserungen zu erreichen. Dazu gehören Bücher, die Sie lesen, Seminare, die Sie besuchen werden, oder andere konkrete Vorhaben. Sie könnten zum Beispiel auch eine Checkliste vorbereiten, die Sie täglich oder wöchentlich heranziehen, um der Tendenz entgegenzuwirken, zu unregelmäßig Protokoll zu führen. Und Sie werden sich diese Aufgabenliste einmal pro Woche vornehmen und sie ganz bewusst durchlesen.

Während Sie das tun, fragen Sie sich, was Sie diese Woche oder heute oder heute Nachmittag gemacht haben, um einen bestimmten Schwachpunkt auszumerzen. Fragen Sie sich, welche Aufgabe der Liste Sie abhaken könnten. Nehmen Sie sich die nächste Woche in Ihrem Kalender vor, und listen Sie anhand des bereits aufgestellten Projektplans die spezifischen Wochenaufgaben auf, die Sie in dieser konkreten Angelegenheit ein Stück weiterbringen werden. Ein Beispiel für einen Projektplan ist in Abbildung 4.5 wiedergegeben.

Kriterien für die Projektplanung

Einige Kriterien, anhand derer Sie entscheiden können, ob die von Ihnen zu erledigende Arbeit einer Projektplanung bedarf, sind:

- Die Arbeit ist komplex.
- Sie erscheint schwierig.
- Es sind mehrere Mitarbeiter beteiligt.
- Sie ist neu.
- Es gibt wichtige Stichtage.
- Sie bedeutet größere Veränderungen.

Entwurf zur Projektplanumsetzung

Bevor Sie die konkreten Schritte zur Umsetzung eines Projektplans ausarbeiten können, ist es manchmal erforderlich, sich genauere Gedanken darüber zu machen, wie er eigentlich aussehen soll. Mithilfe eines Entwurfs (siehe Abbildung 4.6) können Sie die relevanten Elemente im Projektplan erkennen, frei fließend zweckdienliche Ideen entwickeln und Gedankengänge ankurbeln, die anderenfalls vielleicht nicht ans Tageslicht kämen. Die entscheidenden Elemente des Projektplanentwurfs sind:

- Tragen Sie gedanklich alle Aspekte der Aufgabe zusammen.
- Bestimmen Sie, welche entscheidend für den Erfolg sind.
- Ordnen Sie Ihre Ideen nach Kategorien.
- Vereinigen Sie diese in einem Umsetzungsplan.

Abbildung 4.6: Entwurf für einen Projektplan

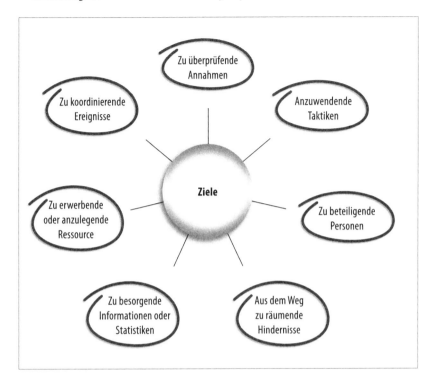

Die Planung mit Microsoft Outlook und Lotus Notes

Sowohl Outlook als auch Notes bieten die Möglichkeit der Projektplanung in ihren Programmen.

In Outlook können Sie ganz einfach eine Aufgabenliste erstellen, die mit der Kalenderfunktion gekoppelt ist. Sie können eine neue Kategorie einrichten, der Sie den Namen Ihres Projekts geben. Anschließend stellen Sie Ihre Aufgaben zusammen, wobei die jeweiligen Fristen in Ihren Terminkalender eingetragen werden. Somit verfügen Sie über ein hervorragendes Mittel, Ihr Projekt Phase für Phase zu verfolgen.

Sie können Ihre Aufgaben entweder über die Anzeige des Kalenders ansehen oder alle offenen Tätigkeiten auf einen Blick betrachten, wenn Sie sich die entsprechende Kategorie anzeigen lassen.

Der Vorteil dieser Methode liegt auf der Hand: Die Kalenderfunktion und die Möglichkeit, die Aufgaben mit E-Mails oder Dateien zu verlinken, macht es für Sie viel einfacher, Ihre Aufgaben dann zu erledigen, wenn die Zeit dafür gekommen ist.

EDV-gestützte Planung

Man kann zur Planung am Computer oder auch auf dem Tablet-PC Programme aus dem Office-Paket in Verknüpfung mit zum Beispiel Lotus Notes oder MS Outlook verwenden, mit denen es einfach ist, einen Projektplan zu erstellen. Alle benötigten Formulare lassen sich mithilfe eines Makros schnell in dem gewünschten Format erzeugen, und man kann seine Aufgaben und die dafür notwendigen Informationen mit dem Drücken weniger Tasten nach vielen unterschiedlichen Gesichtspunkten einfach auf den Bildschirm holen.

So ist es jederzeit möglich, eine neue Aufgabe samt Stichtag und der dafür verantwortlichen Person in einen Projektplan aufzunehmen – und diese Informationen werden automatisch im Kalender angezeigt. Man muss somit die Informationen nur einmal notieren, kann sie jedoch auf mehrere Arten abrufen – anhand des Stichtags, der Projektplankennung, des Namens der verantwortlichen Person oder was im Augenblick am besten geeignet ist.

Man ist in der Lage, seine Wochenpläne schnell zu erstellen, und kann mittels eines Computerbefehls die Aufgaben innerhalb des Projektplans, die man in der nächsten Woche erledigen möchte, markieren.

Manche Menschen stellen sich immer noch auf die Hinterbeine, bereit, sich der Idee zu widersetzen, den Computer (oder andere elektronischen Hilfsmittel) für die Planung und Abwicklung ihrer eigenen Arbeit und der ihrer Gruppe zu nutzen. Mittlerweile muss man aber sagen, dass wir kaum eine andere Wahl haben: Entweder wir setzen den Computer optimal ein, oder wir sind nicht mehr wettbewerbsfähig. Man muss lernen, den Computer genauso als Hilfsmittel anzunehmen wie einen Bleistift oder einen Kugelschreiber, und begreifen, dass man mit dem Computer Dinge viel besser kontrollieren, überwachen und herstellen kann als ohne. Zweifellos können Sie bestätigen, dass die Technologie unser Privat- und Berufsleben tiefgreifend beeinflusst und weiterhin beeinflussen wird. Sie können jedoch nicht erwarten, die Möglichkeiten zu erkennen, die Ihnen die Technologie persönlich und beruflich bringen könnte, wenn Sie sie nicht einsetzen. Sie werden merken, dass Sie mit der entsprechenden Technologie nicht nur mehr und besser planen, sondern auch zusätzliche geschäftliche Einsatzbereiche ausmachen können.

Aber wozu der ganze Aufwand? Weil wir alle erfolgreich sein wollen. In seinem Buch *Denke nach und werde reich* analysiert Napoleon Hill berühmte Persönlichkeiten wie Andrew Carnegie, Henry Ford und andere. All diese erfolgreichen Menschen hatten eines gemeinsam: Sie waren akribische Planer. Sie wussten genau, was sie erreichen wollten, nahmen sich die Zeit, genau auszuarbeiten, wie sie an das gesetzte Ziel kommen, und arbeiteten anschließend zielstrebig darauf hin, bis sie es erreicht hatten. Diesem Beispiel sollten wir alle folgen.

Die Kalenderfunktion in Microsoft Outlook und Lotus Notes

Die Kalenderfunktionen dieser beiden (und natürlich auch anderer) Programme sind sehr vielseitig: So lassen sich Routineaufgaben und ständig wiederkehrende Tätigkeiten planen, und man verliert nicht so schnell den Überblick, weil sich alle eingegebenen Termine nach unterschiedlichen Prioritäten geordnet anzeigen lassen. Je nach Einstellung wird man aber auch durch ein akustisches Signal an seine Termine erinnert.

Es ist möglich, sowohl Aufgaben als auch Anhänge mit der Kalenderfunktion zu verlinken. Außerdem können Sie sich auch die Kalenderfunktion Ihrer Kollegen anzeigen lassen, was mit einem herkömmlichen Kalender aus Papier nicht ohne weiteres möglich wäre. Diese Funktion ist besonders hilfreich, wenn Sie eine Besprechung planen.

Wie Sie Outlook oder Notes als Terminkalender, für die Aufgabenverwaltung und als Planungshilfe nutzen können, erfahren Sie in dem Kapitel *Halten Sie alles sofort in Schuss.*

Strategieplanung

Mit dem Tages-, Wochen- und Projektplan haben wir die taktischen Schritte festgestellt, die notwendig sind, um Aufgaben zu erledigen. Allerdings bleibt die Frage, ob die Dinge, die Sie machen, auch wirklich die sind, die Sie tun sollten. Arbeiten Sie an den richtigen Projekten? Denken Sie langfristig? Liegt den Projekten eine richtige Beurteilung Ihrer Ziele zugrunde? Realisieren Sie Ihre Ziele mit diesen Projekten am effektivsten und effizientesten? Besitzen Sie die Ressourcen, um diese großen Pläne zu verwirklichen, oder könnten die Ressourcen sinnvoller eingesetzt werden?

Die Strategie hängt ganz von den Zielen und letztendlich von dem ab, was für Sie oder Ihre Arbeit wichtig ist. Ohne eine klare Langzeitvision kommen Sie mit dem, was Sie in einem Tag, einer Woche, einem Jahr oder Ihrem Leben erledigen können, möglicherweise nicht viel weiter.

Sie müssen an der richtigen Sache arbeiten. Ich habe im Laufe der Jahre mit Hunderten von Unternehmen zu tun gehabt, und obgleich einige von ihnen durchaus Firmenstrategien entwickelt hatten, wusste die Belegschaft nur in den seltensten Fällen über die Pläne Bescheid. Die Strategien, die verfolgt werden sollen, zu definieren und sie der Belegschaft bekanntzugeben ermöglicht allen

Mitarbeitern, ihre eigenen individuellen Handlungen besser mit den wichtigen Gruppenzielen abzustimmen.

Wie entwickeln Sie eine Strategie? Das wäre für sich schon das Thema eines eigenen Buches. Als Erstes müssen Sie die Ziele aufstellen, die Sie erreichen wollen. Diese Ziele richten sich natürlich nach Ihrer Vision und den Bedürfnissen Ihrer Kunden. (Mehr davon in den Abschnitten *Zielsetzung* und *Werte*.) Wo stehen Sie im Moment im Hinblick auf diese Ziele? Welcher Weg führt zu ihnen? Mit welchen Ressourcen müssen Sie arbeiten (Finanzen, Menschen, Zeit, Wissen, Erfahrung, Kontaktpersonen, die die Probleme für sich bereits gelöst haben, denen Sie bei der Verwirklichung Ihrer Ziele gegenüberstehen, und so weiter)? Wie verwenden Sie die vorhandenen Ressourcen am besten, um Ihre Ziele zu verwirklichen? Entscheiden Sie sich für eine Richtung. Ziehen Sie die Unwägbarkeiten in Betracht. Denken Sie alles so weit durch, wie Sie irgend können.

Bei einigen Unternehmen ist die Entwicklung der Strategie Teil der jährlichen Budgeterstellung. Das ist aber möglicherweise zu eng gedacht. Die Finanzen sind natürlich eine entscheidende Ressource (und Beschränkung). Finanzielle Ziele und die strategische Planung zu ihrer Verwirklichung sind aber nur ein Teil des Prozesses. Wenn Sie die Strategiediskussion so eng mit der des Budgets verknüpfen, erkennen Sie möglicherweise nicht den Wert und die Bedeutung der Strategieplanung für andere Aspekte des Geschäfts.

Strategieplanung, so wie ich sie verstehe, ist ein allgemeines, nicht an eine Position gebundenes Hilfsmittel. Für die Verwirklichung jedes größeren oder kleineren Ziels sollte eine eigene Strategie entwickelt werden. Die übergeordnete Handlungsstrategie sollte dazu genutzt werden, das Individuum bei der Entwicklung seiner eigenen Strategien zu leiten. Wenn man eine gute Strategie hat, ist es viel leichter, Prioritäten zu setzen und die Arbeitsinstrumente festzulegen – welche Arbeitsakten eingerichtet werden müssen und für welche Arbeiten ein Projekt erforderlich ist. Es stellt sich nun die Frage, wofür Strategien aufgestellt werden sollten.

Zielsetzung

Strategien werden entwickelt, um bestimmte Ziele zu erreichen. Doch wer sich kein Ziel setzt, kann sich natürlich auch keine sinnvolle Strategie dafür überlegen. Ziele könnten definiert werden als allgemeine Vorstellungen oder Vorhaben, zu deren Verwirklichung bestimmte Bemühungen und Handlungen erfolgen müssen.

Es gibt die unterschiedlichsten Zielsetzungen, manche bedeutend, manche weniger bedeutend. Vielleicht träumen Sie ja davon, in Ihrem Tennisclub die Nummer eins zu werden, doch dieses Ziel ist nicht ganz so bedeutend wie beispielsweise den Kampf gegen den Krebs zu gewinnen und Medizingeschichte zu schreiben. In den folgenden Abschnitten wollen wir uns mit unseren Lebenszielen – langfristige Ziele, die unserem Leben Sinn geben – befassen.

> Für die meisten von uns ist es riskanter, zu niedrig gesetzte Ziele tatsächlich zu erreichen, als ein Ziel zu hoch zu setzen und es deshalb nicht zu erreichen.
>
> *Michelangelo*

Zielsetzungen sind sehr wichtig, denn sie ziehen unsere Aufmerksamkeit auf sich und lassen uns konzentrierter handeln. Aufmerksames und konzentriertes Arbeiten erhöht wiederum Leistungsfähigkeit und Produktivität, was zur Folge hat, dass wir viel mehr der wichtigen Angelegenheiten erledigen können.

Ziele müssen gut definiert sein und sollten am besten schriftlich ausgearbeitet werden. Das Schreiben zwingt Sie dazu, Ihre Gedanken zu klären.

Die Zielsetzung ist ein wichtiger Bestandteil des PEP-Planungsprozesses. Als Verkäufer verfolgen Sie vermutlich finanzielle Ziele und möchten einen bestimmten Umsatz erreichen. Natürlich können Sie auch noch weitere Ziele haben: zum Vertriebsleiter aufzusteigen, zu den Topverkäufern Ihres Unternehmens zu zählen und so weiter. Sie müssen jedes Ihrer Ziele festlegen, entsprechende

Strategien ausarbeiten, einen Projektplan erstellen und täglich oder wöchentlich überprüfen, ob Sie noch auf dem richtigen Weg zu Ihrem Ziel sind.

Vermutlich nehmen Sie in Ihrem Unternehmen die unterschiedlichsten Rollen ein – vom Marketingleiter, Vorsitzenden des Kreditausschusses, Aufsichtsratmitglied bis zum Teamleiter. Mit jeder Rolle, die Sie spielen müssen, sind jeweils eigene Ziele verbunden. Angesichts der Vielzahl der Ziele, die so gesehen ins Spiel kommen, ist es nicht verwunderlich, dass Menschen Schwierigkeiten haben mögen, sie zu erreichen, besonders wenn man nicht das zu ihrer Verwirklichung erforderliche System besitzt.

Am besten überlegen Sie sich gleich jetzt, welche Rollen Sie in Ihrer Firma übernommen haben, welche Ziele damit verbunden sind und ob diese Ziele zu Ihren eigenen passen.

Persönliche Ziele

Wir alle kennen jemanden, der über Jahre hinweg fantasiert, dass er am liebsten alles hinschmeißen und beispielsweise nach Tahiti gehen würde, im Endeffekt aber nie ernst macht. Es ist zu teuer; er hat nie die Zeit oder das Geld; oder sein Job frisst ihn ganz auf. Es ist traurig, dass so viele Menschen ihre Träume nie realisieren.

Die Person im obigen Beispiel hatte aber zumindest einen Traum, wenngleich sie nicht wusste, wie sie ihn verwirklichen sollte. Vielleicht war der Traum zu fantastisch – aus ihm wurde nie ein klar definiertes Langzeitziel mit identifizierbaren kurz- und mittelfristigen Zielen, die auf die konkrete Zeit abgestimmt werden konnten.

Zufriedenheit mit dem eigenen Leben hängt zu einem Großteil davon ab, ob man sich persönliche Ziele setzt und daran arbeitet, sie zu verwirklichen.

In meiner Arbeit mache ich immer wieder die Erfahrung, dass sich Menschen viel häufiger berufliche als private Ziele setzen. Das mag damit zusammenhängen, dass bei vielen der Vorgesetzte die

Ziele festlegt oder die Erfahrung gelehrt hat, dass ohne konkrete Vorstellungen über die erforderlichen Arbeitsschritte niemand die von ihm erwartete – und bezahlte – Arbeitsleistung liefern kann. Im Allgemeinen fehlt es jedoch im Privatleben an dieser Disziplin. Eigentlich schade, denn wir arbeiten doch um zu leben und nicht umgekehrt – oder?

Möchten Sie sich Klarheit über Ihre privaten Ziele verschaffen? Dann sollten Sie sich das Buch von Stephen Covey *Die sieben Wege zur Effektivität* besorgen und, wie darin beschrieben, Ihre persönlichen Rollen – zum Beispiel Mutter, Schwester, Ehefrau, Elternsprecherin, Marketingleiterin, beste Freundin und so weiter – definieren. Sehr wahrscheinlich besitzt jede dieser Rollen ihre eigenen Zielsetzungen, von denen manche sehr wichtig, andere eher unbedeutend, einige kurzfristig oder aber höhere Lebensziele sind. Sobald Sie sich mit diesem Thema auseinandersetzen, werden Sie merken, wie komplex das Leben ist. Es ist schon eine beachtliche Leistung, wenn Sie es schaffen, Ihre Ziele nicht aus den Augen zu verlieren. Über die unzähligen notwendigen Details, ohne die wir unsere Ziele niemals erreichen können, wollen wir lieber gar nicht erst sprechen.

Werte

Während die meisten geschäftlichen Unternehmungen auf Profit abzielen, ist für den langfristigen Erfolg mehr vonnöten. Sie könnten zum Beispiel den momentanen Gewinn dadurch steigern, dass Sie zukunftsträchtige Investitionen streichen oder durch Einschränkung des Kundendienstes Kosten senken, aber beides könnte den geschäftlichen Kollaps bedeuten.

Dem oberen Management obliegt die Verantwortung, zu definieren, was wirklich wichtig fürs Geschäft ist. Das ist keine PR-Übung, sondern ein ernsthaftes strategisches Vorgehen. Sie müssen sich deshalb die Fragen stellen: Warum besteht unser Geschäft?

Nach welchen Prinzipien lebt es? Welche unternehmerische Vision haben Sie? Was sind die Leitwerte des Unternehmens?

Oft werden Unternehmenszweck und Unternehmensprinzipien auf einem Blatt Papier festgehalten und die Mitarbeiter aufgefordert, Lang- und Kurzzeitziele zu entwickeln, die damit in Übereinstimmung stehen.

Als Manager könnten Sie Ihr Team zusammenrufen, um die wichtigsten Probleme zu skizzieren, denen Ihre Abteilung (Gruppe oder Unternehmen) gegenübersteht, um zu schildern, was Ihr Unternehmen in den nächsten paar Jahren erreichen soll und was es davon abhalten könnte. Sie könnten Ihre ganze Belegschaft in den Prozess einbeziehen. Das Endergebnis wäre Übereinstimmung bei den wichtigsten Themen, die angegangen werden müssten, um die geschäftlichen und beruflichen Ziele zu realisieren.

Persönliche Werte

Sie sollten sich unbedingt fragen: »Was bedeutet mir wirklich etwas? Nach welchen Prinzipien will ich leben?« Wenn Sie Ihre Prinzipien bestimmen – jene Ideale, die Sie mehr schätzen als alles andere –, werden Ihnen Ihr Lebenszweck und Ihre Lebensaufgabe viel klarer werden. Wenn Sie wissen, was wichtig für Sie ist, können Sie Ziele zu dessen Verwirklichung aufstellen. Diese Ziele werden sinnvoll sein, weil ihre Erreichung Ihnen das gibt, was Sie wirklich schätzen.

Hinter dieser Lebenseinstellung verbirgt sich viel Kraft und Stärke. Charles R. Hobbs spricht in seinem Buch *Time Power – Zeit gewinnen mit System* davon, eins mit sich selbst zu werden:

»Wenn Ihr Handeln kongruent ist mit Ihrer Überzeugung und wenn sich Ihre Überzeugung auf die höchsten Wahrheiten gründet, erreichen Sie die schönste Form persönlicher Produktivität, erleben Sie die befriedigendste Form der Selbstachtung.« (Seite 39)

Indem Sie Ihre wichtigsten Lebensprioritäten aufstellen, können Sie das erreichen, was Charles R. Hobbs als eine Konzentration von

Stärke beschreibt: »Die Fähigkeit, sich auf Ihre wichtigsten Prioritäten auszurichten und diese zu erreichen.« (Seite 39)

Die eigenen Werte zu bestimmen geht nicht im Handumdrehen. Sie lesen dieses Buch, weil für Sie Zeit ein wertvolles Gut ist. Sie möchten Ihre Zeit zweifellos stärker kontrollieren und besser nutzen können. Es wäre schade, am Lebensende angekommen zu sein und erkennen zu müssen, nicht das getan zu haben und das geworden zu sein, was man tun und werden wollte.

Bei der Arbeit mit unheilbar kranken Patienten wird oft deutlich, dass keiner von ihnen jemals bedauert, nicht mehr Zeit im Büro verbracht zu haben. Vielmehr tut es den Patienten leid, wie sie mit Beziehungen oder der Zeit, die sie mit geliebten Menschen zusammen waren, umgegangen sind.

Warten Sie nicht, bis es zu spät für die Erkenntnis ist, dass Sie den Großteil Ihres Lebens mit Dingen vergeudet haben, die nicht die wichtigsten für Sie waren. Es ist viel besser, seine Ziele, Überzeugungen und Leitprinzipien zu analysieren und sicherzustellen, dass die Arbeit in Einklang mit ihnen steht.

Die meisten von uns möchten ein glückliches Leben führen. Aber was macht uns glücklich? Glücklich zu sein ist ein Nebenprodukt eines sinn- und zweckvollen Lebens und Arbeitens. Ziele aufzustellen, die auf den eigenen Werten basieren, liefert diesen Lebenssinn und -zweck. Das Schöne daran, auf ein Ziel hinzuarbeiten, ist, dass es fast nichts ausmacht, ob man das Ziel erreicht oder nicht – die Tatsache, dass man auf etwas hinarbeitet, was man wertschätzt, reicht aus, um einen glücklich zu machen. Selbst die prosaischsten Handlungen werden tolerierbar und sogar vergnüglich, weil man weiß, dass man dadurch seinen Zielen näher kommt.

Wenn Sie die Dinge tun wollen, die für Sie im Leben am wichtigsten sind, müssen Sie sich Ihre Zeit gut einteilen:

- Entscheiden Sie, was Sie mehr schätzen als alles andere.
- Entscheiden Sie, nach welchen Prinzipien Sie leben wollen.
- Erkennen Sie Ihre Lebensaufgabe.

Geistige Vergegenwärtigung

Sie kennen vielleicht das Konzept, sich gewünschte Ergebnisse vor der tatsächlichen Umsetzung bildlich vorzustellen. Sportler wenden diese Technik schon jahrelang an. Geistige Vergegenwärtigung von Dingen bedeutet, sich im Geiste schon über der Ziellinie zu sehen, sich den perfekten Sprung auszumalen. Alles verlangsamt sich, und die Geschehnisse werden Ihnen in allen Einzelheiten völlig bewusst. Sie sehen sich selbst, wie Sie im Moment des Schlusspfiffs noch ein Tor zum Gewinn Ihrer Mannschaft schießen. Der empirische Psychologe Charles Garfield untersuchte über viele Jahre Hunderte von Weltklasseathleten. In seinem Buch *Peak Performance: Mental Training Techniques of the World's Greatest Athletes* schreibt er:

»Alle Spitzensportler berichten, dass sie sowohl im Training als auch im Wettkampf mit einer Art mentalen Probelaufs arbeiten.«

Wie wichtig sind geistige Vergegenwärtigungen, die Visionen, für ein Unternehmen? Jim Clemmer schreibt dazu in seinem – leider nicht auf Deutsch erhältlichen – Buch *Firing on All Cylinders*:

»Ihre Unternehmensvision funktioniert ähnlich wie ein Magnet, der Menschen, Ereignisse und Umstände anzieht. Man könnte die geistige Vergegenwärtigung auch als sich selbst erfüllende Prophezeiung beschreiben. Sind Ihre Mitarbeiter absolut davon überzeugt, dass etwas Bestimmtes eintreten wird, werden Sie alles daran setzen, es geschehen zu lassen, selbst wenn sie sich dessen nicht bewusst sind.«

Wir haben davon gesprochen, dass Handeln einem klaren Bild folgt. Die in diesem Kapitel beschriebenen Planungen vermitteln Ihnen diese Klarheit. Zwischen »träumen, etwas in der Zukunft zu besitzen« und »sich vorstellen, es in der Zukunft zu haben« besteht ein Unterschied.

Die Vergegenwärtigung impliziert eine strukturiertere und disziplinertere Sichtweise dessen, was Sie zu erreichen versuchen. Indem Sie sich etwas bildlich vorstellen, betrachten Sie Ihr Ziel von vielen verschiedenen Gesichtspunkten aus. Wenn Sie Ihre Arbeit von allen hier beschriebenen Standpunkten aus beleuchten, bekommen Sie Klarheit und arbeiten an den Dingen, die für Sie am wichtigsten sind und Ihnen am meisten bringen. Sie schaffen mehr Gründe, das, was Ihnen vorschwebt, auch haben zu wollen, und steigern Ihr Verlangen danach, indem Sie träumen und sich (infolge einer guten Planung) ein Bild davon machen. Wollen und Wünschen bestimmen maßgeblich, ob Sie das Ziel erreichen, zu dem Sie aufgebrochen sind.

Japanische Unternehmen sind dafür bekannt, neue Produkte schnell auf den Markt zu bringen. Ihnen wird aber auch nachgesagt, dass sie lange brauchen, um sich zu entscheiden, was fälschlicherweise als eine japanische Eigenart der Konsensbildung bezeichnet worden ist. Nichtsdestoweniger einigen sie sich. Gleichzeitig stellen sie aber auch sicher, dass jeder Aspekt vor Beginn der Arbeit sorgfältig durchleuchtet und überdacht worden ist. Und wenn sie einmal angefangen haben, geht alles mit atemberaubender Geschwindigkeit vonstatten.

Sie müssen gründlich nachdenken, wenn Sie so effektiv wie möglich sein wollen. Die Planung veranlasst Sie, Ihre Arbeit von vielen Gesichtspunkten aus zu analysieren. Sie identifizieren dabei alle Punkte, die zu Ihrem Ziel – Ihrer Arbeit – gehören. Ihre Arbeit ist zudem auf unterschiedliche Weise kategorisiert und in Einzelaspekte gegliedert, was nicht der Fall wäre, wenn Sie die Planung vernachlässigen würden.

Sie müssen gut organisiert sein, um effizient planen zu können, wobei Sie nicht unbedingt viel Zeit mit der Planung verbringen müssen. Der Großteil Ihrer Zeit sollte der Erledigung Ihrer Aufgaben gewidmet sein. Aber die Planung ist die Zeit und Mühe wert, die Sie in sie investieren. Wenn Sie lernen, sehr effektiv zu planen, werden Sie bemerken, dass Sie täglich einige Zeit damit zubringen, sich Ihre Ziele zu vergegenwärtigen und sie dadurch zu verwirklichen.

Zusammenfassung

1. Stellen Sie einen täglichen und wöchentlichen Handlungsplan auf und halten Sie sich daran. Mit Übung sollte Ihre Arbeit für die kommende Woche freitags in zwei bis vier Stunden analysiert sein. Wahrscheinlich geht es am Computer noch schneller. Widmen Sie an jedem Arbeitstag abends etwa zehn Minuten Ihrem Plan für den nächsten Tag, und verfolgen Sie seine Durchführung über den Tag. Ihre Tagesplanung wird stark vereinfacht, wenn Sie »rückwärts arbeiten«, das heißt, ausgehend von einem Wochenplan eine Liste der täglich zu erledigenden Aufgaben erstellen, die Sie näher an ein größeres Ziel bringen.

2. Gehen Sie in Verbindung mit der Aufstellung Ihres Wochenplans Ihre sämtlichen Arbeitsquellen durch. Setzen Sie sich Schwerpunktthemen und planen Sie Ihre Woche. Kombinieren Sie verstreute Einzelnotizen in einer laufenden Liste, sodass Sie sich nicht in einem Wust unübersichtlicher Arbeitsquellen verlieren. Verwenden Sie diese Liste, die laufenden Aufgaben und die Arbeiten aus Ihrer Wiedervorlagemappe, um Ihren Wochenplan aufzustellen.

3. Vergessen Sie nicht, in Ihre Planung genügend Zeit für unerwartete oder unbekannte Arbeiten einzurechnen.

4. Denken Sie daran, die wichtigen Langzeitziele, die Sie erreichen wollen, zu definieren. Gliedern Sie diese Ziele in kleinere Arbeitsaufgaben auf. Überprüfen Sie deren Erledigung einmal die Woche, und stellen Sie mit ihrer Hilfe Ihren persönlichen Wochenplan zusammen. Diese Projekte sollten zu den unter 2. ausgewiesenen Arbeitsquellen zählen.

5. Definieren Sie, was für das Geschäft langfristig wichtig ist. Wo soll das Unternehmen (oder Ihr Bereich, Verantwortungsgebiet) in den kommenden Jahren stehen? Sie können Ihre Belegschaft in diesen Vorgang einbeziehen. Bestimmen Sie davon ausgehend spezifisch (und schriftlich), an welchen Zielen Sie während eines festgelegten Zeitraums arbeiten werden.

6. Legen Sie für jedes Ziel eine Arbeitsakte an.

7. Stellen Sie eine Strategie für die Erreichung jedes Ziels auf.

8. Formulieren Sie Projektpläne, die die zur Durchführung der Strategien notwendigen taktischen Schritte beinhalten.

9. Gehen Sie in sich und hören Sie auf Ihre innere Stimme. Betrachten Sie Ihre persönlichen Werte als das Wichtigste in Ihrem Leben. Stephen Covey rät zum Beispiel, dass Sie sich Ihre eigene Beerdigung vorstellen. Was würden Sie gern in Ihrem eigenen Nachruf hören? Worauf sind Sie besonders stolz, wenn Sie Ihr Leben Revue passieren lassen? Was haben Sie Ihrer Meinung nach alles erreicht?

10. Denken Sie daran, dass ein Lebensziel Ihrem Leben eine tiefere Bedeutung gibt. Wie lautet Ihr Lebensziel? Wenn Sie keine oder nur eine sehr unklare Vorstellung davon haben, sollten Sie sich damit auseinandersetzen. Manche sprechen in diesem Zusammenhang auch vom Sinn des Lebens oder von der Lebensaufgabe.

11. Formulieren Sie nun alle unmittelbaren Ziele, die den größten Beitrag zur Erreichung Ihres Lebensziels leisten.

12. Wenden Sie nun das PEP-Planungsprogramm auf diese Ziele an:

   – Strategie,

   – Projektplanung,

   – Wochen-/Monatsplanung,

   – Tagesplanung.

Viel Erfolg!

5

Der Klügere denkt nach.

Bernhard von Mutius

Der richtige Umgang mit E-Mails

Überblick: In diesem Kapitel lernen Sie,

◆ wie Sie E-Mails und Informationen in rauen Mengen gar nicht erst erhalten;

◆ wie Sie Standards für den Empfang und das Versenden unterschiedlicher Kommunikationsmedien festlegen;

◆ wie Sie Informationen effizienter verarbeiten.

Unsere eigenen Kunden haben uns wieder und wieder bestätigt, dass die meisten Mitarbeiter gestresst und überfordert sind von der Menge an Informationen, die sie tagein, tagaus bearbeiten müssen. Die Informationsflut stammt dabei aus den unterschiedlichsten Quellen. Am häufigsten wird mit dem E-Mail-Verkehr Missbrauch getrieben – und zwar nicht nur die berufliche Kommunikation betreffend. Ein Großteil der Informationsflut stammt aus neueren Quellen, wie den sozialen und beruflichen Netzwerken Xing, LinkedIn oder Facebook. Dazu kommen dann noch Textnachrichten, die über Handys und Instant-Messaging-Dienste (IMD) eingehen, eventuelle Google Alerts wollen angesehen werden und die neuesten Tweets.

Damit ist nicht gesagt, dass alle diese Informationen wertlos sind. Aber wenn Sie die neuen Kommunikationsmittel effektiv nutzen wollen, ist die Besinnung auf einige Grundregeln unverzichtbar, wenn Sie Ihre Effektivität nicht ganz der Vernetzung opfern wollen.

Stress durch Unterbrechungen

Reuters hat schon vor Jahren als eines der ersten Forschungsunternehmen untersucht, inwieweit die Informationsflut zum Stress der Arbeitnehmer beiträgt (im Rahmen dieser Studie wurden an die 1300 Manager aus Großbritannien, den Vereinigten Staaten, Hongkong und Singapur befragt). Zwei von drei Befragten verbanden Informationsflut mit Spannungen unter den Kollegen und verringerter Zufriedenheit am Arbeitsplatz; 42 Prozent der Befragten gaben an, dass dieser Stress krank mache, während 61 Prozent aussagten, dass sie ihre sozialen Aktivitäten aufgrund der Informationsflut einschränkten, und 60 Prozent berichteten, deshalb zu müde für Freizeitaktivitäten zu sein.

So gesehen dürfen wir wohl ohne Übertreibung festhalten, dass wir unter mentalem Dauerstress stehen. Die zahlreichen Informationsquellen stellen eine Art Ablenkung von der eigentlichen Arbeit dar, die viele Menschen schlichtweg nicht ignorieren oder bewältigen können.

Hinzu kommt noch, wie die Fachzeitschrift *The Journal of Experimental Psychology* herausfand, dass das menschliche Gehirn viermal so lange für das Erkennen und Verarbeiten einzelner Dinge benötigt, wenn man zwischen diesen Dingen hin- und herspringt. Carl Honore, Journalist und Autor von *In Praise of Slowness*, behauptet, dass Wissensarbeiter damit rechnen müssen, nur etwa drei Minuten lang ungestört arbeiten zu können, bevor sie bei ihrer Arbeit unterbrochen werden. Im Durchschnitt brauche man allerdings zwischen acht und elf Minuten, um sich wieder in das hineinzufinden, aus dem man so jäh herausgerissen wurde. Doch das, meint Professor Georges von N.E.T. Research, reicht nicht einmal: »Unser Hirn braucht etwa 20 Minuten Ungestörtheit, damit die vorderen Stirnlappen wieder in vollem Umfang genutzt werden können.«

Die Informatikerin Mary Czerwinski erforscht bei Microsoft, wie sich Computer auf das menschliche Verhalten auswirken. Sie konnte feststellen, dass Wissensarbeiter von einer Aufgabe zur nächsten schwirren »wie Bienen in einem Rosengarten«. Ihrer Studie zufolge befassen sich viele Arbeitnehmer nach einer Störung mit einer neuen Aufgabe anstatt mit ihrer ursprünglichen. Sie hat herausgefunden, dass es bis zu 25 Minuten dauert, sich mit den Unterbrechungen zu befassen, um sich erst dann wieder der eigentlichen Aufgabe zu widmen.

Wissenschaftler des King's College der Londoner Universität haben festgestellt, dass der Intelligenzquotient ihrer Probanden durchschnittlich um 10 Punkte sank, wenn sie während des Tests unterbrochen oder einer Informationsflut ausgesetzt wurden. Andererseits berichteten einige Unternehmen, die freitags ein E-Mail-Verbot ausgesprochen hatten, von einer gesteigerten Produktivität und einem Rückgang eingehender E-Mails um 75 Prozent, auch an anderen Wochentagen.

Es besteht kein Zweifel daran, dass die meisten von uns unter der Informationsflut leiden: zu viele E-Mails, und andauernd will jemand etwas von uns. In der Folge werden die Anforderungen an uns immer schwieriger und komplexer.

Auch wenn E-Mails wohl die Haupttäter sein dürften, tragen auch Handys, BlackBerrys, PDAs, Instant Messaging und eine offene Büroarchitektur dazu bei, dass Ablenkungen im Büroalltag gang und gebe sind und es uns schwer fällt, uns auf das zu konzentrieren, wofür wir bezahlt werden.

Kontrollieren Sie, was Sie erhalten

Die traurige Wahrheit lautet: Es gibt keine einfache Lösung für dieses Problem. Oftmals sind wir auf die Gnade unserer Kolleginnen und Kollegen angewiesen. Selbst wenn Sie die Informationsflut konsequent eindämmen und selbst bestimmen möchten, wie viele E-Mails Sie erhalten, gibt es garantiert so manchen unter Ihren Kollegen, der sich Ihrer Initiative einfach nicht anschließen will.

Ganz gleich, wie gewissenhaft Sie Ihre Arbeitsmethoden und Prozesse auch strukturieren mögen, es liegt ein schwerer Kampf vor Ihnen. Unterbrechungen lassen sich nicht einfach abschaffen. Und es wird Tage geben, an denen Ihr Posteingang überquillt, oder es passiert ein Notfall. Kein Grund zur Panik! Bleiben Sie auf Kurs. Machen Sie sich klar, dass Sie hier das Sagen haben, dann wird es eines Tages auch der Fall sein.

Als erstes sollten Sie längst überfällige Rückrufe tätigen und vor Tagen eingegangene E-Mails beantworten. Außerdem brauchen Sie eine Organisationsstruktur, um Daten und E-Mails schnell finden und beantworten zu können. (Siehe Kapitel *Organisieren Sie sich sofort*, Seite 90, *Organisation von E-Mails*.) Sobald Sie Ihre Mails strukturiert und organisiert und längst Fälliges aufgearbeitet haben, sollten Sie ein paar der folgenden Tipps ausprobieren. Dann werden Sie dieses Biest schon zähmen können.

Je mehr E-Mails Sie versenden, umso mehr erhalten Sie auch

Wenn Sie fleißig E-Mails verschicken, brauchen Sie sich nicht zu wundern, wenn Ihr Posteingang überquillt. Hier gibt es nur eine Lösung: Versenden Sie weniger E-Mails, dann wird auch der Rückfluss geringer. Seien Sie wählerischer, wem Sie eine E-Mail schicken und worum es darin geht, denn auf diese Weise haben Sie es größtenteils in der Hand, wie viele E-Mails Sie erhalten. Eine unserer europäischen IBT-Niederlassungen empfiehlt ihren Kunden, in ihren Betrieben nur drei E-Mails zuzulassen: die ursprüngliche und maximal zwei Rückantworten. Schluss. Wenn eine Angelegenheit so komplex ist, dass erheblicher Klärungsbedarf besteht oder unzählige Informationen ausgetauscht werden müssen, damit eine Entscheidung gefällt werden kann, empfiehlt sich der Griff zum Telefon oder ein kurzes Treffen.

Agieren statt reagieren

Manchen Unternehmen ist es gelungen, ihren E-Mail-Verkehr drastisch zu verringern. Wie? Ganz einfach, sie haben ein internes Portal, also ein Intranet, erstellt, in dem Informationen, die normalerweise als E-Mail verschickt würden, für alle Mitarbeiter zugänglich sind. Nun liegt es an den Angestellten, sich die benötigten Informationen zu holen, anstatt auf jede E-Mail antworten zu müssen. Auf diese Weise hat sich die innerbetriebliche Kommunikation geändert, von der passiven Haltung hin zur aktiven.

Konkret bedeutet das, dass beispielsweise Sitzungsprotokolle und Aufgabenlisten, die im Intranet einzusehen sind, dazu beitragen, dass wesentlich weniger E-Mails zwischen Mitgliedern eines Projektteams verschickt werden.

Haben Sie einen Assistenten?

In der guten alten Zeit (und die ist noch nicht einmal so lange her) genossen viele von uns den Luxus eines persönlichen Assistenten oder einer Sekretärin. Normalerweise waren sie es, bei denen der gesamte Schriftverkehr eintrudelte, und es war ihre Aufgabe, Überflüssiges und Unnützes auszusortieren und den Rest in bestimmte Kategorien einzuteilen. Gehören Sie zu den Glücklichen, die noch heute jemand haben, der Ihnen dabei zur Hand geht, spricht nichts dagegen, das auch in Zukunft so zu belassen. Allerdings kann diese Hilfestellung noch weitergehen. Werden eingehende Telefonate grundsätzlich von Ihrem Assistenten oder Ihrer Sekretärin entgegengenommen, verschafft Ihnen das einen gewissen Freiraum.

Ich kenne Manager, die ihre Sekretärinnen darin geschult haben, wie sie mit der Kommunikation umgehen sollen. Einer nimmt sich täglich die Zeit, eingegangene Mails mit seiner Sekretärin zu besprechen. Sie notiert dabei, in welchen Angelegenheiten sie nachfassen oder wie die Antwort auf eine E-Mail lauten soll. Er kann ihr seine Anweisungen diktieren, die sie viel schneller umsetzt, als er es könnte. Außerdem weiß sie im Lauf der Zeit genau, welche Dinge ihren Chef nicht interessieren, sodass sie unnütze Informationen – ganz gleich in welcher Form – bereits im Vorfeld aussortieren kann.

Bedauerlicherweise steht nicht allen von uns ein persönlicher Assistent zur Verfügung. Dann müssen Sie eben selbst lernen, unwichtige Informationen herauszufiltern.

Der Umgang mit Spam

Keine Frage: Internetdienstleister und Anbieter von Online-Publikationen und Webseiten verkaufen Ihre persönlichen Angaben gerne an Marketingunternehmen und Adresshändler. Das erkennen Sie an den Spams, die regelmäßig in Ihrem Eingangsordner landen. Genau aus diesem Grund setzen viele Unternehmen Spamfilter ein. Selbstverständlich können Sie diese Software auch für Ihren Computer zuhause erwerben. Glücklicherweise ist Spam nicht mehr ein so brisantes Problem wie noch vor einigen Jahren – dennoch ist und bleibt unerwünschte Werbung per Mail reine Zeitverschwendung.

Wie können Sie nun verhindern, dass Ihr Posteingang vor lauter Spam überquillt? Tragen Sie sich keinesfalls in Mailinglisten ein, wenn Sie im Internet surfen. Sollten Sie das bereits getan haben, tragen Sie sich am besten gleich heute noch aus.

Ein Großteil des Spams, der es irgendwie durch Ihre Spamfilter geschafft hat, enthält Begriffe in der Betreffzeile, die ausgefiltert werden können. Bei den meisten E-Mail-Programmen wie Outlook oder Notes können Sie Regeln festlegen, sodass bestimmte E-Mails nicht mehr in Ihrem Posteingang landen, sondern gleich beispielsweise in dem Ordner »Gelöschte Objekte«. Das Einrichten von Regeln wie »Alle E-Mails, die in der Betreffzeile oder im Textbereich den Begriff ›Viagra‹ erhalten, sind sofort zu löschen« ist ein Kinderspiel.

Die neueste (widerliche) Entwicklung in Sachen Spam ist der sogenannte Kalenderspam. Der Betreffende erhält eine »Einladung zur Besprechung«, die direkt in seinem Terminkalender angezeigt wird. Diese Art von Spam kommt zwar als ganz normale E-Mail daher, landet aber nicht im Posteingang, sondern gleich im Kalender. Leider sind die technischen Möglichkeiten, auch dieser Sorte Spam Herr zu werden, (noch) begrenzt. Sollten Sie damit zu kämpfen haben, wenden Sie sich an Ihre IT-Abteilung. Die Informatiker wissen, wie sie Einladungen blockieren können, die nicht über die Domain Ihres Unternehmens verschickt werden.

Auch am Handy sind Sie nicht vor Spam gefeit. Von Tag zu Tag erhöht sich die Zahl der davon betroffenen Opfer. Doch auch hier kann uns die moderne Technik weiterhelfen – zumindest teilweise. Wenn Sie ein Problem damit haben, stehen Ihnen diese Möglichkeiten offen:

- Besuchen Sie die Webseite Ihres Mobilfunkanbieters und stellen Sie dort Ihre Präferenzen für den Empfang von E-Mails und Instant Messaging ein. Außerdem sollten Sie dort sämtliche Nachrichten blockieren können, die über das Internet verschickt werden.

- Tragen Sie sich auf Sperrlisten für Werbung ein. (In Deutschland ist dies die kostenlose Robinson-Sperrliste unter www.robinsonliste.de.)

- Hüten Sie sich vor (vermeintlich) kostenlosen Downloads. Laden Sie keinesfalls Dateien jeglicher Art von einer Ihnen unbekannten Quelle herunter.

- Ändern Sie Ihre E-Mail-Adresse. Wenn Sie eine eigene Homepage betreiben, haben Sie die Möglichkeit, aus Ihrer persönlichen E-Mail-Adresse eine unpersönliche zu machen: info@ [Ihre Domain]. Sämtliche Anfragen aus Ihrer Webseite landen dann automatisch bei diesem E-Mail-Konto, sodass Sie diese gezielt beantworten können.

- ◆ Ist Ihre E-Mail-Adresse im Netz sichtbar? Dann sollten Sie das @-Zeichen ausschreiben, beispielsweise mueller(at)firma.de – so vermeiden Sie, dass sogenannte Robots verschiedener Adressensucher Ihre Adresse automatisch finden. Am besten ist es natürlich, wenn Sie Ihre Adresse überhaupt nicht veröffentlichen.

»Cc« und »Allen antworten«

Die meisten E-Mail-Programme können weitaus mehr, als mithilfe entsprechender Regeln und Einstellungen Spam zu vermeiden. So können Sie zum Beispiel festlegen, dass sämtliche E-Mails, die Sie als E-Mail-Kopie (in Cc) erhalten, in Ihren »Cc«-Ordner eingehen und Sie sich dann mit dem Lesen solcher Mails mehr Zeit lassen können. Überlegen Sie auch: Ist es wirklich erforderlich, dass Sie diese E-Mails erhalten? Wäre es vertretbar, den Absender zu bitten, Sie aus seinem Verteiler zu nehmen?

> E-Mails haben unser Arbeitspensum verzehnfacht und zugleich unsere Konzentrationsfähigkeit auf ein Hundertstel der ursprünglichen zurückgefahren.
>
> *Art Kleiner*

Fragen Sie sich umgekehrt auch, wen Sie in Ihre Verteiler aufnehmen möchten. Gewöhnen Sie es sich an, die Option »Allen antworten« wirklich nur dann zu verwenden, wenn alle Empfänger Ihre Antwort sehen müssen. Überlegen Sie sorgfältig, wen es wirklich interessiert.

Ist es in Ihrem Unternehmen üblich, dass täglich Berichte über Projekte, Produkte, Veranstaltungen und dergleichen per E-Mail verschickt werden, die Sie aber nicht jeden Tag sofort nach Eingang lesen müssen, können Sie diese E-Mails in einem bestimmten Ordner sammeln und sich über die Kalenderfunktion darauf aufmerksam machen lassen, dass dort neue Mails eingegangen sind oder dass Sie alle zwei Tage mal in diesen Ordner sehen sollten. Solche Regeln schützen Sie also nicht nur vor unerwünschten Werbemails, sondern helfen Ihnen dabei, zu bestimmen, welche E-Mails im Posteingang landen und welche nicht. Somit haben Sie mehr Freiraum beim Bearbeiten von wirklich wichtigen E-Mails.

Informationen effizient verwalten und bearbeiten

Glückwunsch! Sie haben dafür gesorgt, dass Sie kaum noch unnötige und unerwünschte Informationen erhalten. Als nächstes erfahren Sie, wie Sie alles andere effizient und effektiv verwalten und bearbeiten.

Add-ins für E-Mail-Programme – Informationen organisieren

Es gibt eine Reihe von Add-Ins für E-Mail-Programme wie Outlook oder Notes, aber auch von Google und Yahoo, mit deren Hilfe sich die Funktionalität der Software weiter verbessern lässt. Bei Anwendungen wie Xobni beispielsweise steht das Finden von E-Mails im Vordergrund. Geht eine neue E-Mail ein, wird die gesamte frühere Kommunikation mit dem Absender einschließlich aller E-Mails samt Anhänge und Kontaktdaten angezeigt.

Das Add-In ClearContext (für Outlook) verbessert die Features des Programms, E-Mails, Aufgaben und Termine automatisch zu priorisieren, zu organisieren und zu verwalten. Ich selbst nutze diese Anwendung, die eingehende E-Mails automatisch analysiert und die wichtigsten neuen Nachrichten im Posteingang farbig hinterlegt, während unerwünschte E-Mails aussortiert werden. Diese Anwendung kann mich sogar aus unerwünschten Gesprächsrunden – oft eine Folge von Gruppen-E-Mails oder Verteilerlisten – austragen und verhindert somit, dass mein Posteingang überquillt. Mit einem einzigen Klick werden E-Mails in damit zusammenhängende Aufgaben oder Termine umgewandelt. Und diese Aufgaben und Termine sind wiederum miteinander verbunden, sodass der Kontext einer E-Mail-Kommunikation sofort ersichtlich ist. Mit ClearContext lassen sich eingehende Nachrichten auf einen späteren Zeitpunkt verschieben: eine Art Pause-Taste für E-Mails. Wenn Sie wollen, können Sie eingehende E-Mails gruppenweise sortieren und bearbeiten. Die Anwendung kategorisiert und speichert miteinander zusammenhängende E-Mails automatisch ab. Sämtliche Nachrichten, die sich auf ein Projekt beziehen – also erhaltene und gesendete E-Mails –, werden automatisch in den entsprechenden Ordner gelegt. ClearContext stellt alle E-Mails, Anhänge, Kontaktdaten, Aufgaben und Termine eines Projekts in einer Übersicht dar.

Standards festlegen

Neben Maßnahmen wie »Agieren statt reagieren« und E-Mail-Verboten am Freitag stehen Unternehmen noch andere Möglichkeiten offen, um der Datenflut Herr zu werden. Oberste Priorität ist das Festlegen von innerbetrieblichen Standards, die folgende Fragen ein für alle Mal klären sollten: In welchen Situationen werden E-Mails für die Kommunikation eingesetzt, und wann sollten die Mitarbeiter besser zum Telefonhörer greifen?

E-Mails sollten innerhalb 24 Stunden beantwortet werden. Wer sich in den nächsten fünf Minuten mit einem Kollegen besprechen will, sollte dies nicht in einer E-Mail ankündigen. Wenn allen Mitarbeitern klar ist, dass für die Reaktion auf eingehende E-Mails eine Frist von 24 Stunden gilt, dann wissen sie auch, dass sie in dringenden Fällen, also wenn etwas in den nächsten Minuten oder Stunden erledigt werden muss, besser einen Anruf tätigen oder schnell zu dem Kollegen hingehen. Am Telefon lassen sich viele Dinge einfacher und schneller klären. Versuchen Sie doch mal spaßeshalber, ein einminütiges Telefonat als E-Mail zu formulieren. Jede Wette, dass Sie dafür 15 bis 20 Minuten brauchen.

Je nach Unternehmenspolitik gilt für alle Postsendungen eine Bearbeitungsfrist von 48 Stunden.

Gelten in einem Unternehmen klare Anweisungen, wann welches Kommunikationsmedium einzusetzen ist, werden zwangsläufig weniger E-Mails verschickt, und den Mitarbeitern wird es eher gelingen, ihre Arbeit in der dafür festgelegten Zeit zu tun.

Wie bereits erläutert ist es sinnvoll, ebenfalls festzulegen, wann jemand in den Verteiler aufgenommen werden muss und wann die Funktion »Allen antworten« sinnvoll ist (äußerst selten!).

Noch mehr Standards

- Der Gegenstand der E-Mails muss unmissverständlich sein und in der Betreffzeile stehen.

- Jede E-Mail darf nur ein Thema zum Gegenstand haben.

- Bei E-Mails, die eine Handlung des Empfängers auslösen sollen, sollte das Kürzel zE (zur Erledigung) verwendet werden.

- Bei E-Mails, die lediglich gelesen werden sollen, sollte das Kürzel zI (zur Information) verwendet werden.

- Bei E-Mails, deren Inhalt zur Kenntnis genommen werden soll, sollte das Kürzel zK (zur Kenntnisnahme) verwendet werden.

Bearbeiten Sie E-Mails sofort!

Wer ständig mit den unterschiedlichsten Aufgaben, E-Mails, Anrufen und Textnachrichten – und nicht zu vergessen: den lieben Kollegen – konfrontiert wird, dem fällt die eigentliche Arbeit immer schwerer. Man würde zur Höchstform auflaufen, könnte man ähnliche Aufgaben immer zur selben Zeit an einem ruhigen, ungestörten Ort erledigen. Mag sein, dass das ein bisschen zu viel verlangt ist, aber trotzdem sollten Sie alles versuchen, um genau das zu erreichen.

Ebenso wie für die Beantwortung von Briefen, Faxen, Textnachrichten und Voicemails gilt auch für E-Mails das Prinzip »Tun Sie's sofort«. Viele Probleme, die Sie aufgrund der Datenflut, die über Sie hereinbricht, haben, lösen sich in Luft auf, wenn Sie sofort darauf reagieren. Stellt sich nur noch die Frage, wann Sie sich daran machen, zum Beispiel E-Mails sofort zu bearbeiten.

Mein erster Vorschlag lautet, zwei oder drei Mal am Tag nach E-Mails zu sehen und sie auch gleich zu beantworten. Das ist Ihnen zu wenig? Auch gut. Trotzdem sollten Sie zwei Grundregeln beherzigen: Legen Sie Uhrzeiten fest, an denen Sie Ihren Posteingang überprüfen und mithilfe der vier Methoden (die ich Ihnen gleich vorstellen werde) auf Ihre elektronische Post reagieren. Wenn »Ihre E-Mail-Stunde« geschlagen hat, rufen Sie alle E-Mails ab und verfassen auch gleich die Antworten, sodass Sie die E-Mails anschließend aus dem Posteingang verschieben können. Um sich daran zu gewöhnen, sollten Sie die Uhrzeit in Ihren Kalender eintragen und sich daran erinnern lassen. Im Laufe der Zeit werden Sie feststellen, ob die von Ihnen festgelegten Uhrzeiten und die Bearbeitungsdauer realistisch sind oder entsprechend angepasst werden müssen.

Selbst wenn in Ihrem Unternehmen gilt, dass E-Mails häufiger als zwei- oder dreimal täglich beantwortet werden sollen, sollten Sie sich nicht sofort auf jede neue E-Mail stürzen. Angenommen, Sie stecken mitten in der Ausarbeitung eines Formulars oder verfassen gerade ein Memo – dann lassen Sie sich nicht von eingehenden E-Mails unterbrechen, sondern beenden, was immer Sie gerade tun, und kümmern sich erst anschließend um sie.

Damit Sie lernen, die Datenflut zu beherrschen, empfiehlt es sich, sich nicht benachrichtigen zu lassen – weder akustisch noch optisch –, wenn Sie eine E-Mail erhalten. Es ergibt keinen Sinn, sich benachrichtigen zu lassen, wenn Sie sowieso vorhaben, die Benachrichtigung zu ignorieren. Stellen Sie diesen Alarm also ab. Jetzt!

Ebenso verfahren Sie mit Textnachrichten auf Ihrem Handy. Sie entscheiden, wann etwas erledigt wird. Eines sollten Sie sich aber merken: Wenn Sie beschlossen haben, eine bestimmte Aufgabe zu einer bestimmten Zeit zu erledigen, dann sollten Sie sich auch daran halten!

Halten Sie sich vor Augen, dass es nicht damit getan ist, eine E-Mail zu lesen – sobald Sie die Mail lesen, sollten Sie sie auch bearbeiten. Mit Bearbeitung meine ich nicht, dass Sie zu dem Schluss kommen: »Okay, darum kümmere ich mich später«. Wenn Sie eine E-Mail nicht abschließend bearbeiten können, stellen Sie sie soweit fertig, wie Sie können, und lassen sich daran erinnern, dass Sie noch nachfassen müssen. Wenn Sie feststellen, dass das Beantworten einer E-Mail lange dauern wird, planen Sie es in Ihrem Kalender ein und verschieben diese E-Mail aus dem Posteingang. Bei Outlook von Microsoft klicken Sie die E-Mail einfach an und ziehen Sie in die Kalenderfunktion. Dann weisen Sie dem Ereignis noch einen Tag und eine Uhrzeit zu – fertig!

Vier Möglichkeiten

Zur Bearbeitung von E-Mails haben Sie folgende vier Möglichkeiten:

- Beantworten Sie sie sofort!

- Delegieren Sie sie. Leiten Sie die betreffende Mail an den richtigen Kollegen weiter. Lassen Sie sich über die Kalenderfunktion daran erinnern, nachzuhaken, wenn Sie nach angemessener Zeit nichts von ihm gehört haben.

- Planen Sie die Bearbeitungszeit ein. Benötigen Sie für die Antwort auf eine E-Mail eine halbe Stunde und mehr, tragen Sie es in Ihre Aufgabenliste ein und lassen sich daran erinnern, dass Sie diese Aufgabe zu diesem Zeitpunkt erledigen.
- Löschen Sie die E-Mail (oder legen Sie sie ab). Wenn Sie die E-Mail nicht speichern müssen, sollten Sie sie gleich löschen oder in den entsprechenden Ordner ablegen.

Sobald Sie sich diese Methoden angewöhnt haben, werden Sie feststellen, dass Sie wesentlich besser steuern können, wie viel Zeit Sie für die Beantwortung von E-Mails aufwenden.

Nicht jeder arbeitet so gewissenhaft, dass er seinen Posteingang täglich leert. Andererseits gibt es jede Menge nützlicher Werkzeuge, mit denen sich Nachrichten innerhalb des Posteingangs verwalten, organisieren und aussortieren lassen.

Bei den meisten E-Mail-Programmen ist es möglich, die Anzeige Ihrer E-Mails nach Ihren Vorlieben zu ändern, Ihre E-Mails zu sortieren oder je nach Absender in einer anderen Farbe anzeigen zu lassen. So können Sie zum Beispiel allen eingehenden E-Mails Ihres Vorgesetzten eine bestimmte Kennung oder Farbe zuweisen, sodass jede E-Mail von ihm sofort ganz oben in Ihrem Posteingang angezeigt wird. Drängt die Zeit, können Sie eine der vier Methoden auf seine E-Mails anwenden oder wenigstens diesen Teil Ihres Posteingangs leeren und dann mit anderen wichtigen Dingen weitermachen.

Instant Messaging

In manchen Unternehmen ist Instant Messaging (sofortige Nachrichtenübermittlung) das Medium der Wahl, während sie in anderen nicht gerne gesehen werden. Meiner Meinung nach eignet sich Instant Messaging zum Beispiel dafür, jemanden darauf aufmerksam zu machen, dass er oder sie nun im Büro zu sprechen ist, oder auch für eine kurzfristige Terminvereinbarung. Vorausgesetzt, alle Teilnehmer sind online, können sie kurz mitteilen, ob ihnen der vorgeschlagene Termin passt.

Instant Messaging ersetzt keine Gesprächsrunden. Damit sollten lediglich schnell Informationen ausgetauscht werden, und das war es dann auch schon. Werden Sie über Instant Messaging in eine Diskussion verwickelt, brechen Sie sie bitte gleich ab und fragen Ihren Gesprächspartner, ob Sie ihn kurz besuchen oder anrufen dürfen.

Unerledigtes

Wie ich bereits erläutert habe, gibt es die Methode, sämtliche noch abzuarbeitende E-Mails im Posteingang zu belassen und sich über die Suchfunktion anzeigen zu lassen. Ich bin der Überzeugung, dass jeder einen Ordner namens »Unerledigtes« im Verzeichnis »Posteingang« anlegen sollte. Unerledigtes bedeutet in diesem Fall, dass Sie noch die Zustimmung eines anderen oder Informationen benötigen, bevor Sie den Vorgang abschließen können. Meiner Meinung nach ist es nicht sinnvoll, wenn Sie der überquellende Posteingangsordner andauernd darauf aufmerksam macht, was Sie alles nicht erledigen können. Deshalb sollten Sie solche E-Mails in den Ordner »Unerledigtes« verschieben. Versenden Sie eine E-Mail, bei der Sie noch nachfassen müssen, können Sie diese entweder entsprechend markieren oder aus dem Ordner »Gesendete Objekte« in den Ordner »Unerledigtes« verschieben. Gewöhnen Sie es sich dann noch an, einmal täglich in diesen Ordner zu sehen, wissen Sie auf einen Blick, was noch alles offen ist.

Erinnerungsfunktion

Jede Wette, dass Sie bei der Bearbeitung von E-Mails, Briefen oder sonstigen Daten ab und zu an einen Termin oder eine bestimmte Aufgabe erinnert werden müssen. Für diesen Fall habe ich ein paar nützliche Tipps für Sie. Nutzen Sie die Erinnerungsfunktion nicht für Termine oder Aufgaben, die nicht fest vereinbart wurden. Ich habe ja schon erwähnt, dass es nicht sinnvoll ist, sich an etwas erinnern zu lassen, wenn Sie dann doch keine Zeit dafür haben. Auf diese Weise verkehren Sie den Nutzen einer solchen Funktion ins Gegenteil. Mein Tipp lautet: Immer wenn Sie eine bestimmte Aufgabe zu einem festen Termin erledigt haben sollten, lassen Sie sich am Freitag vor diesem Termin daran erinnern. Dann können Sie diese Aufgabe fest für die kommende Woche einplanen und ihr die gewünschte Priorität zuweisen. Oder Sie nehmen sie in Ihren Wochenplan auf oder geben den Projektbeginn und alle zugehörigen Termine ein. So oder so taucht diese Aufgabe dann in Ihrer To-do-Liste für die kommende Woche auf, was bedeutet, dass Sie dieses Projekt einplanen können – was wiederum die Wahrscheinlichkeit erhöht, dass Sie es erfolgreich abschließen können.

Lesen Sie schneller!

Gut möglich, dass Sie diesen Tipp für eigenartig halten, aber probieren Sie es einfach mal aus und lesen Sie schneller! Es gibt dafür sogar Kurse. Auch die moderne Technik kann Sie dabei unterstützen. Das Programm RapidReader steigert Ihre Lesegeschwindigkeit, indem es die Buchstabengröße erhöht. Außerdem können Sie einstellen, wie schnell der Text durchläuft. Das Programm kann E-Mails ebenso anzeigen wie verschiedene Textdokumente (zum Beispiel Word-Dateien oder PDFs), und zwar sowohl auf dem Rechner als auch auf dem Smartphone oder E-Book.

RapidReader stellt den Text einer Datei als Film dar, bei dem jedes Wort einzeln mitten in Ihrem Sichtfeld angezeigt wird. Sie können sich zwischen 100 und 950 Wörter je Minute anzeigen lassen. Im Prinzip entsprechen Takt und Rhythmus der Anzeige dem gesprochenen Wort.

Goldene Regeln für den E-Mail-Verkehr

GlaxoSmithKline (ehemals SmithKline Beecham), einer unserer Kunden, war so freundlich, uns seine E-Mail-Regeln zu überlassen. Ich habe sie zusammengefasst und um eigene ergänzt. Wenn Sie diese Regeln anwenden, ersparen Sie sich Kopfschmerzen und Überstunden. Denken Sie beim Verfassen von E-Mails daran, dass der Zweck Ihres Schreibens klar aus der Betreffzeile hervorgehen muss. Teilen Sie dem Empfänger mit, ob er handeln oder die E-Mail lediglich lesen soll.

◆ Beschränken Sie sich in jeder E-Mail auf ein einziges Thema.

◆ Vermeiden Sie die Funktion »Allen antworten«.

◆ Arbeiten Sie mit Absätzen, und achten Sie auf die korrekte Grammatik und Rechtschreibung.

◆ Bei vielen Menschen kommt eine E-Mail negativer an als ein Anruf oder persönliches Gespräch; da Mimik oder Stimmfarbe fehlen, kommt es häufig zu Missverständnissen. Vermeiden Sie also beispielsweise einen sarkastischen Tonfall.

◆ Keine Anzüglichkeiten oder dergleichen!

◆ Ihre Botschaft muss unmissverständlich beim Empfänger ankommen. Setzen Sie Aufzählungen ein. Unterstreichen Sie Wichtiges.

◆ Antworten Sie keinesfalls sofort auf eine E-Mail, über die Sie sich geärgert haben.

- Verweisen Sie in Ihrer E-Mail auf eine Webseite, schreiben Sie diese aus (www.XYZ.com).

- Tragen Sie alle Empfänger, die auf Ihre E-Mail hin handeln müssen, unter »An« ein, alle anderen in »Cc«.

- Sind Sie Teil eines LAN (Local Area Network), erstellen Sie besser einen Link auf eine bestimmte Datei, anstatt sie als Anhang mitzuschicken.

- Fassen Sie sich in Ihren E-Mails kurz. Geht das nicht, schicken Sie Ihren Text besser als Anhang.

- Bei den meisten E-Mail-Programmen können Sie Anrede und Schlussformel automatisch in Ihre Mails einfügen. Nutzen Sie diese Funktion.

- Denken Sie an die automatische Rechtschreibprüfung. Keine E-Mail sollte ohne sie versendet werden.

- Wenn Sie immer wieder E-Mails mit demselben Wortlaut beantworten, sollten Sie ein entsprechendes Formular in Microsoft Word erstellen und den Text immer nur in Ihre E-Mail hineinkopieren, anstatt ihn jedes Mal erneut zu tippen.

- Verschicken Sie eine E-Mail nur zur Information, sollte am Anfang eine Zusammenfassung stehen, sodass der Empfänger weiß, ob er die gesamte E-Mail oder nur Auszüge lesen muss.

- Erstellen Sie in Ihrem Adressbuch Verteilerlisten, um Zeit zu sparen.

- Verzichten Sie auf private E-Mails.

- Erhalten Sie eine E-Mail mit einem Anhang, die Sie aufbewahren müssen, speichern Sie den Anhang auf Ihrer Festplatte oder Ihrem Server.

- Vermeiden Sie landestypische Akronyme, Abkürzungen oder Fachsprache, schließlich kann es aufgrund der Globalisierung durchaus sein, dass Sie nicht mit einem Muttersprachler kommunizieren.

- Ändern oder ergänzen Sie eine vorhandene Mail, sollten Sie diese Änderungen farblich abheben, sodass der Empfänger auf einen Blick erkennt, was sich geändert hat.
- Schlechte Nachrichten sollten Sie besser telefonisch oder persönlich überbringen – E-Mails sind dafür nicht das geeignete Medium.
- Machen Sie sich mit den innerbetrieblichen Vorschriften für E-Mails vertraut und befolgen Sie sie.

Keine leichte Aufgabe!

Es ist abzusehen, dass weitere Lösungen erdacht werden, mit deren Hilfe man der Datenflut Herr werden kann. Im Moment können wir aber nur auf unsere Verbissenheit zählen, alles zu tun, um die Folgen dieser nie enden zu wollenden Datenflut zu minimieren. Probieren Sie meine Vorschläge aus. Passen Sie meine Ideen Ihrer Realität an. Und wenn Sie damit auf die Nase fallen, sollten Sie nicht zu streng mit sich selbst sein. Es gibt nur einen Fehler, den Sie nicht machen sollten: aufgeben.

Zusammenfassung

1. Sollten Sie Ihren Posteingang noch nicht aufgeräumt haben, tun Sie es jetzt. Wenden Sie die vier Möglichkeiten an, bis Ihr Eingangsordner leer ist. Richten Sie Ihr E-Mail-System so ein, dass alle wichtigen E-Mails abgelegt werden, nachdem sie beantwortet wurden.

2. Bearbeiten Sie E-Mails zu bestimmten Zeiten. In den meisten Fällen reicht es aus, wenn Sie Ihre elektronische Post zwei- oder dreimal am Tag bearbeiten. Doch es

reicht nicht aus, die eingegangenen E-Mails dann nur zu lesen. Beantworten Sie alle neuen Mails soweit es geht, und leeren Sie Ihren Posteingang. In der ersten Zeit empfiehlt es sich, sich daran erinnern zu lassen, dass es an der Zeit ist, sich um den Posteingang zu kümmern. Im Laufe der Zeit merken Sie dann schon, ob Sie den richtigen Zeitpunkt und die richtige Zeitdauer dafür eingeplant haben.

3. Stellen Sie sämtliche Hinweise darauf, dass E-Mails eingegangen sind, ab. Auch Instant Messaging lässt sich ausstellen. Sie allein entscheiden, wann Sie was erledigen. Und wenn Sie beschlossen haben, etwas zu einer bestimmten Uhrzeit zu tun, dann tun Sie das auch!

4. Fragen Sie sich, wem Sie E-Mails schicken. Wenn Sie die Zahl eingehender E-Mails reduzieren wollen, sollten Sie selbst auch weniger versenden.

5. Machen Sie sich mit den Regeln für ein- und ausgehende E-Mails Ihres E-Mail-Programms vertraut, nicht nur mit denen für Spam. Gewöhnen Sie sich an, mehrere E-Mails am Stück zu beantworten, Rückrufe abzuarbeiten und so weiter. Denken Sie daran, dass ein Computer Befehle wortwörtlich versteht. Wenn Sie eine Regel aufstellen, müssen Sie also auf Groß- und Kleinschreibung und korrekte Schreibweise achten.

6. Verwenden Sie Add-Ins für Ihr E-Mail-Programm, um E-Mails einfacher filtern, durchsuchen und organisieren zu können.

7. An Aufgaben, die zu einem bestimmten Termin erledigt sein müssen, sollten Sie sich immer am Freitag vorher erinnern lassen. Dann haben Sie ausreichend Zeit, Prioritäten für die folgende Arbeitswoche zu setzen und sie entsprechend zu planen.

8. Damit Sie Ihre E-Mails effizienter bearbeiten können, sollten Sie sich die *Goldenen Regeln für den E-Mail-Verkehr* des Öfteren durchlesen und befolgen.

6

Ziehen Sie eine Sache durch und bleiben Sie am Ball

Wenn Sie bis zur Wurzel der Bedeutung des Wortes »Erfolg« vorstoßen, merken Sie, dass es einfach heißt, einer Sache zu folgen, bis man sie erreicht.

F. W. Nichol

Überblick: In diesem Kapitel lernen Sie,

- dass privater und beruflicher Erfolg ganz wesentlich auf Ausdauer beruht;
- die richtigen Systeme einzusetzen, um sich an Details erinnern zu können;
- einen Kalender und andere Hilfsmittel zu benutzen, um etwas durchzuziehen und am Ball zu bleiben;
- effektiv zu delegieren; unbegrenztes Weiterkommen ist nur mit der Unterstützung anderer möglich.

Im Kapitel *Planen Sie sofort* sprachen wir darüber, wie wesentlich eine effektive Planung zur Verwirklichung Ihrer Ziele ist. Zu planen schafft Klarheit, und Klarheit führt zum Handeln. Wie erfolgreich und effektiv Sie sind, wird aber hauptsächlich davon abhängen, wie hartnäckig Sie Ihre Ziele zu erreichen versuchen. Oder anders ausgedrückt, wie gut Sie etwas bis zum Ende durchziehen und am Ball bleiben.

Ausdauer

Mit »Ausdauer« ist wirklich unbeirrbares Nichtlockerlassen gemeint. Meistens werden Dinge erledigt, Ziele erreicht, weil der Betreffende nicht lockerlässt und den Erfolg geradezu herbeizwingt.

Calvin Coolidge, der 30. Präsident der Vereinigten Staaten, hat einmal gesagt: »Nichts in der Welt kann Hartnäckigkeit ersetzen: Weder Talent, denn nichts ist weiter verbreitet als das Scheitern talentierter Menschen, noch Genie – jeder kennt den Begriff vom verkannten Genie. Auch Bildung ist kein Schutz vor dem Versagen. Allein Hartnäckigkeit und Beharrlichkeit sind omnipotent.«

Ausdauer und Entschlossenheit führen zum Ziel. Sie wissen sicherlich aus Erfahrung, dass das stimmt. Dinge geschehen, weil Sie beharrlich bleiben, bis sie eintreten. Der Zusammenhang zwischen Planung und Ausdauer lässt sich treffend mit einem Zitat von Napoleon Hill aus seinem Buch *Denke nach und werde reich* beschreiben. Er meinte: »Die Mehrzahl der Menschen versagt nur deshalb, weil es ihnen an der Ausdauer fehlt, misslungene Pläne durch immer neue und bessere Pläne zu ersetzen.« (Seite 100)

Man muss wissen, was man möchte, planen, wie man es bekommt, und entsprechend handeln. Ziehen Sie einen Plan bis zum angestrebten Ergebnis durch oder entwickeln Sie neue Pläne, um das Ziel zu erreichen. Lassen Sie nicht locker. Wie gut Ihnen das gelingt, hängt davon ab, wie gut Sie organisiert sind.

Das Persönliche Effektivitäts-Programm (PEP) macht Sie handlungsorientiert. Sie agieren sofort. Sie organisieren sich und Ihren Arbeitsplatz und sorgen dafür, dass es auch so bleibt. Sie wissen, wie man sich Ziele setzt und ihre Realisierung plant. Dieselben Prinzipien müssen Sie nun auch auf die Durchführung und beharrliche Verfolgung der Pläne anwenden.

Ausdauer, Routine und Gewohnheiten – wie Sie lernen, auch unliebsame Dinge zu erledigen

Ich bin Läufer. Und das schon seit mehr als 20 Jahren. Ich bin also ein routinierter Läufer. Jeden Morgen schlüpfe ich kurz nach dem Aufwachen in meine Sportsachen. Ich gehe aus dem Haus und beginne zu laufen, bis ich richtig wach bin und dann – nichts wie heim! Von ein paar Ausnahmen mal abgesehen, laufe ich wirklich jeden Tag. Wie ich das schaffe? Nun ja, Laufen ist kein Kinderspiel. Auch nicht nach 20 Jahren. Natürlich liebe ich es zu laufen – aber erst, wenn ich wieder zu Hause bin. Immer wenn es draußen kalt ist oder regnet, frage ich mich, ob mir nach Laufen ist. Meistens ist das dann nicht der Fall. Deshalb lasse ich mir keine Wahl. Ich setze auf die Macht der Gewohnheit, meinen inneren Schweinehund zu überwinden.

> Ausdauer ist die unmittelbare Folge von Gewohnheiten. Der menschliche Geist nimmt tägliche Erfahrungen nicht nur auf, sondern wird Teil von ihnen und gibt ihnen neue Nahrung.
>
> *Napoleon Hill*

Ich finde es sehr interessant, dass diejenigen, die regelmäßig im Fitnessstudio trainieren, immer zur selben Zeit am selben Wochentag dort auftauchen. Man könnte glatt seine Uhr nach ihnen stellen. Das Training wird für sie deshalb garantiert nicht einfacher. Das weiß ich deshalb, weil ich sie oft stöhnen höre, wenn sie ihre Bauchübungen machen: »Diese Übungen sind immer noch verdammt anstrengend!« Und das, obwohl sie regelmäßig trainieren – zur selben Zeit, am selben Wochentag, unterschiedliche Übungen. Ziemlich stupide, oder? Doch genau so funktioniert regelmäßige körperliche Betätigung!

Routine und Gewohnheiten münden in Ausdauer. Ich habe nur deshalb von sportlicher Betätigung gesprochen, weil ich genau weiß, dass viele von uns gerne regelmäßig Sport treiben würden – aber es ist so schwer, damit anzufangen beziehungsweise es durchzuziehen.

In einer inspirierenden Ansprache vor lauter Versicherungsvertretern, die er bereits 1940 hielt und später veröffentlichte, sagte Albert E. N. Gray, Autor, Speaker und selbst Versicherungsvertreter, sinngemäß:

»Möglicherweise kennen Sie das enttäuschende Gefühl, dass Sie mit ein paar unliebsamen Eigenschaften ausgestattet sind, mit denen Ihre erfolgreichen Kollegen nicht gestraft sind. Vielleicht haben Sie sich auch schon mal gefragt, weshalb die besten Verkäufer die Dinge mögen zu scheinen, die Sie selbst so gar nicht leiden können.

Sie irren sich, sie mögen sie gar nicht! Und das ist meiner Meinung nach das am meisten Motivierende, was ich je vor einer Gruppe von Versicherungsvertretern gesagt habe.

Stellt sich nur die Frage, wieso sie diese Dinge machen, obwohl es ihnen auch keinen Spaß macht. Weil sie ihr Ziel nur dann erreichen, wenn sie auch Dinge tun, die ihnen keine Freude bereiten. Erfolgreiche Menschen haben ein bestimmtes Ziel im Auge, sie wollen ein bestimmtes Ergebnis. Weniger erfolgreiche Menschen dagegen streben nach angenehmen Methoden und geben sich mit dem zufrieden, was sie mithilfe von Tätigkeiten erreichen können, die ihnen Spaß machen.

Bei jedem einzelnen Erfolgserlebnis spielen Gewohnheiten eine große Rolle. Wir neigen dazu, Gewohnheiten zu entwickeln, und diese wirken sich auf unsere Zukunft aus. Wer sich nicht ganz bewusst gute Gewohnheiten aneignet, wird schon bald schlechte Gewohnheiten an den Tag legen. Sie sind genau derjenige, der Sie sind, weil sie es sich angewöhnt haben, so zu sein, wie Sie sind; und die einzige Möglichkeit, sich zu ändern, heißt, seine Gewohnheiten zu ändern.«

Das Geheimnis des Erfolgs sind also gute Gewohnheiten. Aus einer Routine wird schnell eine Gewohnheit. Und aus Gewohnheit wird Ausdauer.

Vergessen Sie, sich erinnern zu müssen

Die meisten Menschen sind irgendwie stolz auf ihre Fähigkeit, sich an alles »zu erinnern«, was getan werden muss. Sie legen dabei einen gewissen Ehrgeiz an den Tag. Früher mag das sinnvoll gewesen sein. Heutzutage stürmt jedoch beruflich und privat so vieles so schnell auf uns ein, und die Aktivitäten, mit denen wir auf dem Laufenden bleiben könnten oder sollten, haben sich so vermehrt, dass man einfach nicht erwarten kann, die vielen Sachen, die zu erledigen sind, im Kopf zu behalten. Zweifellos erinnern Sie sich an alles, aber möglicherweise nicht dann, wenn es am zweckdienlichsten oder effektivsten wäre, wie etwa nachts um 3.00 Uhr, wenn Sie sich im Bett aufrichten und denken: »Ich muss mich um das und das kümmern.« Dieses ständige Nachdenken, Planen und Verfolgen von allem, was man tun muss, sich an alles zu erinnern, um ihm auf der Spur zu bleiben, kann einen förmlich erschlagen.

Sie sollten sich nicht unbedingt wünschen, die Fähigkeit, die unzähligen Details Ihrer Arbeit im Gedächtnis zu behalten, noch zu verbessern. Leitende Angestellte und Manager sollten mehr daran interessiert sein, die ganzen Dinge zu vergessen, die sie tun müssen. Was die Menschen brauchen, ist ein funktionierendes System, mit dessen Hilfe sie sich, wenn notwendig, an diese zahllosen Details erinnern können, und zwar nur dann.

Das klingt verrückt? Mitnichten. Von Albert Einstein wird gesagt, dass er nicht einmal seine eigene Telefonnummer wusste. Auf Nachfrage wird er mit den Worten zitiert: »Warum sollte ich sie wissen? Ich kann sie jederzeit im Telefonbuch finden.«

Vertieftsein und Zeit

Ist Ihnen schon einmal aufgefallen, dass es einem länger vorkommt, wenn man das erste Mal irgendwo hinfährt, als das zweite oder dritte Mal? Haben Sie je darüber nachgedacht, warum das so ist? Die Erklärung für dieses Phänomen ist eigentlich ziemlich plausibel: Beim ersten Mal achtet man viel mehr darauf, wo man ist und wo man hin will. Man sucht nach Anhaltspunkten. Die Wegbeschreibung »Dritte Kreuzung rechts hinter der Apotheke auf der Schlossstraße« zwingt Sie, nach der genannten Apotheke Ausschau zu halten und die verschiedenen Kreuzungen zu zählen. Wenn Sie hingegen schon ein paarmal am selben Ort waren, bemerken Sie kaum noch die Ampeln auf Ihrem Weg. Sie steigen ins Auto, und das Nächste, was Sie wissen, ist, dass Sie dort sind! Ihr Gefühl, wie lange Sie gebraucht haben, um an einen Ort zu kommen, hat wenig mit der gefahrenen Geschwindigkeit, sondern viel mehr mit Ihrer Aufmerksamkeit zu tun. Jeder Autofahrer wird dem zustimmen, dass zu viele Leute beim Fahren in ihrer eigenen mentalen Welt sind. Sie sind wie »weggetreten«.

Wenn man von etwas voll in Anspruch genommen wird, verfliegt die Zeit nur so. Sie haben wahrscheinlich auch schon erlebt, dass Sie morgens ins Büro kamen und in NullKommaNichts bereits Mittagspause war. Sie stellen sich dann häufig die Frage, wo der Morgen geblieben ist und was Sie eigentlich erledigt haben. Man ist so beschäftigt, weil man dauernd versucht, in die Tausende von Dingen, die getan werden müssen, einen Sinn zu bringen und mit ihnen auf dem Laufenden zu bleiben. Schuld an dieser Tatsache ist in erster Linie eine schlechte Planung. Wir versuchen, der ganzen Arbeiten, die wir überwachen und erledigen müssen, im Kopf Herr zu bleiben.

Dieses ständige, unproduktive Vertieftsein in alles, was erledigt werden muss, stiehlt uns mit Abstand die meiste Zeit und Energie, behindert unsere individuelle Produktivität am stärksten – es ist aber gleichzeitig auch der einzige Punkt, an dem wir alle etwas ändern können, um tatsächlich Herr über unsere Zeit und Energie und damit unser Leben zu werden, nämlich durch eine sinnvolle Planung der Tätigkeiten.

Eine Reihe von Möglichkeiten, den Überblick über Ihre Tätigkeiten zu behalten, möchte ich Ihnen auf den folgenden Seiten vorstellen. Ganz gleich, ob Sie lieber mit einem papierenen Terminkalender oder mit einem elektronischen Organizer oder Smartphone arbeiten: Es zählt allein, dass Sie das System finden, das hilft, Ihre Arbeit am effektivsten zu organisieren.

Schaffen Sie sich effektive Systeme, um auf dem Laufenden zu bleiben

Allzu oft sind die Schreibtische meiner Kunden übersät mit allen möglichen Erinnerungshilfen an zu erledigende Arbeiten, auch in Form von Klebezetteln, die am Computerbildschirm und an sämtlichen verfügbaren Stellen haften. Selbst wenn Sie es sich strikt angewöhnt haben, alles sofort zu tun, gibt es normalerweise viele Dinge, die Sie im Moment aus dem einen oder anderen Grund nicht erledigen können. Also schreibt man sich Zettel als Gedächtnisstützen.

Allerdings ist es für die Konzentration und Produktivität nicht unbedingt förderlich, diese Erinnerungshilfen dauernd vor Augen zu haben. Und wenn sie nur lange genug so herumliegen, sieht man sie schließlich überhaupt nicht mehr. Sie regelmäßig anzublicken und sich bewusst dafür zu entscheiden, nichts davon in Angriff zu nehmen, verstärkt nur die Gewohnheit, nichts sofort zu tun. Indem Sie mit einfachen Erinnerungssystemen (Hilfsmitteln) arbeiten, können Sie dieses Problem überwinden und sich Ihren wichtigsten Aufgaben zuwenden.

Gedächtnisstützen aus Papier

Wir wollen zunächst den Umgang mit Papier diskutieren, da es in großen Mengen anfällt und eine der größten Plagen überhaupt ist. Sie wissen bereits, dass es möglich ist, die Papiere von Ihrem Schreibtisch wegzubekommen und sie für eine spätere passende Zeit zur Bearbeitung bereitzuhalten. Dafür können Sie eine Wiedervorlagemappe benutzen, mit deren Hilfe Sie die tägliche (1 bis 31) oder monatliche (1 bis 12) Bearbeitung der Materialien entsprechend den Fälligkeitsterminen planen.

Wie im Kapitel *Organisieren Sie sich sofort* besprochen, müssen

Sie sich einfach nur eine Notiz in Ihren Terminkalender schreiben und die Zeit markieren, in der Sie die Arbeit erledigen werden. Legen Sie die Erinnerungshilfe – das Stück Papier, das Sie gerade bearbeiten – in die Wiedervorlagemappe für den Tag, den Sie für die entsprechende Aufgabe in Ihrem Kalender vorgesehen haben, sodass es Ihnen an diesem Tag in die Hände fällt. Stecken Sie Papiere, bei denen Sie auf Rückmeldung warten, ebenfalls in Ihre Wiedervorlage. Wenn Sie beispielsweise einen Brief an einen Kunden schreiben und erwarten, dass er sich innerhalb einer Woche meldet, geben Sie eine Kopie des Briefes in Ihre Wiedervorlagemappe. Nach einer Woche taucht die Kopie des Briefes in der Mappe auf und erinnert Sie daran, beim Kunden nachzuhaken. Falls dieser bereits reagiert hat, bestimmt seine Antwort Ihren nächsten Schritt. Die Erinnerungshilfe wird Sie aber auf jeden Fall dazu veranlassen, die Angelegenheit bis zum Abschluss zu verfolgen.

Ein intelligenter und erfolgreicher Mann, der eine mittelgroße Bank leitete, benutzte genau dieses System. Er arbeitete mit einem Wiedervorlagesystem, das von 1 bis 31 und 1 bis 12 durchnummeriert war. Mit diesem einen Hilfsmittel managte er die ganze Bank. Er übertrug den Mitarbeitern Pflichten und Aufgaben oder notierte Dinge, die getan werden mussten, und gebrauchte das Wiedervorlagesystem, um Termine zu vermerken, an denen eine delegierte Aufgabe oder ein Projekt fertiggestellt sein sollte. Wenn die Erinnerungshilfe dann irgendwann zum Vorschein kam, ging er der Sache bis zu ihrer Erledigung nach.

Aufgabenbuch

Wenn Sie die kleinen Aufgaben, die Sie tun müssen, alle in einem Buch zusammenfassen, kommen Sie ohne die lästige Zettelwirtschaft auf Ihrem Schreibtisch aus. Ein derartiges Aufgabenbuch stellt eine nützliche Erinnerungshilfe für den »Krimskrams« dar, den jeder von uns tagtäglich zu erledigen hat. Falls Ihnen zum Beispiel plötzlich etwas einfällt, was noch zu tun ist und was Sie irgendwo aufschreiben wollen, können Sie es dort notieren. Aber auch, wenn Kollegen Sie im Vorübergehen bitten, ein Schriftstück zu prüfen und mit Ihnen darüber Rücksprache zu halten. In dem Aufgabenbuch können Sie Anfragen aufschreiben und besitzen gleichzeitig ein Instrument, um zu vermerken, wo nachgehakt werden muss.

Ich empfehle ein DIN-A5-Kollegheft (oder ein Notizbuch) und keinen Block, da dort die Seiten nicht so leicht herausgerissen werden können. Führen Sie darin chronologisch Tagebuch über Ihre Aktivitäten, und versehen Sie jede Eintragung mit Datum. Schreiben Sie groß, und ziehen Sie nach jedem Eintrag zur Unterschei-

Abbildung 5.1: Beispiele für Einträge in ein Aufgabenbuch

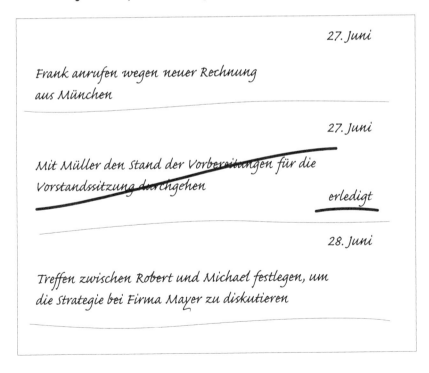

dung eine Linie. Streichen Sie erledigte Aufgaben sofort durch (siehe Abbildung 5.1). Sie können dann unmittelbar sehen, was getan worden und was noch zu tun ist.

Ich kenne einen Manager, der sein ganzes Unternehmen nur mit diesem einen Hilfsmittel führte. Er schrieb alles, an was er sich erinnern musste, in sein persönliches Aufgabenbuch und nahm es überallhin mit. Ein Aufgabenbuch zur Organisation und zur Erinnerung an zu erledigende Dinge zu verwenden, ist – insbesondere für Sekretärinnen – ein effizientes Hilfsmittel.

Bis Sie sich daran gewöhnt haben, alles in einem solchen Buch zu notieren, empfehle ich, es immer offen auf Ihrem Schreibtisch liegen zu lassen. Anderenfalls greifen Sie vielleicht nach wie vor nach dem erstbesten Gegenstand, um etwas zu vermerken, und gewöhnen es sich nie an, ein Aufgabenbuch zu führen.

Das elektronische Aufgabenbuch

Wenn Sie ein papierenes Aktivitätenbuch führen, kennen Sie seine Grenzen. Wie teilen Sie die darin enthaltenen Informationen mit anderen? Wie können Sie Einträge leicht auffinden?

Einer unserer europäischen Kunden benutzt ein Programm, das ein papierenes Aufgabenbuch gut ersetzt. Die Rede ist von Microsoft OneNote. OneNote bietet nicht nur eine schnelle Suchfunktion und macht den gemeinsamen Zugriff auf beliebige Einträge zu einem Kinderspiel, sondern es vereinfacht das gesamte Management von Daten und Aufgaben erheblich. Texte, Bilder, digitalisierte Unterschriften sowie Audio- und Videoaufzeichnungen lassen sich damit sammeln und organisieren – auf einem einzigen elektronischen Notizheft in Ihrem Computer. Texte und Dateien lassen sich nicht nur anhand bestimmter Merkmale oder darin vorkommender Begriffe suchen, Sie können damit sogar Abbildungen sowie Audio- und Videoaufzeichnungen nach bestimmten Wörtern durchsuchen. Protokolle, Notizen, Gruppenentscheidungen und Ergebnisse von Brainstorming-Sitzungen lassen sich damit bequem an alle Teilnehmer zur abschließenden Genehmigung vorlegen. Wenn Sie ein Fan von Aktennotizen sind, sollten Sie sich die Anschaffung eines solchen Programms ernsthaft überlegen.

Terminkalender

Selbst mit Aufgabenbuch wird man immer irgendein Kalendersystem benötigen. Der Markt ist voll davon. Hinter jedem steht eine eigene Philosophie des Zeitmanagements. Diese Planer sind ausgezeichnete Hilfsmittel, um auf dem Laufenden zu bleiben. Ein Kalender eignet sich besonders gut, um Dinge zu notieren, an die man sich erinnern will. Da Kalender logischerweise mit einer Datumsanzeige versehen sind, kann man zukünftige Aufgaben darin vermerken und sie als eine Art lineares Wiedervorlagesystem benutzen, falls man kein anderes führt.

Unsere skandinavische Vertretung hat aufbauend auf den PEP-Planungskonzepten ein Kalendersystem entwickelt. Man kann es wie andere hier erwähnte Hilfsmittel überallhin mitnehmen (es passt bequem in eine Hand- oder Jackettasche) und dazu benutzen, mit seinen Aktivitäten auf dem Laufenden zu bleiben und die Woche zu planen. Es besitzt eine Wochenübersicht und einen Teil, wo man Adressen und Telefonnummern, aber auch andere persönliche Informationen notieren kann.

An eine Faustregel sollten Sie sich halten: Benutzen Sie auf jeden Fall ein Kalendersystem mit einer Wochenübersicht. Dadurch werden Sie mit größerer Wahrscheinlichkeit wochenweise und über die ganze Woche planen, was wiederum zu einer effektiveren Zeiteinteilung führt und die Chance erhöht, dass Sie Ihre Arbeit auch tatsächlich erledigen.

Wenn Sie lieber ein größeres und anspruchsvolleres System verwenden, könnten Sie ihm bestimmte Abschnitte angliedern wie

Adressbuch, Projektpläne, Konferenznotizen. Lernen Sie, Ihr Kalendersystem völlig auszunutzen. Mit etwas Fantasie und der notwendigen Übung, wobei Sie auch aus Fehlern lernen werden, wird Ihnen die Tauglichkeit eines solchen Systems, um Aufgaben durchzuführen und weiterzuverfolgen, klar werden.

Abgesehen davon, dass ein Kalender Sie auf dem Laufenden über Ihre Verabredungen hält, kann in ihm noch eine Vielzahl anderer Informationen festgehalten werden wie:

- Erinnerungen an zukünftige Aufgaben,
- Aufgabenlisten oder Pläne für die kommende Woche,
- wichtige Fälligkeitstermine,
- Geburtstage, Ferien, Jubiläen und andere spezielle Daten,
- Eintragung von Terminen,
- Notizen zu bevorstehenden Stichtagen und erreichten Meilensteinen,
- Planung zielgerichteter Aktivitäten,
- Notizen, die Sie sich während Besprechungen machen,
- Adressen und Telefonnummern,
- allgemeine Informationen wie Zeitzonen, Vorwahlnummern, Gewichte, Maße und dergleichen,
- die für geplante Arbeiten festgelegten Zeiten,
- Zeitpläne für immer wiederkehrende Aktivitäten wie wöchentliche Besprechungen mit Ihren Mitarbeitern oder die Bearbeitung Ihrer E-Mail-Mitteilungen oder Papiere,
- persönliche Informationen wie Ihre Versicherungsnummern, Führerscheinnummer und die Fahrgestellnummer Ihres Wagens,
- Quittungen zur späteren Auslagenerstattung oder Abrechnung.

Die nachfolgende Abbildung 5.2 zeigt beispielhaft den Aufbau eines für die Planung und Durchführung von Aktivitäten optimal genutzten Kalenders.

Abbildung 5.2: Beispielkalender für Planung und Weiterverfolgung

Proaktiver Kalender				
Montag	**Dienstag**	**Mittwoch**	**Donnerstag**	**Freitag**
8.30 – 9.30 E-Mails bearbeiten	8.30 – 9.30 E-Mails bearbeiten	8.30 – 9.30 E-Mails bearbeiten	8.30 – 9.30 E-Mails bearbeiten	8.30 – 9.30 E-Mails bearbeiten
9.00 Abteilungs-besprechung	9.00 Projekt C 1 Stunde	9.00 Briefing	Dienstreise	9.00 Schulung
10.00 Projekt A 2 Stunden Bearbeitung	10.00 Eistellungs-gespräch	10.00 Besprechung C Vorbereitung 2 Stunden		
12.00 Arbeitsessen				12.00
13.00 Besprechung A		13.00 Besprechung B	Besprechung C	
14.00 Projekt B 1 Stunde	14.00 Lieferanten-präsentation			16.00 Wochenplan erstellen
	15.00 Projekt E 2 Stunden	15.00 Projekt E 1 Stunde		
16.30 – 17.00 E-Mails bearbeiten	16.30 – 17.00 E-Mails bearbeiten	16.30 – 17.00 E-Mails bearbeiten	16.30 – 17.00 E-Mails bearbeiten	16.30 – 17.00 E-Mails bearbeiten
17.00 Abgabe Projekt A		17.00 Abgabe Projekt A	17.00 Monatsbericht	17.00 Monatsbericht
Zu erledigen: 1. Informationen für Besprechung C zusammenstellen	Zu erledigen: 1. Mary anrufen 2. David kontaktieren (siehe Ablage für Laufendes)	Zu erledigen: 1. Delegierte Aufgaben über-prüfen	Zu erledigen: 1. Delegierte Aufgaben B und C überprüfen	Zu erledigen: 1. Regionalbüros anrufen
Reaktiv: Besprechungen, Verabredungen, Urlaubstage **Proaktiv:** Zeitpläne, selbst gewählte Termine für die Erledigung wichtiger Aufgaben, relevante Projektstufen, Stichtage, Erinnerungshilfen, Nachfassaktionen				

Elektronische Lösungen

Indem Sie Ihren augenblicklichen Kalender besser ausnutzen oder gegen einen größeren, anspruchsvolleren auswechseln, verfeinern Sie eigentlich nur bereits etablierte Arbeitsabläufe. Anders sieht es aus, falls Sie erwägen, auf eines der vielen auf dem Markt vorhandenen elektronischen Systeme umzusteigen.

Die Technologie entwickelt sich rapide weiter und wird mittlerweile so gut wie allen Bedürfnissen gerecht. Es gibt viele verschiedene digitale Kalendersysteme, entweder als eigenes tragbares Gerät oder als Programm für Smartphones, Tablet-PCs und wie sie alle heißen.

Die Nachteile, beispielsweise eine möglicherweise schlecht handhabbare Tastatur, werden aber von den Vorteilen überwogen. Die Arbeits- und Terminplanung mithilfe einer Software geht schnell von der Hand und erlaubt ein Höchstmaß an Flexibilität. Anstatt der ermüdenden und mitunter sehr zeitraubenden Planung mithilfe eines papierenen Systems können Sie mit einer elektronischen Variante alles Mögliche schnell notieren und Ihre Planung mit nur einigen wenigen Handgriffen nach Bedarf aktualisieren. Nutzen Sie die entsprechende Funktion, um sich jedes Projekt einschließlich aller damit verbundenen Aufgaben auf einmal anzeigen zu lassen. Außerdem ist es mit der entsprechenden Software viel einfacher, bestimmte Punkte umzustellen, neue hinzuzufügen oder bereits erledigte Aufgaben zu löschen, ohne das Ganze noch einmal komplett neu schreiben zu müssen, wie das mit papierenen Systemen der Fall ist.

Sie können Erinnerungshilfen für zukünftige Termine nutzen, die automatisch zur gegebenen Zeit angezeigt werden. Sie können häufig gebrauchte Informationen buchstäblich mit einem Fingerdruck abspeichern, sich über Verabredungen und Besprechungen auf dem Laufenden halten und Daten sicher gespeichert in Ihrem Computer aufbewahren.

Es gibt zahlreiche Softwareprogramme, kostenpflichtig oder als

Freeware, mit denen Sie den Verlauf bestimmter Tätigkeiten oder Projekte, die Kostenentwicklung, Termine, Pläne und Aufgaben mitverfolgen können, beispielsweise Small Business Tracker Deluxe oder Lotus Organizer. Andere Programme wie GoalPro legen ihren Schwerpunkt auf Zielsetzung und Zeitmanagement.

Eine elektronische Planung entlastet Sie enorm, weil Aktivitäten und Schlüsselwörter automatisch nacheinander verarbeitet werden. Anstatt sich durch irgendeine Akte zu wühlen und sich dabei fragen zu müssen, wo Sie dieses oder jenes wohl abgelegt haben, können Sie alle einschlägigen Informationen zu einem Projekt mit einer Suchfunktion abrufen.

Arbeitsgruppen

Durch Netzwerksysteme ist es möglich und sogar erschwinglich, fast alle Gruppen innerhalb einer Organisation miteinander zu verbinden. Was früher eine hohe Investition war, können sich heute selbst die meisten kleinen Gruppen leisten. Die für die Vernetzung und Kommunikation erforderliche Hard- und Software ist für praktisch jedes Unternehmen finanzierbar.

Das Weiterverfolgen von Arbeiten wird durch Gruppensitzungen natürlich beträchtlich erleichtert, weil die Gruppe spezifische Pläne für eine Vielzahl von Projekten entwickeln und daran beliebig viele Leute beteiligen kann. Diese Pläne können gleichzeitig von verschiedenen Gruppenmitgliedern durchgeführt, verfolgt, beaufsichtigt oder auch nur eingesehen werden.

Manager können bei komplexen Projekten mit Leichtigkeit den Überblick behalten. Sie können einzelne oder alle Projekte einsehen, für die ihre Mitarbeiter verantwortlich sind. Sie haben auch Einblick in die unterschiedlichen Aufgaben und die Abgabetermine der einzelnen Projekte und können, abhängig von ihrer Hard- und Software, separate (und komplexe) Aufgaben für mehr als ein

Projekt gleichzeitig anschauen. Dadurch können sie sich über vielfältige Stichtage auf dem aktuellen Stand halten.

Sie haben die Möglichkeit, laufende Arbeiten von der Perspektive der betroffenen Mitarbeiter aus zu betrachten und bei den Aufgaben nachzuhaken, die gleichzeitig fertig sein müssen oder deren Erledigung Voraussetzung für andere Arbeiten ist. Sie können Probleme ausmachen, die ihnen bislang nicht bewusst waren oder die sie bestenfalls bloß vermutet haben. Wenn sie sich zum Beispiel die Aufgabenlisten ihrer Mitarbeiter tabellarisch am Bildschirm anzeigen lassen und erkennen, dass einer unverhältnismäßig viel zu tun hat, könnten sie die Verteilung der Arbeiten nochmals genauer unter die Lupe nehmen.

Falls größere oder kleinere Veränderungen oder Updates vorgenommen werden, sind diese automatisch jeder ans Netzwerk angeschlossenen Person verfügbar. Informationen können im Hinblick auf Zeit und Stichtage eingesehen werden. Wenn jemand erkrankt, ist es einfach, seine Verantwortlichkeiten und Aufgaben zu identifizieren und sie gleichmäßig unter den anderen Gruppenmitgliedern aufzuteilen. Der Bedarf an Mitarbeiterzusammenkünften, um Themen oder Pläne persönlich zu diskutieren, reduziert sich enorm, sodass mehr Zeit für die Erledigung der eigentlichen Arbeit zur Verfügung steht.

Informiert bleiben und delegieren

Ihre Effektivität als leitender Angestellter, Manager oder Supervisor hängt in großem Maße von Ihrer Fähigkeit zum Delegieren ab. Die Qualität Ihrer Arbeit wird auch davon bestimmt, ob Sie richtig delegieren können. Indem Sie adäquat delegieren, sind Sie in der Lage, eine Sache effektiv durchzuziehen. Ihre Produktivität wird sich vervielfachen.

Je früher Sie in Ihrer Planung entdecken, dass jemand – Sie oder

Abbildung 5.3: Effektives und ineffektives Deligieren

Der effektiv Delegierende	Der ineffektiv Delegierende
1. bestimmt die richtige Person für den Job;	1. verteilt die Arbeitslast willkürlich;
2. delegiert rechtzeitig und lässt somit genügend Zeit für die Fertigstellung;	2. delegiert kurz vorm Abgabetermin und erzeugt somit unnötigen Druck;
3. formuliert das Ziel eindeutig;	3. erklärt das angestrebte Ergebnis nicht eindeutig;
4. liefert alle Informationen, die für die Erledigung der Aufgabe vonnöten sind;	4. gibt nur wenige Informationen und hastig hingeworfene Instruktionen;
5. stellt sicher, dass die Mitarbeiter eine Aufgabe verstanden haben, bevor sie an die Arbeit gehen;	5. delegiert so, dass es zu Missverständnissen kommt;
6. setzt Termine für die Fertigstellung von Aufgaben;	6. will, dass alles so schnell wie möglich erledigt wird;
7. unterstützt schriftliche Projektpläne;	7. hofft, dass die Mitarbeiter eine effektive Methode für die Erledigung der Arbeit entwickeln;
8. überwacht den Fortschritt regelmäßig;	8. praktiziert keine formale Überwachungsmethode;
9. steht zur Klärung und mit Ratschlägen bereit;	9. mischt sich in die Verrichtung der Arbeit ein;
10. übernimmt die Verantwortung, drückt demjenigen, der die Arbeit gemacht hat, aber seine Anerkennung aus;	10. gibt anderen die Schuld, wenn das gewünschte Ziel nicht erzielt worden ist, heimst aber den Ruhm ein, wenn es erreicht wurde;
11. hilft den Mitarbeitern, sich weiterzuentwickeln, indem er sie an neue Verantwortlichkeiten heranführt.	11. delegiert nicht, sondern reißt die Aufgabe an sich, sodass es zum Engpass kommt.

eine andere Person – überlastet ist, und das Problem korrigieren, desto effektiver werden Sie sein. Sie können nicht davon ausgehen, alles selbst zu machen.

Der Versuch, etwas selbst hinzukriegen, bei dem man nicht sehr gut ist, kann viel Zeit kosten. Richtig, das heißt, an die richtige Person mit den richtigen Fertigkeiten zu delegieren, ist eine der wichtigsten Fähigkeiten von leitenden Angestellten. Durch Delegation weisen Sie einem anderen eine Aufgabe samt dem notwendigen Handlungsspielraum zu, ohne dass Sie ihm Ihre persönliche Verantwortung übertragen. Die verbleibt bei Ihnen.

Eine der besten Informationsquellen zum Thema Delegieren ist das Buch *Don't Do – Delegate!* von James Jenks. Die aus dieser und anderen Quellen zusammengetragene Tabelle (Abbildung 5.3) stellt effektives und ineffektives Delegieren gegenüber.

Es gibt aber noch einen wichtigeren Grund, Ihre Fähigkeiten zu verbessern, andere zur Erledigung der Arbeit für Sie zu bewegen: Denn nur mit der bereitwilligen Unterstützung anderer können Sie sowohl persönlich als auch beruflich weiterkommen. Nur wenn andere Ihnen unter die Arme greifen, können Sie Ihren Erfolg vervielfachen. Leistungsfähigkeit, Zeit und Wissen jedes Einzelnen sind begrenzt, aber geschicktes Delegieren bedeutet grenzenloses Wachstumspotenzial.

Delegieren mithilfe elektronischer Hilfsmittel

In manchen Unternehmen ist das Delegieren von Aufgaben ein wirklich heißes Eisen. Diese Erfahrung musste ein großer niederländischer Energiekonzern am eigenen Leib machen, da einige Mitarbeiter ganz und gar nicht mit der Art einverstanden waren, wie dort Aufgaben delegiert wurden, und sich dagegen auflehnten. Unsere IBT-Niederlassung ist folgendermaßen mit diesem Problem umgegangen: Das Personal des Kunden arbeitete mit Microsoft

Outlook. Aus diesem Grund fiel die Entscheidung leicht, alle Mitarbeiter darin zu schulen, wie sie die Tasklist dafür einsetzen können, um sich über den jeweils aktuellen Stand der Projekte informieren zu lassen, anstatt dauernd Untergebene und Kollegen danach fragen zu müssen.

Zuerst kümmerte sich IBT darum, dass alle Manager, die von diesem Problem betroffen waren, ihre Mitarbeiter aufsuchten und sie über diese neue Möglichkeit der Programmnutzung aufklärten. Wichtig war aber vor allem, dass die Manager ihren Mitarbeitern vermittelten, um wie vieles leichter es damit war, ihre tägliche Arbeit zu erledigen.

In der Aufgabenfunktion von Outlook wurden neue Kategorien erstellt, wobei immer ein bestimmter Mitarbeiter für bestimmte Aufgaben zuständig war.

Außerdem wurde darin die Spalte genutzt, in der angezeigt wurde, zu wie viel Prozent die jeweilige Aufgabe bereits erfüllt war. Dadurch war es dem Manager möglich, sich die Aufgaben des verantwortlichen Mitarbeiters anzusehen, in die Letzterer eingetragen hatte, welche Aufgaben zu 25, 50, 75 oder 100 Prozent erfüllt waren.

Die Manager mussten sich zwar immer noch an die bereits beschriebenen Prinzipien halten, doch war es ihnen mit dieser Programmfunktion möglich, sich bei der Mehrzahl der aktuellen und maßgeblichen Projekte auf dem Laufenden zu halten, ohne ihren Mitarbeitern ständig über die Schulter sehen zu müssen.

Die Mitarbeiter wussten es zu schätzen, dass ihre Vorgesetzten sie direkt angesprochen und gemeinsam mit ihnen daran gearbeitet hatten, das Delegieren von Aufgaben zu vereinfachen. Allein deshalb hat sich der Aufwand schon gelohnt.

Lotus Notes und andere netzwerkfähige Programme verfügen über ganz ähnliche Funktionen und sind dazu da, das Delegieren von Arbeiten zu vereinfachen. Wenn Sie sich erst einmal die Mühe gemacht haben, sich in diese Programe einzuarbeiten, werden Sie feststellen, dass es Ihnen leichter fällt, den Überblick über selbst erledigte und delegierte Aufgaben zu behalten.

Ausnahmen von der Regel

Es kann sehr frustrierend sein, dem nachspüren zu müssen, was
andere getan haben. Andererseits können Aufgaben unbefriedi-
gend erledigt werden, wenn man nicht verfolgt, was die Mitarbeiter
tun. Ihr Erfolg hängt unter anderem davon ab, wie Sie anderen Aufgaben zur Verrichtung übergeben. Effektiv zu delegieren erhöht
Ihre Erfolgschancen enorm. Delegieren Sie Arbeiten aber nicht an
Menschen, die nicht viel leisten. Geben Sie den Job jemand anderem, oder denken Sie sich eine andere Möglichkeit aus, wie die Arbeit erledigt werden könnte.

Man kann sich nach einer alten Faustregel richten: Wenn etwas
Wichtiges getan werden soll, suchen Sie sich eine viel beschäftigte
Person dafür aus. Träge Menschen sind oft nicht flexibel genug,
wenn man ihnen aufträgt, etwas schnell und gut zu tun. Emsige,
effektive Menschen sind emsig, weil sie ständig und regelmäßig arbeiten – und so jemandem sollten Sie die Aufgabe zuweisen.

Integrieren Sie das Nachhaken in Ihren Arbeitsprozess

Im Rahmen Ihrer Wochenplanung erhalten Sie einen Überblick
über Ihre Arbeit, schauen sich Ihre ganzen Ziele und Pläne an, setzen sich Prioritäten für die kommende Woche und rufen sich ins
Gedächtnis, wo Sie am Ball bleiben müssen. Durch das Einplanen
und Durchführen Ihrer Wochenplanung sorgen Sie dafür, dass
nichts Wichtiges übersehen wird.

Wenn Sie eine leitende Position innehaben, sind die wöchentlichen Einzelbesprechungen mit Ihren direkten Untergebenen der
Zeitpunkt, an dem Sie den Sachen nachgehen, die Sie bis zur end-
gültigen Erledigung im Auge behalten müssen. Indem Sie regelmäßig solche Treffen anberaumen und abhalten, wissen Ihre Mitarbeiter, was verlangt wird. Sie wissen, dass sie dann über den Fortgang

der Arbeit berichten sollen und Fortschritte von ihnen erwartet werden. Auf diese Weise entfällt die willkürliche Überprüfung, und Sie stören Ihre Leute nicht bei der Arbeit. Ihre Mitarbeiter haben ihrerseits die Möglichkeit, bezüglich Informationen und Tipps, die sie von Ihnen erwarten, nachzuhaken. Die Besprechung ist kalkulierbar und nützlich, insofern sie ihnen hilft, ihre eigene Arbeit besser und schneller zu erledigen.

Wenn Sie lernen, die Hilfsmittel zu erkennen, die das Durchführen und Weiterverfolgen von Arbeiten erleichtern, und diese Hilfsmittel effizient in Ihren Arbeitsprozess einbauen, wird es für Sie viel einfacher sein, anhaltend Erfolg zu haben.

Zusammenfassung

1. Ihr Erfolg und Ihre Effektivität hängen in erster Linie davon ab, wie gut es Ihnen gelingt, das, was Sie vollbringen möchten, durchzuziehen und am Ball zu bleiben. Dinge geschehen, weil Sie sie herbeizwingen. Bleiben Sie beharrlich, dann werden Sie es schaffen.

2. Verwenden Sie einfache und leicht handhabbare Erinnerungshilfen, die Sie in die Lage versetzen, Probleme zu überwinden und zu Ihrer wirklich wichtigen Arbeit zu kommen. Wenn sich auf Ihrem Schreibtisch ein Papierstapel mit lauter zu erledigenden Aufgaben befindet, beseitigen Sie das Durcheinander, indem Sie für jede Arbeit einen festen Termin in Ihrem Kalender einplanen und die Papiere in Ihrer Wiedervorlagemappe ablegen. Dort werden diese Sie zu gegebener Zeit an eine Aufgabe erinnern, und Sie haben in Ihrem Kalender für ihre Erledigung Zeit eingeplant.

3. Schaffen Sie das Durcheinander von vielfachen Erinnerungshilfen ab, indem Sie alles in ein Aufgabenbuch eintragen. Gewöhnen Sie sich an, es täglich zu benutzen, und das Chaos auf Ihrem Schreibtisch wird sich in NullKommaNichts in Luft auflösen. Verwenden Sie das Aufgabenbuch, wenn Ihnen plötzlich etwas einfällt und Sie es irgendwo notieren möchten. Gebrauchen Sie es, um sich bei mündlichen

Bitten und Anfragen auf dem Laufenden zu halten. Versehen Sie jede zu erledigende Aufgabe mit Datum, und streichen Sie sie durch, wenn sie fertig ist. Ein Aufgabenbuch ist Erinnerungs- und Nachhaksystem zugleich. Es veranlasst Sie, Dinge zu tun und die Aufgaben zu kennzeichnen, die fertiggestellt sind.

4. Verwenden Sie ein Kalendersystem, mit dem Sie eine ganze Woche auf einmal planen können. Dadurch werden Sie eher wochenweise und über die gesamte Woche planen, was wiederum die Erfolgschancen erhöht, dass Sie Ihre Arbeit zeitlich terminieren und wirklich durchführen.

5. Lernen Sie, Ihr Kalendersystem vollständig auszunutzen. Mit etwas Fantasie und der notwendigen Übung wird Ihnen die Tauglichkeit eines solchen Systems, um Aufgaben durchzuführen und weiterzuverfolgen, in bisher ungeahntem Maße klar werden.

6. Ignorieren Sie nicht die elektronischen Lösungen für Ihre Probleme. Wenn Ihr Unternehmen mit Outlook oder einem anderen netzwerkfähigen Programm arbeitet, sollten Sie es auch für Ihre Terminverwaltung und Aufgabenplanung einsetzen. Die meisten PDAs, Palmtops, Smartphones und so weiter unterstützen Outlook (und andere gängige Programme) und sind vor allem für Arbeitskräfte nützlich, die häufig auswärtige Termine haben.

7. Delegieren bestimmt im Wesentlichen Ihre Effektivität. Auch die Qualität Ihrer Arbeit hängt von Ihrer Fähigkeit ab, richtig zu delegieren. Durch richtiges Delegieren vervielfachen Sie Ihre Produktivität. Wenn Sie etwas delegieren, denken Sie daran, dass Sie einer anderen Person eine Aufgabe samt der notwendigen Weisungsgewalt übertragen. Sie geben nicht die Kontrolle oder Verantwortung aus der Hand. Diese verbleiben bei Ihnen.

8. Machen Sie das Nachhaken und Weiterverfolgen zu einem Teil Ihres Arbeitsprozesses, indem Sie es im Rahmen der regelmäßigen Aufgabenüberprüfung in Ihre wöchentlichen Besprechungen mit Ihren Mitarbeitern einbauen. Denken Sie auch daran, dass diese der Zeitpunkt sind, wo Ihre Mitarbeiter bezüglich Informationen und Tipps, die sie von Ihnen erwarten, nachhaken können. Wenn ein derartiger Austausch stattfindet, werden die Besprechungen kalkulierbar und nützlich, insofern sie allen helfen, ihre Arbeit besser und schneller zu erledigen.

7

Tun Sie's sofort richtig

> Man kann seiner Verantwortung von morgen nicht dadurch entgehen, dass man ihr heute ausweicht.
>
> *Abraham Lincoln*

Überblick: In diesem Kapitel lernen Sie,

- dass man prüfen muss, welche Erwartungen die Kunden haben, und ihre Bedürfnisse erfüllen muss. Es genügt nicht, das zu tun, was man selbst für wichtig hält;
- dass man bei seiner eigenen Arbeitsweise anfangen muss, will man die seiner Gruppe verbessern;
- dass man seine alten Arbeitsmethoden über den Haufen werfen und sich neue, effektivere zu Eigen machen muss, will man seine Leistung deutlich steigern.

Sollte es so etwas wie eine grundlegende Philosophie für PEP geben, würde ich sie so definieren: die schrittweise Verbesserung der grundlegenden Arbeitsprozesse. So und nicht anders habe ich dieses Programm konzipiert (obwohl ich zugeben muss, dass ich das nicht bewusst so gemacht habe). Mehr darüber können Sie in dem Kapitel *Werden Sie ein Tun-Sie's-sofort-Manager* nachlesen.

Das japanische Wort dafür lautet Kaizen. In Unternehmen wird Kaizen so gut wie auf alles angewendet, obwohl es sich eigentlich auf die grundlegenden Prozesse eines Betriebs bezieht. Da wir uns in diesem Buch auf den persönlichen Aspekt konzentrieren, dreht sich in diesem Kapitel alles um die Anwendung von Kaizen auf das Selbstmanagement.

Schon der gesunde Menschenverstand sagt uns, dass wir eine Aufgabe gleich beim ersten Mal richtig machen sollen. Das spart uns Zeit und bringt das gewünschte Resultat. Etwas richtigzumachen, setzt aber voraus, dass man die technische Seite seines Jobs kennt. Doch es setzt auch voraus, sich die Arbeit richtig einzuteilen.

Viele meiner Kunden aus zahlreichen Ländern haben mir berichtet, dass die Mehrheit ihrer Mitarbeiter aus hoch qualifizierten Profis besteht, was die technische Seite ihres Jobs anbelangt. Von Arbeitsmethoden und deren Anwendung auf ihr Aufgabengebiet haben sie jedoch oft nur sehr wenig Ahnung.

Die meisten von uns verstehen unter einer Verbesserung der Arbeitsprozesse eine Verbesserung des Computersystems oder der Fertigungsprozesse. Die meisten Mitarbeiter haben nur eine vage Vorstellung von ihren persönlichen Arbeitsprozessen und versuchen nur selten, sie zu verbessern.

Prozessverbesserungen und Qualität gehören untrennbar zusammen. Qualitätsoffensiven, Six Sigma, umfassendes Qualitätsmanagement, 6S, Lean Management und so weiter konzentrieren sich alle auf eine Sache: Prozessverbesserung. Damit lässt sich Ausschuss verringern. Damit lässt sich vieles in kürzerer Zeit mit weniger Aufwand und Kosten erreichen.

Wenn Sie die hart erkämpften Prinzipien und Techniken, die sich in den meisten Qualitätsprogrammen finden, auf Ihre persönlichen Arbeitsprozesse anwenden wollen, werden Sie damit auf lange Sicht genauso viel Erfolg haben wie die Unternehmen, die dies seit Jahrzehnten umsetzen. In diesem Kapitel mache ich Ihnen ein paar Vorschläge, die Sie natürlich sofort in die Tat umsetzen sollten.

Warum ist Qualität so wichtig?

Die amerikanische Gesellschaft für Qualität (American Society for Quality) hat uns freundlicherweise die Genehmigung erteilt, ihre Argumente für Qualität abzudrucken:

- Qualität ist kein Ziel, sondern die Art und Weise, an Geschäfte heranzugehen.

- Qualität ist eine Sammlung effizienter Mittel und Konzepte, die sich bereits bewährt haben.

- Qualität definiert sich anhand der Kundenzufriedenheit.

- Zur Qualität gehören auch kontinuierliche Verbesserungen und Durchbrüche.

- Für jeden Bereich des Geschäftslebens gibt es Mittel und Techniken zur Qualitätssicherung.

- Qualität strebt nach Perfektion; alles andere ist nur eine Möglichkeit zur Verbesserung der Dinge.

- Qualität erhöht die Kundenzufriedenheit, verkürzt den Arbeitszyklus, senkt die Kosten und hilft, Fehler zu vermeiden und Arbeit nicht doppelt zu erledigen.

- Qualität ist nicht nur in der Geschäftswelt von größter Bedeutung – auch in öffentlichen oder gemeinnützigen Institutionen wie Schulen oder sozialen Einrichtungen und Regierungsbehörden kommt es auf die Qualität der jeweiligen Leistungen an.

- Ein effizientes Qualitätsmanagement zieht positive Ergebnisse hinsichtlich der Leistung und der Finanzen nach sich.

Wenn ein leitender Angestellter oder Manager die Leistungen seines Teams verbessern möchte, ist das Qualitätsmanagement der Schlüssel zum Erfolg. In den meisten Fällen sind die entsprechenden Techniken einfach und dennoch äußerst effizient.

Kaizen

Man kann durchaus behaupten, dass Kaizen das wichtigste Managementkonzept der vergangenen fünfzig Jahre für den produzierenden Marktsektor ist. Kaizen ist japanisch und bedeutet »kontinuierliche Verbesserung«. Ich würde gerne noch das Wort »schrittweise« einfügen, da ich der Ansicht bin, dass eine kontinuierliche Verbesserung nur in kleinen Schritten dauerhafte Erfolge mit sich bringt. Da sich die meisten Verbesserungen direkt auf die Arbeitsprozesse beziehen, schlage ich folgende Definition für Kaizen vor: »Kontinuierliche, schrittweise Verbesserung des Arbeitsprozesses.«

Die erheblichen Verbesserungen in Produktivität und Qualität in der Fertigung während der letzten Jahre lassen sich auf Kaizen in den verschiedenen Anwendungsformen zurückführen. TQC (Total Quality Control), TQM (Total Quality Management), Hoshin und 6S sind allesamt Maßnahmen, die ihren Ursprung in Kaizen haben.

Nun, die Anwendung von Kaizen auf den Bürobereich ist nicht ganz so einfach wie bei der Fertigung, wo meistens auf einen Blick zu erkennen ist, was verbessert werden kann. Die Arbeitsabläufe von Managern und Angestellten sind nicht so klar definiert und viel flexibler als die Arbeitsprozesse in der Fertigung. Dies gilt vor allem für persönliche Arbeitsmethoden.

Offen gestanden ist die Produktivität in den Büros häufig ziemlich dürftig. Unsere Trainer des Institute for Business Technology stellen oft fest, dass Manager und Sachbearbeiter im Durchschnitt etwa 25 Prozent ihrer Arbeitszeit verschwenden. Ich will damit nicht sagen, dass diese Leute nicht hart arbeiten, ganz im Gegenteil – bloß: Sie erledigen nicht halb so viel, wie sie eigentlich könnten. Wie oft haben Sie am Ende Ihres Arbeitstags festgestellt, dass Sie nur einige wenige Punkte Ihrer To-do-Liste erledigt haben, und Sie fragen sich wahrscheinlich, wo die Zeit geblieben ist.

Eine Frage, die ich in meinen Trainings immer wieder stelle, lautet: Stehen auf Ihrer To-do-Liste eigentlich auch Punkte, mit denen Sie Ihre Arbeitsmethoden verbessern und Ihre Produktivität steigern können? Nur in den seltensten Fällen verwenden Menschen ihre Zeit für Aufgaben, die ihren eigenen Arbeitsablauf verbessern könnten, obwohl in der Betrachtung des eigenen Verhaltens bei der Arbeit das größte Potenzial liegt, die Produktivität zu steigern.

Selbst wenn dieser Gedankengang der Einzige wäre, den Sie aus diesem Buch lernen und ihn dann aber auch wirklich in die Praxis umsetzen, könnten Sie das Buch nun zuschlagen und ich wäre mir sicher, dass ich Ihnen geholfen habe, organisierter und effizienter zu arbeiten.

PEP – ein praktisches Hilfsmittel zur Qualitätsverbesserung

Einer unserer Kunden gab uns das folgende Feedback: »Die Qualitätsgurus schaffen hier das Bewusstsein für Zeitmanagement und organisatorische Effizienz, aber PEP sorgt dafür, dass beides umgesetzt wird, weil das Programm beim Job ansetzt, auf dem Schreibtisch, und das ist zweckdienlich.«

Eine Verbesserung Ihrer Arbeitsmethode wird sofort zu sichtbaren Ergebnissen führen. Dies wird Sie darin bestärken, Ihre Methoden auf andere Arbeitsprozesse auszuweiten, und Ihnen die Kraft geben, diese Verfahren so lange kontinuierlich zu verbessern, bis Sie erfolgreich sind. Dadurch haben Sie auch die Zeit, sich auf die Verbesserung der allgemeineren Arbeitsprozesse zu konzentrieren.

6S

Die in Japan weit verbreitete und vor allem bei Büroangestellten äußerst beliebte Methode der Qualitätssicherung heißt 6S. Die Abkürzung steht für:

Seiri	—	Aussortieren
Seiton	—	Aufräumen
Seiso	—	Reinigen
Seiketsu	—	Erhalten des geordneten Zustands
Shitsuke	—	Disziplin
Shukan	—	Gewöhnung

6S kommt ursprünglich aus China und wurde von Japanern erfolgreich kopiert und angewendet. 6S als Methode der Qualitätssicherung eignet sich vor allem für den Büroalltag und persönliche Arbeitsprozesse.

Dem »Lean Glossary« (einem Glossar über alles, was mit schlankem Management zusammenhängt) des Unternehmens Lean Affiliates zufolge lässt sich 6S definieren als »Maßnahmenkatalog für die Organisation des Arbeitsplatzes, mit dessen Hilfe eine Steigerung der Effizienz und eine schlanke Fertigung gemäß folgender Definition erreicht werden soll: Sortieren – Einteilung von Material und Werkzeug in die Kategorien ›erforderlich‹ und ›überflüssig‹; Aufräumen – Werkzeuge und andere Gegenstände zum einfachen Gebrauch übersichtlich ordnen; Reinigen – für ein hohes Maß an Sauberkeit sorgen; Standardisierung – Planung der ersten drei Schritte; Aufrechterhaltung – Entwicklung von Methoden, um die einzelnen Schritte kontinuierlich umzusetzen und sich zur Gewohnheit zu machen.«

»Seiri« (Aussortieren) lässt sich als Prozess definieren, bei dem Sie Ihr Büro und Ihren Arbeitsplatz genau unter die Lupe nehmen, um zu überlegen, was Sie wozu benutzen, was Sie brauchen und was nicht. Trennen Sie sich von überflüssigen Dingen. Räumen Sie mit dem Chaos auf. Das gilt für Analoges wie für Digitales.

»Seiton« (Aufräumen) bedeutet, dass sich Werkzeuge genau da befinden, wo sie sein sollten. Anders ausgedrückt, dass Sie auf einen Griff alles haben, um mit der Produktion (von was auch immer) loslegen zu können. Ein Beispiel hierfür wären Dateien, die so abgespeichert werden, dass sie jederzeit schnell aufzufinden sind.

»Seiso« (Reinigen) bedeutet, dass Sie Ihre Werkzeuge immer ordentlich und gepflegt an ihren Platz zurücklegen.

»Seiketsu« (Erhalten des geordneten Zustands) bezieht sich zum einen darauf, dass jedem Mitarbeiter klar ist, wo sich was befindet, damit er ohne groß nachdenken zu müssen, darauf zugreifen kann. Zum anderen gehören Standards für die Büroverwaltung dazu (Ausdrucke, elektronische Dateien, vereinbarte Kategorien, Etiketten; wann und wie werden E-Mails verschickt, wie werden Telefonate und Besprechungen gehandhabt, wann dürfen Sitzungen gestört werden und so weiter).

»Shitsuke« (Disziplin) bedeutet, am Ball zu bleiben, ganz gleich, unter welchen Bedingungen oder welche Entschuldigung man parat hätte, es nicht zu tun. Und das gilt solange bis der nachfolgende Punkt eingetreten ist.

»Shukan« (Gewöhnung) bedeutet, dass die ersten fünf »S« immer und überall umgesetzt werden.

Im Kapitel *Tun Sie's sofort* befassen wir uns ja im Detail mit der Umsetzung des PEP-Konzepts, und diese fünf Schritte verstärken das Ganze noch.

Sehen Sie es doch einmal aus dieser Sicht: Haben Sie schon einmal ein Essen für mehrere Freunde zu Hause zubereitet? Sie schneiden das Gemüse klein, schälen die Kartoffeln, holen die noch fehlenden Zutaten, bereiten den Salat vor, würzen das Fleisch und braten und brutzeln und backen – alles gleichzeitig natürlich. Bis das Essen fertig ist, sieht die Küche aus, als hätte eine Bombe eingeschlagen. Es schmeckt köstlich, aber das Aufräumen dauert fast länger als das Kochen selbst.

Und jetzt denken Sie bitte an Ihren letzten Besuch in einem japanischen Restaurant. Dort lassen sich die meisten Köche beim Kochen zusehen. Ein visuelles Vergnügen! Schon bei der Zubereitung der Speisen wird alles wieder saubergemacht: die Oberflächen, die Pfannen und die Messer. Sämtliche Zutaten haben ihren festen Platz, sind leicht zugänglich und werden sofort nach Gebrauch wieder zurückgestellt. Wenn das Essen fertig ist, ist die Küche blitzblank geputzt. Es dauert keine Sekunde, bis angerichtet ist und das Mahl serviert werden kann. Dieses Prinzip kann und sollte auch für Ihren Arbeitsplatz gelten.

Richten auch Sie Ihren Arbeitsplatz nach den Prinzipien von 6S ein. Legen Sie alle Werkzeuge nach Gebrauch wieder an ihren angestammten Platz zurück. Räumen Sie immer auf, auch während der eigentlichen Arbeit.

6S ist Theorie und Praxis zugleich. 6S heißt,

- sich bewusst zu sein, dass Effizienz das A und O des modernen Arbeitsalltags ist,
- jegliche Verschwendung zu beenden,
- sich die Zeit zu nehmen, die eigenen Siebensachen in Ordnung zu halten und zu pflegen,
- darüber nachzudenken, wie sich die Arbeit besser erledigen lässt,
- den Arbeitsplatz nach getaner Arbeit sauber zu verlassen.

Im Prinzip fordert 6S, den eigenen Arbeitsplatz und die eigenen Werkzeuge und Materialien in Schuss und sauber zu halten, während der Arbeit auf Ordnung zu achten und hinterher aufzuräumen, sodass man es am nächsten Arbeitstag einfacher hat.

Der gesamte Prozess (wie Sie Ihre Arbeit erledigen) muss auf den Prüfstand gelegt und gegebenenfalls verbessert werden, wenn Sie ab jetzt alles richtig machen sollen und wollen. Konzentrieren Sie sich auf die 6S, sorgen Sie in Ihrem Umfeld für Ordnung und Sauberkeit, und verrichten Sie Ihre Arbeit diszipliniert.

Kaizen am Arbeitsplatz

Im letzten Abschnitt ging es um 6S, einen Prozess, mit dem sich die Effizienz und Qualität am Arbeitsplatz verbessern lassen. In diesem Abschnitt möchte ich Ihnen aufzeigen, wie Sie Kaizen in Ihren Arbeitsalltag integrieren können.

Der erste Schritt liegt auf der Hand: Lässt das Ergebnis Ihrer Arbeit zu wünschen übrig, blicken Sie zurück und versuchen herauszufinden, woran es lag. Nun korrigieren Sie das Ganze.

Ich selbst halte mich an eine Faustregel, die mich dazu ermutigt, meine Arbeit kontinuierlich weiterzuentwickeln. Immer, wenn ich an etwas arbeite, das mir viel zu schwierig oder problematisch scheint, frage ich mich: »Was kann ich tun, damit es mir beim nächsten Mal leichter von der Hand geht?« Und dann brauche ich die Antwort auf diese Frage nur noch umzusetzen.

Nehmen wir einmal an, ich bräuchte Frau Meiers Hilfe bei einem Projekt, an dem ich gerade arbeite. Ich greife zum Hörer, kann aber ihre Handynummer nicht finden. Als ich sie dann schließlich gefunden habe, trage ich sie sofort in meine Kontaktdaten ein. Da fällt mir ein, dass ich Frau Meier wegen eines Dokuments, an dem wir beide arbeiten, am Freitag noch einmal anrufen muss. Wenn ich das als Aufgabe in meinen Terminplaner eintrage, kann ich die Datei, um die es geht, gleich als Anhang einfügen (ihre Kontaktdaten sind ja bereits offen). Auf diese Weise muss ich ihre Nummer nicht noch einmal nachschlagen, weil sie mir angezeigt wird, wenn ich diese Aufgabe erledige.

In die Betreffzeile der Aufgabe schreibe ich, worum es bei meinem Anruf geht. Wenn die Stunde dann geschlagen hat und ich Frau Meier anrufen muss, weiß ich genau, was ich nun zu tun habe, und alles, was ich dafür benötige, liegt bereit.

Halten Sie sich immer vor Augen, dass wir gerne bereit sind, etwas zu tun, vorausgesetzt, es fällt uns leicht. Schon allein aus diesem Grund sollten Sie dafür sorgen, dass Ihnen eine bestimmte Angelegenheit – beim nächsten Mal – leichter von der Hand geht. Vielen ist eigentlich klar, was sie dafür tun müssten, aber leider sind sie ja viel zu beschäftigt, um sich auch noch darum kümmern zu können. Wie oft ist Ihnen der Gedanke »Sobald ich Zeit dafür habe, mache ich das oder jenes« gekommen? Die Ironie daran ist, dass wir es uns nicht leisten können, nichts zu tun.

Doch wenn wir uns konstant fragen, wie wir unsere Arbeit erledigen, können wir jegliche Form von Verschwendung beenden, Fehler vermeiden, effizienter arbeiten und mit der Zeit allmählich die Kontrolle über unsere Arbeit gewinnen.

Seine Kunden und deren Bedürfnisse erkennen

Im Zuge des Vertriebs des PEP-Programms stieß ich auf ein interessantes Phänomen. Bei der Durchführung von Vor- und Nachuntersuchungen zur Entwicklung von Methoden zur Erfolgsmessung und um Feedback über unsere eigene Arbeit zu erhalten, fragte ich die PEP-Teilnehmer gewöhnlich, wie sie persönlich von dem Programm profitiert haben. In der Regel berichten 85 bis 90 Prozent unserer Kunden von einem enormen persönlichen Fortschritt.

Eine andere Frage, die wir unseren Kunden stellen, ist, wie sie ihre Kollegen wahrnehmen, die ebenfalls mit PEP arbeiten. Die Antworten auf diese Frage streuen weit mehr. Die Teilnehmer erzählen über ihre Kollegen: »Na ja, ihr Schreibtisch ist nicht mehr so ordentlich.« »Ich erhalte von meinem Kollegen immer noch nicht schnell genug Rückmeldung.« Wir merkten also, dass die PEP-Teilnehmer zwar besser in die Lage versetzt wurden, die Dinge, die für sie wichtig waren, zustande zu bringen, aber nicht unbedingt den Bedürfnissen der Menschen, mit denen sie zu tun hatten, gerecht wurden. Seither bitten wir die Teilnehmer herauszufinden, was ihre Kollegen erwarten und wünschen, und die Erfüllung dieser Bedürfnisse zu einem ihrer Ziele zu machen. Dies ist ein großer Erfolg.

Es ist also nicht nur wichtig, das zu bewirken, was man für sich als wichtig erachtet. Sie müssen herausfinden, was Ihre Kollegen, Mitarbeiter, Ihre ganzen internen und externen »Kunden« als relevant einschätzen. PEP befähigt Sie nicht nur zu erkennen, was sich Ihre Kunden wünschen, und gut organisiert zu sein, sondern macht es Ihnen auch möglich, besser auf diese Kundenbedürfnisse einzugehen.

Benchmarking

Benchmarking, der Vergleich Ihrer Arbeit mit den Besten auf Ihrem Gebiet, ist ein entscheidendes Hilfsmittel zur Qualitätssteigerung. Der Vergleich zeigt Ihnen, wie gut Sie arbeiten, und gewöhnlich auch, wie Sie sich verbessern können. Im Zuge von PEP werden hervorragende persönliche Arbeitssysteme und -organisationen definiert, die dem Einzelnen als Bezugspunkt für seine eigene Arbeit dienen.

> Es braucht weniger Zeit, etwas richtig zu tun, als zu erklären, warum man es falsch gemacht hat.
>
> *Unbekannt*

Ein paar wenige in Ihrer Gruppe mögen effiziente und effektive Arbeitsmethoden entwickeln. Nehmen Sie sich diese Menschen zum Vorbild. Sie sind als Spitzenleute bekannt. Wenn zwischen jenen Leuten, die Hervorragendes, und jenen, die nur Durchschnittliches leisten, eine Kluft besteht, schauen Sie sich an, wie die Spitzenleute ihre Arbeit verrichten und welche Verhaltensweisen ihnen ermöglichen, Besseres zu leisten als ihre mittelmäßigen Kollegen.

Konzentrieren Sie sich auf die Vorbeugung

PEP bringt Sie von einer reaktiven in eine proaktive Arbeitsweise. Mit einer guten Planung können Sie in die Zukunft blicken und Probleme verhindern. Sie werden sich der Warnsignale und Hinweise auf mögliche zukünftige Katastrophen bewusst. Nicht nur, dass Sie sie erkennen, Sie werden diese Dinge mit dem Konzept »Tun Sie's sofort« im Hinterkopf auch in Angriff nehmen, solange sie noch zu stemmen sind, und können somit dem Auftreten ernster Probleme entgegenwirken. Dass Sie sich so jede Menge Ärger sparen, bedarf wohl kaum der Erklärung.

Stufenweise Verbesserung

Berater auf dem Gebiet der Qualitätsverbesserung, der Managementsysteme zur Qualitätsplanung, -kontrolle und -steigerung betonen, dass zur Qualitätsverbesserung stufenweise Verbesserungspläne vonnöten sind. Sie stellen heraus, dass es dem Management obliegt, durch Planung und Lenkung die Qualität zu steigern. Es ist die Aufgabe des Managements, Qualitätskonzepte auf jeder Stufe in die Tat umzusetzen. Das Management muss den Mitarbeitern helfen, ihre Fertigkeiten und Kenntnisse bezüglich der Planung ihrer Arbeit zu verfeinern, und Aktionen durchführen, die die Qualität verbessern und die Produktivität erhöhen.

Kontinuierliche Veränderung

Es fällt Menschen ziemlich schwer, mit Veränderung umzugehen. Kontinuierliche Verbesserung heißt aber stetiger Wandel. Die Führungskräfte können ihn diktieren, aber die effektivsten Manager ziehen es vor, ihre Mitarbeiter einzubeziehen.

Mit stetigem Wandel umzugehen, ist nicht einfach, wenn die persönlichen Ziele und erwünschten Resultate nicht klar definiert und regelmäßig überprüft werden. Zu einer kontinuierlichen Verbesserung gehören Projektmanagement, Zeitmanagement, Organisation des Arbeitsbereichs, eine Sache durchzuziehen und am Ball zu bleiben.

Aus der Sicht von PEP besteht die Qualitätsverbesserung im Wesentlichen aus drei Bestandteilen:

- der Identifizierung dessen, was verbessert werden muss;
- der Planung der dafür notwendigen Handlungen;
- der Umsetzung der Pläne in die Tat.

Zusammenfassung

1. PEP kann zu einem wesentlichen Erfolgsfaktor für Sie und Ihr Unternehmen werden. PEP widmet sich Ihren Arbeitsmethoden. Es reicht nicht, tüchtig und fachlich versiert zu sein, um seine Arbeit zu erledigen. Sie müssen die Prinzipien der Arbeitsorganisation und ihre praktische Umsetzung verstehen.

2. Integrieren Sie Kaizen in Ihre Arbeitsabläufe, und suchen Sie immer nach Möglichkeiten, die Abläufe zu vereinfachen. Ist etwas kompliziert oder problematisch, analysieren Sie Ihr Vorgehen daraufhin, was Sie beim nächsten Mal besser machen können.

3. Holen Sie 6S an Ihren Arbeitsplatz: Räumen Sie mit dem Chaos auf, sorgen Sie dafür, dass all Ihre Arbeitsutensilien in Greifweite sind, und räumen Sie später alles

wieder ordentlich an seinen Platz; etikettieren Sie alles, damit es einfach und intuitiv zu finden ist, und achten Sie darauf, alles gepflegt und organisiert zu hinterlassen. Mit der Zeit wird sich die Routine einstellen und Sie können effizienter denn je an die Arbeit gehen.

4. Suchen Sie sich ein Vorbild, dem Sie bei der Steigerung Ihrer Effektivität und Effizienz nacheifern können.

8

Tun Sie's sofort – wo immer Sie sich befinden

Ihr Büro ist immer dort, wo Sie sind. Arbeit ist etwas, das Sie tun müssen – kein Ort, den Sie aufsuchen.

Überblick: In diesem Kapitel lernen Sie,

◆ was ein Arbeitsplatz der Neuen Generation (ANG) ist;

◆ welche die neuesten Trends des ANG sind;

◆ wie Sie die Grundprinzipien von PEP auf Ihren ANG übertragen;

◆ wie Sie erfolgreich an Ihrem ANG arbeiten.

Ein neues Arbeitsumfeld entsteht

Bereits seit den 1970er Jahren – vermutlich aber schon viel früher – hat man sich in der Geschäftswelt nach Alternativen zu den zellenartigen Abteilen der Großraumbüros umgesehen (vielleicht kennen Sie ja die in Amerika sehr beliebte Comicfigur namens Dilbert). Auch unseren Klienten war schon lange bewusst, dass immer wieder Zeiten kommen, in denen die Büros aufgrund von Unterbesetzung nicht ausgelastet sind, die Fixkosten jedoch unverändert bleiben und kaum Gewinn erwirtschaftet wird. Ein weiterer Grund zur Besorgnis ist die Beobachtung, dass Mitarbeiter häufig in die Gewohnheit verfallen, sich nur mit denselben Kollegen auszutauschen.

Mittlerweile gewinnt man den Eindruck, als würden in jeder Branche die Möglichkeiten alternativer Büros diskutiert, begeistert aufgenommen und eingeführt. Doch warum vollzieht sich dieser Wandel gerade jetzt? Ganz einfach: Es liegt an den Technologien.

Die neuen Technologien haben uns Notebooks, Handys, Smartphones, E-Mail, Voicemail, das Internet, Intranets und Scanner beschert. All diese Entwicklungen tragen zur Umgestaltung des herkömmlichen Büroarbeitsplatzes bei. Dr. Franklin Becker von der Cornwell Universität und Co-Autor Fritz Steel bezeichnen diese Entwicklung in ihrem Buch *Workplace by Design: Mapping the High-Performance Workscape* als »Arbeitsplatzökologie«.

Heute können wir dank der Handlichkeit und mobilen Einsatzfähigkeit der Laptops oder Smartphones jederzeit und an jedem Ort auf Informationen zugreifen (vorausgesetzt natürlich, dass wir gut organisiert sind). Über unser Handy sind wir überall erreichbar, egal wo wir uns gerade aufhalten und was wir tun. Doch wie immer gibt es auch hier Vorteile und Nachteile. Kaum sitzen Sie in einem Restaurant am Tisch, klingelt auch schon das Handy – eindeutig ein Nachteil. Andererseits ist es von unschätzbarem Vorteil, wenn Sie Ihren Kunden ständig und überall zurückrufen können. Heutzutage kann jeder Geschäfte tätigen, ohne einen Fuß ins Büro zu setzen. Insbesondere das Handy rechtfertigt die Aussage: »Ihr Büro ist immer dort, wo Sie sind.«

Nicht nur per Handy und E-Mail sind wir jederzeit erreichbar, auch der Zugriff auf Firmenlaufwerke von außerhalb ist mittlerweile gang und gäbe und erlaubt es Arbeitnehmern, von nahezu jedem Ort der Welt zu arbeiten – niemand ist mehr an seinen Schreibtisch gefesselt, um Computer und Telefon im Blick zu haben. Dies veranschaulicht, welchen Einfluss die technologischen Errungenschaften auf das Büro des 21. Jahrhunderts hatten, was sich natürlich ebenso auf die Arbeitsplätze der Neuen Generation (ANGs) auswirkt. Mithilfe der neuen technologischen Entwicklungen können wir bequem von jedem beliebigen Ort aus arbeiten, streng nach dem Grundsatz: »Ihr Büro ist immer dort, wo Sie sind.«

Was versteht man unter einem »Arbeitsplatz der Neuen Generation?«

Wandel findet ja bekanntlich andauernd statt, doch die Geschwindigkeit, mit der Veränderung am Arbeitsplatz vollzogen wird, ist schwindelerregend. In den USA wird diese jüngste Entwicklung als »Alternatives Büro« (AB) bezeichnet, während man in Europa eher von einem »Flexiblen Büro«, dem »Variablen Bürokonzept« oder »Offenen Büros« spricht.

Auch in den Unternehmen haben sich unterschiedliche Bezeichnungen für diesen Wandel durchgesetzt. Bei Hewlett-Packard spricht man von einem Arbeitsplatz der neuen Generation, bei Ernst & Young vom Arbeitsplatz der Zukunft. Andere gängige Bezeichnungen dafür sind virtuelles oder mobiles Büro.

Wir betrachten diesen Wandel als Übergang zu einer neuen Generation, weshalb wir den Ausdruck »Arbeitsplatz der Neuen Generation« (der in den USA von Hewlett-Packard geprägt wurde und im Original »Next Generation Workplace«, NGW, heißt) vorziehen, da er unserer Meinung nach am besten veranschaulicht, welche Richtung in der Geschäftswelt eingeschlagen wird. Aber völlig unabhängig davon, wie man das Projekt ANG nun nennen will, ist nicht zu bestreiten, dass es ein Fortschritt ist, der nicht mehr aufzuhalten ist – und in fünf Jahren werden Arbeitsprozesse und -werkzeuge mit Sicherheit wieder ein Stück weiter und anders sein als heute.

Arbeiten im Home-Office

Schon seit 1989 halten wir Schulungen über das Arbeiten im Homeoffice (HO) ab. Im Prinzip hat sich an den Anforderungen für diesen Arbeitsplatz so gut wie nichts geändert, auch wenn sich der Einfluss der Technologien auch hier deutlich bemerkbar macht und sich zum Beispiel E-Mail zur allgemein üblichen Kommunikationsform entwickelt hat. Es gibt drei verschiedene Grundformen eines Homeoffice:

1. Kleiner Betrieb zu Hause (am einfachsten zu verwirklichen):
   - Üblicherweise arbeitet dort nur eine Person.
   - Sämtliche Information laufen bei diesem einen Mitarbeiter zusammen, der auch die Entscheidungen trifft.

2. Selbstständige, wie freiberufliche Berater, Texter, selbstständige Handelsvertreter (etwas schwieriger zu verwirklichen):
   - Es arbeiten nur wenige Menschen gleichzeitig miteinander.
   - Informationen werden aus den unterschiedlichsten Quellen beschafft.
   - Zentrale, von der aus die Geschäftsreisen erfolgen.

3. Angestellte, wie etwa Manager, Verwaltungsangestellte, Personalberater, Verkaufspersonal (am schwierigsten zu verwirklichen):
   - Zusammenarbeit mit großen Gruppen.
   - Reger Austausch von Informationen mit vielen anderen Kollegen und Mitarbeitern.
   - Viele verschiedene Informationsquellen.
   - Der Kontakt zu anderen ist äußerst wichtig.

Alle drei Formen des Homeoffice haben zwei gemeinsame Nenner, die geklärt werden müssen, damit diese Arbeitsform funktionieren kann:

1. Freiheit bezüglich des Auftretens und der Arbeitszeit. Persönliche Angelegenheiten entscheidet der Betreffende selbst – das ist Fluch und Segen zugleich! Unbestreitbarer Vorteil ist, dass man zu Hause ungeschminkt oder unrasiert in Freizeitkleidung arbeiten kann und sich die lästige Fahrt ins Büro erspart. Nur wenn man über die Möglichkeit der Videokonferenzen verfügt, muss man auch hier auf sein Äußeres achten. Für alle Homeoffice-Arbeitskräfte und Vorgesetzte mit zu Hause arbeitenden Angestellten zählt nur das Ergebnis der Arbeit, nicht die Anzahl der Arbeitsstunden.

Da zum Beispiel die meisten meiner Partner und ich selbst von zu Hause arbeiten, kann ich Ihnen versichern, dass wir eher zu viel als zu wenig arbeiten. Bei dieser Arbeitsform zählt nur das Ergebnis – sowohl für das Management als auch den Mitarbeiter.

Wenn ein »Heimarbeiter« die Möglichkeit hat, sich einen Nachmittag frei zu nehmen, um seiner Tochter bei einem Sportwettkampf von der Zuschauertribüne aus die Daumen zu drücken, erhöht dies seine Lebensqualität erheblich, was auch seinem Arbeitgeber wieder zugutekommt. Ich kann Ihnen nur empfehlen, diese Vorteile zu nutzen. Achten Sie aber auf geregelte Arbeitszeiten, sodass Sie immer pünktlich Feierabend machen können. Eine große Hilfe dabei sind natürlich die Grundsätze von PEP, vor allem diejenigen, die wir in den Kapiteln *Bauen Sie Routinen auf* und *Planen Sie sofort* unter die Lupe genommen haben.

2. Systematische Organisation und geregelter Informationsfluss. Arbeiten Sie als Angestellter eines Unternehmens in Ihrem Homeoffice, das beispielsweise eine gute Stunde Fahrzeit vom Unternehmen Ihres Arbeitgebers entfernt ist, müssen Sie über sämtliche Daten, die Sie für Ihre Arbeit benötigen, verfügen. Nur wenn Sie papierene und elektronische Daten mit System verwalten, werden Sie auch zu Hause genauso gut arbeiten können wie im Unternehmen. Auch wenn sich heutzutage alle möglichen Dateien und Unterlagen an eine E-Mail anhängen lassen, ist es manchmal nicht einfach, an bestimmte Informationen zu kommen. Oft können Ihnen Ihre Kollegen nicht weiterhelfen, da sie selbst von zu Hause aus arbeiten oder zu beschäftigt sind. Aus diesem Grund ist es unverzichtbar, dass man sich die Zeit nimmt, Prioritäten zu setzen und die Arbeit sorgfältig zu planen.

Das fehlende Glied – die richtige Ausrüstung für ANGs

Damit jeder Mitarbeiter effizient und produktiv arbeiten kann, müssen die neuen Arbeitsplätze mit einem leistungsstarken PC oder Laptop, den erforderlichen Programmen – auch Outlook oder Lotus Notes –, CDs und DVDs und den entsprechenden Laufwerken und Brennern, USB-Sticks und -Anschlüssen, Scannern, Druckern, Faxgeräten, (Mobil-)Telefonen und Digitalen Assistenten (PDAs) ausgestattet sein – was eigentlich der Grundausstattung eines normalen Büros entspricht. Bei ANGs sollten alle Geräte dem neuesten Stand der Technik entsprechen und optimal auf die veränderten Arbeitsbedingungen zugeschnitten sein.

Bei unserer Arbeit mit Klienten bekommen wir sehr häufig folgende Aussage zu hören: »Ich muss dieses Dokument unbedingt aufbewahren, weil es nicht in elektronischer Form vorhanden ist.« Auf unsere Frage, ob ein Scanner vorhanden ist, erhalten wir meist die Antwort »Nein« oder »Wir werden demnächst welche anschaffen« oder »Wir können den der anderen Abteilung benutzen«.

Mit einem Scanner lassen sich Berge an Papier beseitigen, da es so gut wie nichts gibt, was sich nicht auch einscannen ließe – wozu auch maschinengeschriebene Unterlagen, Fotos, Zeitungsartikel und handschriftliche Notizen zählen.

Viele Unternehmen sind aufgrund ihrer Statuten oder aus anderen Gründen verpflichtet, einen Ausdruck bestimmter Unterlagen aufzubewahren. Doch auch diese Schriftstücke lassen sich der Einfachheit halber einscannen und (in der Regel passwortgeschützt) im innerbetrieblichen Netzwerk abspeichern.

Und wie bei allen elektronisch erzeugten Informationen gilt auch für eingescannte Dokumente: Ordnung ist das halbe Leben.

Diese Daten müssen ebenfalls so verwaltet werden, dass man im Bedarfsfall schnell auf sie zugreifen kann.

Was im Homeoffice zu beachten ist

In einem perfekt ausgestatteten Homeoffice werden Informationen systematisch verwaltet, organisiert und wieder aufgefunden, damit die Arbeit effizient erledigt werden kann. Bitte berücksichtigen Sie dabei folgende Faktoren:

1. Separater Arbeitsbereich. Daran führt kein Weg vorbei. Das Esszimmer oder der Küchentisch sind nicht als Büro geeignet. Selbst in der kleinsten Wohnung lässt sich der Arbeitsbereich zum Beispiel mit Regalen oder einem Vorhang abtrennen. In einer großen Wohnung oder einem Haus sollte ein komplettes Arbeitszimmer eingerichtet werden.

Vorsicht: Wir haben schon öfter die Empfehlung gelesen, dass ein Homeoffice sozusagen mitten im Geschehen liegen soll. Wir sind da anderer Ansicht: Es hat keinen Sinn, wenn Sie zum Beispiel in einem Durchgangszimmer arbeiten, da Sie dort niemals in Ruhe arbeiten können, weil ständig Familienmitglieder – und wenn es nur der Hund ist – bei Ihnen aufkreuzen. Richten Sie Ihr Büro zu Hause deshalb an einer ruhigeren Stelle ein.

2. Kaufen Sie nur hochwertiges Mobiliar. Damit ist nicht unbedingt gemeint, dass Sie viel Geld ausgeben sollen. Sie können entweder neue Büromöbel oder gebrauchte erwerben. Fast überall finden Sie eine Firma, die Büromöbel aus Konkursmassen oder aus irgendwelchen Gründen ausgemusterte Möbel anbietet. Achten Sie aber auf die Qualität. Denken Sie daran, dass zum Beispiel Aktenschränke mehrmals täglich geöffnet und wieder verschlossen werden und einiges aushalten müssen.

Sparen Sie unter keinen Umständen am Bürostuhl. Ein Klappstuhl oder Küchenstuhl hat nichts in Ihrem Homeoffice verloren. Sparen Sie, wenn es sein muss, überall, aber nicht am Bürostuhl. Schließlich sitzen Sie mehr oder weniger den ganzen Tag darin. Nur wer wirklich bequem sitzt, kann auch gut arbeiten.

3. Lichtverhältnisse und Raumtemperatur. In jedem normalen Büro wird viel Wert darauf gelegt, dass eine gute Beleuchtung vorhanden ist und der Lichteinfall von Fenstern keine Spiegelungen am Bildschirm verursacht. Auch Sie sollten für gute Lichtverhältnisse in Ihrem Büro sorgen und sich genau überlegen, wo Sie welche Lampe aufstellen, sodass Sie einerseits gutes Licht haben und andererseits nicht geblendet werden, was schnell zu Ermüdung führen kann. Alles, was sich auf Ihr Wohlbefinden auswirkt, wirkt sich auch auf Ihre Produktivität aus. Folgende Punkte sollten Sie beim Einrichten Ihres Homeoffice beachten: Sonnenlichteinfall, Heizung, Klimaanlage, Fensterarbeitsplatz, Zugluft.

4. Hintergrundgeräusche abstellen. Menschen reagieren sehr unterschiedlich auf Geräusche, weshalb auch dieser Punkt gründlich überlegt werden muss. Können Sie sich besser konzentrieren, wenn im Hintergrund Musik läuft? Sie sollten das dennoch weitestgehend unterlassen, denn das ist beim Telefonat mit einem Kunden nicht nur störend, sondern unter Umständen sogar geschäftsschädigend. Sie können nicht wissen, wie Ihre Kunden reagieren, wenn im Hintergrund bürountypische Geräusche wie Musik, Hundegebell oder Kindergeschrei zu hören sind. Auf die meisten Menschen wirkt eine solche Geräuschkulisse unprofessionell – und das ist das Letzte, was Sie für Ihr Geschäft gebrauchen können.

5. Feste Arbeitszeiten. Auch im Homeoffice sollten Sie geschäftsmäßig auftreten. Am besten, Sie legen feste Bürozeiten fest. Meine Familie kennt und respektiert meine Arbeitszeiten und unterbricht mich nur aus einem triftigen Grund. Möchte ich zum Beispiel an einer Familienfeier teilnehmen, die während der normalen Bürozeiten stattfindet, so muss ich mich verhalten, als ob ich ein Angestellter wäre. Das heißt, private Termine sollten schon weit im Voraus in Ihre Arbeit eingeplant und als Termin in Ihren Kalender eingetragen werden.

Auf der anderen Seite sollten Sie sich durch ein Homeoffice nicht als Sklave Ihrer Arbeit fühlen. Legen Sie täglich eine Mittagspause ein, und lassen Sie sich durch nichts auf dieser Welt davon abhalten, Ihren Hobbys nachzugehen (zum Beispiel Joggen am Morgen), auch wenn der Arbeitstag voller wichtiger Termine ist. Durch die richtige Planung Ihrer Arbeitszeit können Sie die anfallende Arbeit erledigen, es bleibt genug Zeit für Ihre Familie und Sie können pünktlich Feierabend machen.

6. Anlaufstellen und Ansprechpartner. Wenn man zu Hause arbeitet, braucht man unbedingt Anlaufstellen und Ansprechpartner, die Hilfe bieten, wenn zum Beispiel der Rechner nicht funktioniert. Sie sollten sich eine nach Branchen geordnete, umfassende Adressenliste aller Anlaufstellen, die Ihnen bei Problemen weiterhelfen können, anlegen. Es wäre hilfreich, mit Ihrer Firma oder Ihren EDV-Lieferanten und -Beratern festzulegen, wie lange es dauert, bis Sie Unterstützung bekommen. Das erhöht für beide Seiten die Verbindlichkeit und Sie können Ihre Zeit besser verplanen. Zum Beispiel: Wenn Ihr Drucker nicht funktioniert, sollte innerhalb von einem halben Tag jemand aus der Kundendienstabteilung vorbeikommen, um das Problem zu lösen.

7. Ganz einsam und allein zu Hause. Das muss nicht sein. Ich vereinbare zum Beispiel regelmäßig Arbeitsessen mit Kunden oder Kollegen um die Mittagszeit oder lade meine Kunden zu Gesprächen in mein Homeoffice ein.

Außerdem bedeutet ein Arbeitsplatz zu Hause nicht notwendigerweise, dass man nicht auch im Unternehmen arbeiten könnte. Planen Sie einfach ein, dass Sie einen Teil Ihrer Arbeitswoche in der

Firma verbringen. Am besten ist das Verhältnis von 80:20, das heißt, Sie sollten mindestens einen kompletten Arbeitstag im Unternehmen verbringen. Dies kann wie ein Jour fixe immer der gleiche Tag sein, sodass Kollegen und Mitarbeiter wissen, wann Sie turnusmäßig im Haus sind.

Zum Umgang mit Smartphone & Co.

Seit einigen Jahren entwickeln sich Handys zunehmend zu kleinen Taschencomputern, welche die klassischen »Personal Digital Assistants« (PDAs) weitgehend abgelöst haben. Der Begriff »Smartphones« umfasst bekannte Markennamen wie iPhone und Blackberry sowie verschiedene Betriebssysteme wie Apples iOS, Android oder Windows Mobile, um nur einige zu nennen. Dazu haben sich in jüngster Zeit die größeren Tablet-Computer gesellt. Die Funktionalität der einzelnen Modelle unterscheidet sich zwar (nicht zuletzt je nach Auswahl der »Apps«), ein wesentlicher Teil ihrer Beliebtheit verdankt sich jedoch der Möglichkeit, auch unterwegs auf E-Mail und Internet zugreifen zu können. Damit hat sich jedoch der Stressfaktor E-Mail noch weiter verschärft. Um hier Abhilfe zu schaffen, sollen im Folgenden einige Regeln zur Ergänzung von Kapitel 6 (»Der richtige Umgang mit E-Mails«) aufgestellt werden, die speziell auf die mobile Kommunikation zugeschnitten sind.

1. Üben Sie sich im Umgang mit der Tastatur Ihres Geräts.

2. Gewöhnen Sie sich etwaige Shortcuts und Eingabehilfen an.

3. Wählen Sie die automatische Synchronisierung des Smartphones mit Ihrem Laptop oder PC. So können auch Terminkalender in verschiedenen Geräten einheitlich verwaltet werden.

4. Stellen Sie Ihr Smartphone so ein, dass nicht jede eintreffende E-Mail den Signalton auslöst.

5. Sichern Sie Ihr Smartphone mit einem Passwort ab.

6. Stellen Sie fest, ob auf Ihrem Smartphone gelöschte E-Mails sich noch auf Ihrem Rechner befinden.

7. Sichern Sie die Funktionalität Ihres Smartphones, indem Sie die Software auf dem neuesten Stand halten, überflüssige Dateien löschen usw.

8. Um Speicherplatz bzw. Übertragungskapazitäten zu entlasten, empfiehlt es sich, beim Versenden größerer Datenmengen mit Links statt mit Anhängen zu arbeiten.

9. Formulieren Sie aussagekräftige Betreffzeilen, um den Inhalt Ihrer Mails noch vor dem Öffnen zu kommunizieren.

10. Rufen Sie E-Mails und Voicemail-Nachrichten in regelmäßigen Abständen ab und halten Sie sich an diesen Rhythmus. Lassen Sie sich nicht aus dem Takt bringen.

11. Vergegenwärtigen Sie sich die vier Möglichkeiten zum Umgang mit E-Mails!

12. Gewöhnen Sie sich gar nicht erst an, E-Mail und andere Arbeiten nach Feierabend zu erledigen. Schalten Sie Ihr Gerät (so es sich um ein Betriebshandy handelt) abends und an Wochenenden ab bzw. lassen Sie während dieser Zeit die Finger von beruflichen Mails, und lassen Sie andere dies auch wissen. Dieses Buch soll Ihnen stattdessen dabei helfen, Ihre Arbeit in der dafür vorgesehenen Zeit zu erledigen.

Arbeiten in einem mobilen Büro

1. Kunde, Auto, Hotel oder Flughafen. Ihr Büro ist dort, wo Sie sind, und Arbeit ist das, was Sie tun, egal wo Sie sich aufhalten. Ich reise in meiner Tätigkeit für IBT durch die halbe Welt und habe die

Erfahrung gemacht, dass ich nur durch eine sorgfältige Planung immer in der Lage bin, meine Arbeit erfolgreich zu erledigen, egal wo ich gerade bin und was ich tun muss.

Gewöhnen Sie es sich an, vor jeder Geschäftsreise oder Besprechung einen Termin in Ihren Kalender einzutragen, an dem Sie detailliert planen, was Sie benötigen, um die Arbeit erfolgreich zu erledigen. Planen Sie sofort! Auf diese Weise können Sie sich darauf verlassen, dass alles klappen wird, und können Ihrem Geschäftstermin mit Zuversicht entgegenblicken. In der modernen Geschäftswelt können Sie sich Unsicherheit und Vergesslichkeit nämlich nicht leisten.

2. Ausrüstung, Anlaufstellen und Ansprechpartner. Sie erinnern sich doch sicherlich an die Adressenliste, die im vorherigen Kapitel *Was im Homeoffice zu beachten ist* beschrieben wurde. Das Gleiche gilt für Ihre Kundenadressen. Sie sollten alle relevanten Adressen in Ihrem Laptop speichern und immer bei sich haben, sodass Sie im Notfall die Daten Ihrer Ansprechpartner sofort und unproblematisch zur Hand haben.

Haben Sie auch immer einige Bögen Briefpapier, Firmenbroschüren, Visitenkarten und Briefmarken in Ihrer Aktentasche. So sind Sie in jedem Fall bestens ausgestattet, wenn Sie unerwartet Kunden treffen und diese sofort mit Informationen versorgen möchten.

3. Alles rechtzeitig erledigen. Diejenigen, die die meiste Zeit dienstlich unterwegs sind, müssen auch unterwegs Zeit dafür einplanen, all das zu erledigen, was sich während der Dienstreise ergibt.

Erfahrungsgemäß bedeutet eine einstündige Besprechung zwei Stunden zusätzliche Arbeit – zum einen für die Vorbereitung und zum anderen für die nachträgliche Auswertung. Halten Sie sich strikt an die Regel »Planen Sie sofort« und Sie können alle Zusagen an Kunden, Geschäftspartner, Kollegen und Vorgesetzte einhalten.

Zusammenfassung

1. Ermitteln Sie, welche Arbeitsplätze der Neuen Generation für Sie selbst und Ihr Unternehmen geeignet sind.

2. Notebook-Anwender müssen regelmäßige Backups durchführen. Legen Sie fest, wie oft das in Ihrem Fall notwendig ist und welche Medien und Programme Sie dafür verwenden wollen. Backups sollten mindestens einmal in der Woche durchgeführt werden.

3. Halten Sie auch in Ihrem Homeoffice feste Arbeitszeiten ein, und setzen Sie Ihre Familie, Bekannten und Freunde darüber in Kenntnis.

4. Ihr Homeoffice muss eine Atmosphäre ausstrahlen, in der man effektiv arbeiten kann. Wenn Sie von zu Hause aus arbeiten, prüfen Sie, ob Ihre jetzige Situation (körperlich und menschlich gesehen) auch darauf ausgelegt ist, ob etwas fehlt und wie Sie eventuelle Missstände beheben, um aus Ihrem Homeoffice ein produktives Arbeitsumfeld zu machen.

5. Machen Sie sich mit den einschlägigen Funktionen Ihres Smartphones vertraut.

6. Falls Sie für eine größere Firma tätig sind, sollten Sie etwa einmal die Woche einen Tag von dort aus arbeiten, um wirklich auf dem Laufenden zu bleiben.

7. Wenn Ihnen in Ihrem Homeoffice die Decke auf den Kopf fällt, sollten Sie regelmäßig ein Café oder ein Restaurant besuchen, um dort beispielsweise zu Mittag zu essen und gegebenenfalls Kontakte zu knüpfen.

8. Und zu guter Letzt: Stellen Sie Ihr berufliches Handy, Ihr Smartphone oder Ihren PDA am Wochenende unbedingt aus!

9

Werden Sie ein Tun-Sie's-sofort-Manager

Wenn Sie darauf warten, dass die Leute zu Ihnen kommen, werden Sie nur die kleinen Probleme erhaschen. Sie müssen sich aufmachen und sie herausfinden. Die großen Probleme sind dort, wo die Menschen nicht erkennen, dass sie überhaupt eines haben.

W. Edwards Deming

Überblick: In diesem Kapitel lernen Sie,

◆ erfolgreich andere dazu zu bringen, sich zu organisieren;

◆ Ihre neu gewonnene Zeit bestmöglich zu nutzen;

◆ eine der wirksamsten Methoden des Delegierens anzuwenden;

◆ effektiv zu managen nach dem Prinzip, die »Runde machen«.

Ich führte das Persönliche Effektivitäts-Programm (PEP) vor einiger Zeit in einem Fertigungsbetrieb in England durch. Die Teilnehmer waren Manager, Geschäftsführer und Abteilungsleiter. Mit mir waren mehrere PEP-Trainer gleichzeitig tätig. Ein Abteilungsleiter war von der Aussicht, sich besser organisieren zu können, besonders begeistert. Er wollte alles über PEP und seine Anwendungsmöglichkeiten wissen. Ich gab ihm die Empfehlung: »Wenn Sie glauben, dass PEP gut für Sie ist, warten Sie ab und schauen Sie, was es den Menschen bringt, die mit Ihnen zusammenarbeiten.«

Darüber hinaus empfahl ich ihm, seine durch PEP gewonnene neue Zeit am besten damit zu verbringen, jeden Tag im Betrieb umherzugehen und seine Leute aufzusuchen, um von ihnen aus erster Hand zu erfahren, was sie brauchen, um sich selbst besser zu organisieren und gute Arbeit zu leisten.

Als ich nach Abschluss des Trainings ein paar Monate später wieder vor Ort war, kam derselbe Abteilungsleiter auf mich zu. Er berichtete mir von seinen Erfahrungen mit PEP und fragte, ob ich von dem Streik im Werk letzten Monat wüsste. Er fragte: »Wussten Sie, dass die ganze Belegschaft mit Ausnahme meiner Abteilung gestreikt hat?« Als sich die oberen Manager erkundigten, warum diese Abteilung als einzige nicht streikte, erfuhren sie, dass die Mitarbeiter keinen Grund zur Klage hatten. Sie berichteten, dass sich der Abteilungsleiter in den letzten Monaten um die ganzen Dinge, die ihrer Meinung nach schiefliefen, gekümmert und sie behoben habe.

Was dieser Tun-Sie's-sofort-Manager tat, wird in diesem Kapitel beschrieben.

Management By Walk About

Eines der wichtigsten Hilfsmittel, die ein Manager besitzt, damit die Arbeit effektiv und effizient erledigt wird, ist eine Technik, die als Management By Walk About (MBWA) oder von manchen auch als »sichtbares« Management bezeichnet wird.

Vor etlichen Jahren arbeitete ich als Manager in einem Unternehmen, wo die Mitarbeiter unter enormem Druck standen, Dienstleistungen zu erbringen, Produkte herzustellen und sie auszuliefern. Ich war für etwa 200 Personen verantwortlich. Mein Arbeitstag lief in der Regel so ab, dass ich mich mit den oberen Managern traf, um Interna zu diskutieren, mich mit Kunden besprach und anschließend eine Menge Papierkram erledigen musste, der in erster Linie der Befriedigung des Informationsbedarfs der Führungsriege diente. Ich beschäftigte mich eigentlich die ganze Zeit mit Krisenmanagement und kam selten, wenn überhaupt, dazu, das Büro zu verlassen.

Das konnte ich aber dann mithilfe von PEP verändern. Zum Ersten organisierte ich mich selbst. Ich baute mit Unterstützung meiner Sekretärin Routinen auf und begann, den Papierkram, für den ich verantwortlich war, effektiver zu bewältigen. Zum Zweiten nutzte ich die aus meiner Umorganisation gewonnene Zeit dafür, aus meinem Büro herauszukommen und Management By Walk About zu praktizieren. Ich verbrachte täglich fast meine halbe Arbeitszeit damit, jeden einzelnen der mir unterstellten Mitarbeiter aufzusuchen. Ich setzte mich zu ihnen an den Schreibtisch oder Arbeitsplatz und plauderte mit ihnen, um herauszufinden, wie die Dinge liefen. Ich erkannte bald, dass die meisten Menschen zwar sehr hart, aber nicht besonders effizient oder effektiv arbeiteten. Systemlosigkeit war die Regel.

Meine Mitarbeiter begegneten meinem MBWA zunächst mit Misstrauen. Sie wunderten sich über meine Anwesenheit und fragten sich, was ich wollte. Dieser Argwohn verschwand allerdings schnell, als sie merkten, dass ich regelmäßig vorbeikam und mich wirklich für ihre Arbeit interessierte. Sie begannen bald, sich mir zu öffnen und seit Langem existierende Produktivitätsprobleme anzusprechen. Ich hörte aufmerksam zu und versuchte, auf ihre Bedürfnisse einzugehen.

Wenn ich einen Wunsch nicht erfüllen konnte, fühlte ich mich beim nächsten Kontakt mit der betreffenden Person sehr unbehaglich. MBWA zwang mich, effektiv mit aufgeworfenen Problemen umzugehen, besonders mit jenen, bei denen ich ganzen Herzens zustimmte, dass sie angegangen werden sollten.

Ich entdeckte, dass die meisten Menschen, die ich managte, keine Vorstellung von effektivem Arbeiten hatten. Nicht, dass sie sich nicht ins Zeug legten, sie arbeiteten offensichtlich sogar viel härter, als es hätte sein müssen. Mir wurde damals klar, dass sich meine Bemühungen als Manager am stärksten auszahlen würden, wenn ich ihnen helfen könnte, etwas zur Verbesserung ihrer Arbeitsweise zu tun.

Ich hörte zu und reagierte, aber ich leitete meine Mitarbeiter auch an, wie sie sich am besten organisierten und ihre Arbeit in den

Griff bekamen. Ich trainierte sie, sich zu organisieren und ihre Arbeitsmethoden zu verbessern. Ich half ihnen, ihre Organisationsfähigkeiten zu steigern und sie auf ihre Arbeitsumgebung anzuwenden. Und das war nicht nur ein Lippenbekenntnis: Ich coachte und unterstützte den Arbeitsprozess sichtbar. Ich hörte nicht nur zu, ich sah auch hin. Immer wenn ich Desorganisation bemerkte, versuchte ich, die Gründe dafür herauszufinden. Oft stellte ich fest, dass die Menschen ihre aktuellen Arbeitsbedingungen gar nicht mehr wahrnahmen.

Ich bat beispielsweise jemanden, seinen Schreibtisch aufzuräumen. Nachdem er damit fertig war, schaute ich mir den Schreibtisch an. Und in der Mehrzahl der Fälle fand ich Dinge, die von ihm übersehen wurden oder ihm überhaupt nicht bewusst waren.

Allmählich glaubte ich an schwarze Löcher oder zumindest an das Phänomen von schwarzen Löchern in Organisationen. Man schickt etwas ab, und es scheint verloren zu gehen und nie wieder aufzutauchen. Diese schwarzen Löcher sind gewöhnlich Schreibtischschubladen und Akten. Dinge machen sich einfach davon, ohne überhaupt behandelt worden zu sein.

Warum werden viele wichtige Probleme nicht angegangen? Dafür gibt es zahlreiche Gründe: schlechte Arbeitsgewohnheiten, Aufschub, keine genaue Kenntnis, was zu tun ist, schlechte Planung, schlechte Organisation, Krisenmanagement und vieles mehr. Selten sind schlechte Absichten oder fehlendes Engagement der Grund für Produktivitätsschwierigkeiten. Die Leute besitzen oft nicht die Weisungsbefugnis, um auftretende Probleme zu lösen. Oder sie finden es schwierig, Dinge anzugehen. Oder sie glauben, dass sie, was immer sie auch tun, gegen eine Wand rennen, und geben die Versuche auf.

Diese negativen Gefühle werden oft durch willkürliche Regeln, unzureichende unternehmenspolitische Maßnahmen und ineffektive Arbeitsmethoden hervorgerufen. Die Abschaffung dieser Regeln und die Entwicklung neuer Standards verbessern fast immer die Arbeitsmoral und Produktivität der Menschen. Probleme, die ihnen unüberwindbar und hartnäckig erscheinen, lassen sich in den meisten Fällen lösen. Wenn beispielsweise eine Mitarbeiterin dringend einen neuen Computer benötigt, um ihre Arbeit besser zu verrichten, könnte der Abteilungsleiter den Kauf umgehend genehmigen und die Beschaffung schnell in die Wege leiten, damit die Person mit den Ressourcen weiterarbeiten kann, die sie braucht.

Durch MBWA entdeckte ich eine äußerst wirksame Methode, um Menschen bei der Arbeit zu coachen: Ich ließ mir die laufende Arbeit erklären, und wir sahen uns nacheinander jeden Vorgang an. Bei dieser Vorgehensweise stieß ich auf Verschleppung, Missverständnisse und willkürliche Regeln, die die Mitarbeiter davon abhielten, die Dinge zu tun, die sie hätten tun müssen. Hätte ich einfach nur nachgefragt, wäre ich wahrscheinlich nie auf diese Probleme gestoßen, denn wenn den Menschen das Problem offenkundig gewesen wäre, hätten sie es sicherlich gelöst. Ich musste ihre Arbeitsweise sehen, um zu erkennen, dass sie nicht die notwendigen Hilfsmittel besaßen, fortwährend gestört wurden oder was sonst die Arbeit für sie schwierig machte.

Schon nach kurzer Zeit in dieser Managementposition erlebte ich etwas völlig Neues, nämlich sichtbare Ergebnisse, nicht nur für mich, sondern für jedermann. Das Büro wurde viel ordentlicher. Sachen wurden beschriftet und gemeinsame Akten verständlich und brauchbar. Die Mitarbeiter fingen an, stolz auf ihre Umgebung zu sein. Sie arbeiteten zusammen, um die Probleme zu lösen, die ihren Job schwieriger machten. Je mehr ich mich auf die Arbeitsgrundlagen konzentrierte, desto sichtbarer wurden die Erfolge.

Und je mehr Zeit ich außerhalb meines Büros mit den Leuten zubrachte, die die Arbeit machten – diskutierte, schaute, prüfte, löste, Produktivitätsbarrieren abbaute, koordinierte –, desto erfolgreicher arbeiteten wir und desto einfacher wurde es für sie. Das war für mich damals wie eine richtige Offenbarung.

Seit ich Einblicke in die Arbeitsprozesse vieler Unternehmen habe, weiß ich, dass MBWA von Führungskräften und Managern nicht in dem Maße eingesetzt wird, wie es sein könnte. Wie oft hören wir von den Teilnehmern, dass ihr Chef noch nie in ihrem Büro gewesen war. Die meisten Manager geben nur Lippenbekenntnisse zum MBWA-Konzept ab.

Verwenden Sie die Zeit, die Sie durch PEP gewinnen, bei Ihren Leuten und werden Sie zum Tun-Sie's-sofort-Manager. Das ist der größte Nutzen von PEP.

Ein Beispiel für MBWA

Eine der besten Führungskräfte, die ich kenne, leitet eine Bank in Luxemburg. Er übertrifft seine Kollegen Jahr um Jahr in guten wie in schlechten Zeiten mit einer ausgewiesenen Eigenkapitalrendite von 20 bis 25 Prozent.

Er arbeitet an einem flachen Tisch ohne Schubladen in einem Großraumbüro. Er erledigt seine Arbeit sofort und delegiert großzügig. Man findet ihn selten an seinem Schreibtisch, weil er die meiste Zeit auf den sieben Stockwerken des Unternehmens verbringt. Er hasst Besprechungen und beschränkt sie deshalb auf ein Minimum. Die wenigen Besprechungen, die sein müssen, werden außerhalb der offiziellen Öffnungszeiten der Bank am Morgen oder am Abend abgehalten und laufen daher auf den Punkt gebracht und kurz ab.

Er hasst Unordnung und macht keinen Hehl daraus, wenn er auf Durcheinander stößt. Seine Mitarbeiter wechseln ziemlich oft (die Bank hat ihren Stammsitz im Ausland, und die Belegschaft wird regelmäßig zu Trainings- und Erfahrungszwecken zwischen den Häusern ausgetauscht), deshalb lautet seine Botschaft an die alten und neuen Mitarbeiter stets: Seien Sie ordentlich und schnell und häufen Sie nichts an; erledigen Sie alles sofort! Er konzentriert sich auf das Grundlegende und demonstriert das sichtbar. Das ist MBWA.

Warum MBWA funktioniert

Viele Erfolgsfaktoren resultieren aus MBWA. Wenn Sie Ihre Runde machen, sehen und hören Sie Dinge, die Sie anderenfalls nicht mitbekommen würden. Sie werden zu Fragen angeregt, und Ihre Fähigkeiten zu kommunizieren und zuzuhören verbessern sich. Die meisten schwierigen Probleme lassen sich nicht gleich beim ersten Versuch lösen; aber wenn Sie unterwegs und bei Ihren Leuten sind, nehmen Sie deren Impulse auf. Sie bleiben am Ball, widmen sich dem Problem und testen Lösungen.

Produktivitätsprobleme der Mitarbeiter werden zu oft von Dingen beeinflusst, die außerhalb ihrer Kontrolle liegen. Möglicherweise müssen Leute aus anderen Abteilungen mitarbeiten, um eine Lösung zu finden, auch wenn ihre Prioritäten anders gelagert sind. Als Manager sind Sie die einzige Person, die diese Gruppen zusammenbringen und Lösungen ausarbeiten kann. Wenn Sie bei Ihren Mitarbeitern gewesen sind, kennen Sie die wirklichen Probleme und können helfen, Lösungen zu finden.

MBWA funktioniert auch, weil die Menschen dadurch die von ihnen ersehnte Aufmerksamkeit erhalten. Vielleicht haben Sie über die Ende der 1930er Jahre in den Hawthorne-Werken der Western Electric Company in Chicago durchgeführte experimentelle Untersuchung gelesen, die darauf abzielte, herauszufinden, wie sich die Arbeitsproduktivität steigern lässt. In dieser Studie wurde eine Gruppe von Arbeiterinnen einer Vielzahl spezifischer Bedingungen ausgesetzt, wozu unter anderem als Beispiel auch eine Variation der Beleuchtung gehörte. Die Produktivität der Frauen stieg interessanterweise sowohl bei einer Verstärkung als auch Dämpfung der Lichtquelle an. Unabhängig davon, was die Forscher letztendlich taten, arbeiteten sie effektiver und effizienter. Ihr Verhalten wurde einfach durch die Aufmerksamkeit, die ihnen entgegengebracht wurde, beeinflusst. Die Produktivität stieg selbst dann, wenn den falschen Dingen Aufmerksamkeit gewidmet wurde.

Wenn Sie umhergehen und sich um die Probleme und Bedürfnisse der Menschen, die die Arbeit verrichten, kümmern, wird sich die Produktivität erhöhen. Konzentrieren Sie sich auf die richtigen Dinge, und Ihre Belohnungen werden umso größer sein.

Wenn ich das geahnt hätte!

Ich weiß, dass es ziemlich schwierig ist, als Erster eine Idee zu haben. Vor 30 Jahren war ich sehr erstaunt, als mir klar wurde, welche Folgen MBWA hatte. Soweit ich damals wusste, war das absolutes Neuland. Mir selbst ist dieses Konzept bei meinen eigenen Versuchen, Mitarbeiter zu führen, klar geworden. Nur kurze Zeit später stellte ich fest, dass es sich in zahlreichen Unternehmen durchsetzte und allgemein anerkannt wurde. Den ersten Kontakt damit hatte ich über das Buch von Tom Peters und Robert Waterman *Auf der Suche nach Spitzenleistungen – Was man von den bestgeführten US-Unternehmen lernen kann.* Sie bezeichneten es als sichtbares Management. Ich war mehr als erfreut festzustellen, dass auch andere diesen Managementstil als den Besten ansahen, der alle anderen aus dem Rennen schlug.

> Die Ursache eines Problems ist auch der Schlüssel für seine nachhaltige Lösung. Natürlich spielen »Daten« in der Produktion eine große Rolle, aber für mich sind »Fakten« vorrangig.
>
> *Taiichi Ohno*

Mein Interesse an diesem Thema führte mich zu den Managementsystemen in Japan. Dort ist es – zumindest bezogen auf die Fertigung – gelungen, eine Wissenschaft daraus zu machen. Das Toyota-Produktionssystem (Lean Manufacturing oder schlanke Produktion) und Total Quality Management (TQM) sind nur zwei Beispiele dafür.

In der »Lean«-Fachsprache spricht man hier von dem 3-G-Prinzip, das auf den folgenden drei Säulen aufbaut:

1. der Ort, an dem die Arbeit verrichtet wird (*gemba* – vor Ort);

2. das eigentliche Produkt (Ware oder Dienstleistung) sowie die Arbeitsbedingungen (*gembutsu* – am Produkt);

3. die Fakten beziehungsweise die Realität: Was passiert tatsächlich – und nicht, wie sollte etwas sein (*genjitsu* – in der Realität)? Genchi gembutsu bedeutet »Geh und sieh selbst«.

Norman Bodeck (Co-Autor von *Kaikaku: The Power and Magic of Lean*, 2004) bezeichnet das als »Gemba-Walk«, was – ebenso wie MBWA und sichtbares Management – bedeutet, den Arbeitsplatz der Mitarbeiter aufzusuchen, ihnen zuzusehen, mit ihnen zu reden, gut zuzuhören und Fakten zu sammeln, sodass für alles, was nicht rund läuft, entsprechende Gegenmaßnahmen eingeleitet werden können. Auch bei Gemba-Walk dreht sich alles um Kaizen.

Zwischen den einzelnen Methoden bestehen feine Unterschiede. Bei MBWA geht es hauptsächlich darum, die Beziehung zu den Mitarbeitern zu verbessern. Gemba-Walk konzentriert sich sowohl auf die Entwicklung von Problemlösungen als auch auf Kaizen. Es grenzt schon fast an Ironie, dass nur wenig davon auch bei Büroangestellten funktioniert. Kaum zu glauben, aber als ich vor ein paar Jahren in Japan war und dort einige Unternehmen besuchte, sah ich Schreibtische, auf denen ein völliges Durcheinander herrschte. Es gab so gut wie nirgends ein Ablagesystem für elektronische Dateien. Japanische Manager haben kein Problem damit, zu den Arbeitern am Fließband zu gehen, aber die Büroarbeitsplätze nehmen sie so gut wie nie in Augenschein.

Deshalb muss mehr getan werden, damit diese Managementmethode auch in den Büros Einzug hält. Dass sie auch dort funktioniert, ist unbestritten. Sie bekämpft die Ursache der Probleme. Die Besten der Besten wenden diese Methode bereits an. Sie werden von dem Ergebnis mehr als überrascht sein.

Persönliche Kommunikation

Unser Stolz macht es oft schwierig, über unsere Schwachstellen zu sprechen, besonders mit unseren Vorgesetzten. Was für andere augenscheinlich ist, wird von uns gern übersehen. Diese blinden Flecke erzeugen eine Kluft zwischen dem Management und den Personen, die die Arbeit machen. Der beste Weg, die Lücke zu überbrücken, ist, persönlich miteinander zu reden. Wenn Sie auf einer Ebene und im selben Raum über die gleichen Probleme sprechen, kommunizieren Sie effektiver. Mit MBWA ist dieser Königsweg möglich. Sie ermuntern zu offener Kommunikation, wenn Sie die Menschen danach fragen, wie sie arbeiten, was sie tun und durch was ihr Leben und ihre Arbeit einfacher wird. Ein Tun-Sie's-sofort-Management bedeutet, bei den Menschen zu sein, Fragen zu stellen, Beobachtungen zu machen, sodass Sie in die Lage versetzt werden zu verstehen, zuzuhören und zu lernen.

Im Rahmen von PEP bitte ich die Teilnehmer oft, eine kurze Beschreibung der Strategie ihres Betriebs zu geben. Ein oberer Manager war einmal über die Erkenntnis schockiert, dass außer ihm keiner der anderen Teilnehmer in der Lage war, die Strategie des Unternehmens zu umreißen. Als wir die Angelegenheit später besprachen, erzählte er, dass er dachte, alle wüssten darüber Bescheid. Das Unternehmen hatte einen Jahresbericht zu diesem Thema veröffentlicht, den alle lesen sollten, und in zwei Mitarbeiterversammlungen hatte er es detailliert erläutert.

Es kam sehr selten vor, dass die Mitarbeiter die Unternehmensstrategien tatsächlich kannten. Oftmals wurde im Unternehmen auch ohne jegliche Strategie gearbeitet. Und bei denjenigen, die eine besaßen, ließ die Kommunikation darüber arg zu wünschen übrig.

Wenn Sie eine Botschaft zu übermitteln oder einen Plan haben, der durchgeführt werden soll, wenn Sie versuchen, eine Strategie zu verfolgen, oder Ihre Zukunftsvision verdeutlichen möchten, gibt es keine effektivere Methode, als sich persönlich mit den Leuten zu treffen.

Ein Tun-Sie's-sofort-Manager vermittelt die Unternehmensvision und -strategie fortwährend durch Taten ebenso wie durch seine Worte. Wenn die Unternehmensstrategie darin besteht, sich durch einschneidende Verbesserungen des Kundendienstes einen Wettbewerbsvorteil zu verschaffen, demonstriert der Tun-Sie's-sofort-Manager das durch Aktionen an vorderster Front mit den Menschen, die mit den Kunden zu tun haben, und oft mit den Kunden selbst. MBWA weitet das Kommunikationsspektrum enorm aus.

Systematisch nachhaken

Im Kapitel *Ziehen Sie eine Sache durch und bleiben Sie am Ball* wurde bereits besprochen, wie wichtig es ist, bei einer Sache bis zum Ende am Ball zu bleiben. Mit MBWA machen Sie dies zu einem geplanten Teil Ihres Arbeitsprozesses. Bei Ihren Mitarbeitern zu sein, ist eine Methode, bei der es sich von selbst ergibt, dass Sie bezüglich der Dinge, die Sie erledigt haben wollen, auf dem Laufenden bleiben.

Delegieren

Wird bei Führungskräften ihre Schwäche im Delegieren angesprochen, bekommt man am häufigsten zu hören, dass ihre Mitarbeiter sowieso schon so viel zu tun haben und man ihnen nicht noch mehr Arbeit aufhalsen könne. Diese Auffassung wird oft dadurch genährt, den Schreibtisch der betreffenden Person voll von Papieren zu sehen oder zu hören, dass sie noch bis spät in die Abendstunden im Büro ist. MBWA vermittelt Ihnen ein viel genaueres Gespür für die Arbeitsbelastung Ihrer Mitarbeiter. Darüber hinaus können Sie sehen, wie die Arbeit anders verteilt werden könnte. Ein Tun-Sie's-sofort-Manager, der seine Runde macht, delegiert im Endeffekt viel mehr und wirkungsvoller.

Was macht ein Tun-Sie's-sofort-Manager?

Ein Tun-Sie's-sofort-Manager liefert die Ressourcen, Unterstützung und Schulung, die die Menschen für ihre Arbeit benötigen, und zwar so effektiv und effizient wie möglich. Er macht das, indem er sich sichtbar an der vordersten Front des Geschäfts bewegt.

Konzentrieren Sie sich auf den Arbeitsablauf

Um als Tun-Sie's-sofort-Manager effektiv zu sein, sollten Sie sich zuallererst auf den Arbeitsablauf konzentrieren. Meist stehen die Mitarbeiter zwar unter Leistungsdruck, es wird aber kaum Druck in Bezug auf ihre Arbeitsmethode ausgeübt. Wenn Sie als Tun-Sie's-sofort-Manager den Menschen helfen, sich auf ihre Arbeitsweise zu konzentrieren, sorgen Sie dafür, dass sich ihre Arbeit kontinuierlich verbessert und die Dinge leichter für sie werden. So können sie zentrale Probleme lösen, was gleichzeitig zu einer Qualitätsverbesserung des Arbeitsergebnisses führt.

Auf was sollten Sie Ihr Augenmerk richten? Sind Ihre Leute gut organisiert? Arbeiten sie mit Unterlagen und Akten, die für sie und ihre Kollegen leicht verständlich und handhabbar sind? Besitzen sie die Utensilien, die sie benötigen, und sind diese in Ordnung? Haben sie gute Arbeitsroutinen? Schieben sie Dinge hinaus? Planen sie? Sehen sie, wie sich ihr Teil in das große Ganze einfügt?

Falls Sie MBWA erstmalig einsetzen, erinnern Sie sich an 6S (aus Kapitel 7):

Seiri	—	Aussortieren
Seiton	—	Aufräumen
Seiso	—	Reinigen
Seiketsu	—	Erhalten des geordneten Zustands
Shitsuke	—	Disziplin
Shukan	—	Gewöhnung

Ihre Mitarbeiter sind Ihr größtes Kapital – doch nur die wenigsten von ihnen werden wissen, wie groß der Einfluss ihres Arbeitsplatzes und -verhaltens auf ihre Produktivität ist. Auch haben sie womöglich nie ein Seminar oder Training zu diesem Thema gehabt, wodurch die meisten Mitarbeiter wahrscheinlich härter und mehr arbeiten, als sie eigentlich müssten. Indem Sie systematisch 6S an Ihrem Arbeitsplatz (und dem Ihres Teams) einführen, ständig mit Ihren Mitarbeitern kommunizieren, sie befragen, beobachten, ihnen zuhören, Abweichungen identifizieren und an ihnen arbeiten, werden Sie die Arbeitsprozesse Schritt für Schritt vereinfachen und optimieren. Wenn Sie sich regelmäßig mit den Arbeitsprozessen Ihrer Mitarbeiter befassen, wird Ihr Team sehen, dass Sie engagiert sind und die Optimierung ernst meinen – und das wiederum wirkt sich positiv auf deren Engagement und Arbeitsweise aus.

Einen Wandel führt man am wirksamsten durch kleine, aber stetig wachsende Schritte herbei. Ein Tun-Sie's-sofort-Manager ist nicht gezwungen, seine Mitarbeiter mit zu vielen Dingen auf einmal zu überhäufen. Gewöhnlich reicht es, sie zu bitten, sich jeweils einen kleinen Teil des Puzzles vorzunehmen und ihn zu bearbeiten. Wie bereits erwähnt, ist es sehr schwierig, Menschen wieder unter die Augen zu treten, wenn man versprochen hat, ein Problem zu lösen, es aber nicht konnte. Was tun? Setzen Sie sich mit dem Problem auseinander. Packen Sie es an. Und bis zur Lösung suchen Sie die Person weiterhin auf und lassen Sie sie wissen, was Sie versuchen und noch probieren wollen.

Lassen Sie sich nicht an Ihren Schreibtisch fesseln

Ein oberer Manager, der eine Abteilung von 900 Personen in einem großen Fertigungsbetrieb unter sich hatte, spürte ganz deutlich, dass MBWA eines der wichtigsten Dinge war, die er tun musste, meinte aber, dass er keine Zeit dafür hätte. Laufend musste er sich mit anderen Problemen, Besprechungen und Krisen herumschlagen. Er fühlte sich an seinen Schreibtisch gefesselt.

Die Lösung, die er mit mir erarbeitete, war relativ einfach. Er würde den ganzen Morgen in den verschiedenen Betriebsstätten, wo seine Mitarbeiter arbeiteten, unterwegs sein und erst gegen 13 Uhr wieder in seinem Büro erscheinen. Durch ein bisschen Organisation, Filtern von eingehenden Informationen, stärkerem Delegieren und Ausmerzen von Zeitverschwendung konnte er interessanterweise jeden Tag früher das Büro verlassen und trotzdem noch vier bis fünf Stunden zusätzlich einschieben, um bei seinen Mitarbeitern zu sein.

»An den Schreibtisch gefesselt« zu sein, ist eine allgemeine Klage von Führungskräften. Bei einigen funktioniert es, einfach MBWA einzuplanen, bevor sie sich an ihren Schreibtisch setzen. Eine dauerhaftere Lösung ist, seinen Schreibtisch völlig abzuschaffen. Ein Manager tat dies und führte sein Unternehmen von einem Clipboard aus. Keinen Schreibtisch zu haben zwang ihn, fast die ganze Zeit vor Ort und bei seinen Mitarbeitern zu sein. Wichtige Besprechungen hielt er im Konferenzraum ab.

Tom Peters berichtet in seinem Buch *Kreatives Chaos* von einem anderen Manager, der sich seines Schreibtischs entledigte und sich eines kleinen Arbeitsbereichs in zwei Abteilungen bediente: Er hatte einen runden Tisch mit drei Stühlen und einen Aktenschrank im Eingangsbereich des Unternehmens. Dadurch konnte er besser mit seinem Sekretariat zusammenarbeiten und seine Post effizienter bearbeiten. Wenn man keinen Schreibtisch besitzt, hat man auch keinen Platz, um zusätzliche Papiere und Materialien zu lagern, die man sowieso nicht verwendet.

Beginnen Sie bei sich selbst

Menschen neigen dazu, die Ursachen für ihre eigenen Schwierigkeiten bei anderen zu suchen. Aber viele Verbesserungen können mit geringem oder gar keinem Aufwand innerhalb des eigenen Bereichs durchgeführt werden. Das ist die allgemeine Erfahrung bei der Einführung von Maßnahmen zur Qualitätsverbesserung in Unternehmen. Falls Sie einem Hirngespinst hinterherlaufen – zum Beispiel einem neuen, neun Millionen US-Dollar teuren Computersystem, wenn Sie das Geld nicht haben oder seine Installation zwei Jahre benötigen würde –, versäumen Sie die zahlreichen Verbesserungen, die Sie in der Zwischenzeit hätten vornehmen können.

Elektronische Mittel zur Effektivitätssteigerung von MBWA

Wahrscheinlich liegen ein paar Führungsebenen zwischen Ihnen als Manager und den Sachbearbeitern. Sie zu übergehen, kann Probleme schaffen. Eine Lösung ist, sie elektronisch einzubeziehen. Sie können MBWA praktizieren, indem Sie elektronische Hilfsmittel benutzen. Wenn es Ihnen nicht möglich ist, Ihre Mitarbeiter oft genug aufzusuchen, kann die Elektronik helfen.

Ein solches Hilfsmittel sind E-Mails. Mitarbeiter auf allen Ebenen aufzufordern, Probleme und Vorschläge direkt mitzuteilen, öffnet die Kommunikation. Ihre regelmäßige physische Anwesenheit in ihrem Bereich macht E-Mails noch viel effektiver.

Netzwerk-Software ermöglicht es auch in kleinen Unternehmen, ohne große Geldinvestitionen direkt über PCs miteinander zu kommunizieren. Beispielsweise lässt sich Lotus Notes leicht auf die Bedürfnisse Ihres Unternehmens zuschneiden. Zu den entsprechend eingerichteten Datenbanken kann jede autorisierte Person an jedem Ort Zugang haben. Jeder in der Organisation kann an wichtigen Problemen und Fragen, die Sie oder andere aufgeworfen haben, teilhaben und zu ihrer Lösung beitragen. Und für den Informationsaustausch über E-Mail benötigen Sie lediglich Internetzugang – und der ist auch mobil mittlerweile kein Problem mehr.

MBWA in alternativer Büroumgebung

Beim Management By Walk About geht man davon aus, dass Manager und Mitarbeiter an derselben Arbeitsstätte arbeiten. Doch wie Sie wissen, zeichnet sich der deutliche Trend ab, das Personal so nahe wie möglich beim Kunden einzusetzen. Für Vertriebs- und Dienstleistungspersonal bedeutet dies normalerweise, direkt vor Ort beim Kunden zu arbeiten. Viele Menschen arbeiten zumindest zeitweise zu Hause. In einer alternativen Büroumgebung (die sich dadurch auszeichnet, dass die Mitarbeiter keine festen Arbeitsplätze oder Schreibtische haben), lässt sich nur sehr schwer einschätzen, welcher Mitarbeiter sich wann wo befindet. Wie soll ein Tun-Sie's-sofort-Manager damit umgehen? Nun, er muss sich noch mehr Mühe geben und seine Mitarbeiter gelegentlich vor Ort aufsuchen.

Schon seit Jahren bietet IBT unterstützend ein Spezialtraining für Vertriebsmitarbeiter (und manchmal auch für Servicemitarbeiter) an und besucht sie dabei in ihren Büros zu Hause, um ihnen bei der Organisation zu helfen. Das Interessante dabei ist, dass uns immer wieder bestätigt wird, wie wichtig es ist, dass ein Außenstehender (das heißt jemand, der nicht zum eigenen Haushalt gehört) vorbeischaut und den Arbeitsplatz begutachtet. Ein Außenstehender erkennt nicht nur besser, wie sich der Büroarbeitsplatz optimal gestalten lässt und mit welchen Routinen die Arbeit angenehmer und produktiver wird, sondern hat auch meistens größeren Einfluss darauf, dass bestimmte Verbesserungen rasch und effizient genehmigt werden. Im Wesentlichen entspricht die Rolle eines PEP-Beraters der eines guten MBWA-Managers.

Ein guter Manager begleitet seine Mitarbeiter zu Verkaufsgesprächen und beobachtet dabei zum einen die Verkaufstaktik des jeweiligen Mitarbeiters und prüft zum anderen, ob dessen Organisation auch wirklich verkaufsfördernd ist. Dazu gehört zum Beispiel auch ein Blick in den Firmenwagen oder die Überprüfung, ob der Mitarbeiter einfachen Zugang auf das Firmennetzwerk hat und auf E-Mails schnell reagieren kann.

Da viele Mitarbeiter mittlerweile nur noch selten an einem festen Arbeitsplatz in ihrem Unternehmen arbeiten, ist es für sie bisweilen schwierig, über aktuelle Strategien oder Ziele (beziehungsweise über deren Änderungen) informiert zu bleiben. Der Tun-Sie's-sofort-Manager muss deshalb verstärkt dafür sorgen, dass auch diese Arbeitnehmer auf dem Laufenden gehalten werden.

Auch hier hilft uns die moderne Technologie ein großes Stück weiter. Wichtig ist aber vor allem, diese modernen Errungenschaften nicht nur zu erwerben, sondern auch zu nutzen. Denken Sie jedoch daran, dass ein qualitativer Unterschied zwischen einer Besprechung über eine Konferenzschaltung und einem persönlichen Treffen besteht, bei dem Sie Ihrem Gesprächspartner auch in die Augen sehen können, wenn Sie wichtige Angelegenheiten diskutieren. Außerdem können auch die ausgeklügelsten Technologien nicht Ihre persönliche Beobachtungsgabe ersetzen, wenn Sie Mitarbeiter an deren Arbeitsplatz aufsuchen und ihnen beim Arbeiten zusehen. Zugegeben, durch Videokonferenzen könnte auch dieser Punkt stark vereinfacht werden.

Denken Sie jedoch immer daran, dass Sie als Manager die besten Einsichten gewinnen, wenn Sie direkt am Ort des Geschehens sind.

Abschließende Gedanken zu MBWA

Als Manager glauben Sie möglicherweise, dass Ihr Terminkalender MBWA unmöglich zulässt. Woher sollen Sie die zusätzliche Zeit zum Herumgehen nehmen? Sam Walton aus den USA, ein brillanter Kopf hinter den Kulissen der größten Einzelhandelskette der Welt, war ungefähr 80 Prozent seiner Arbeitszeit unterwegs in seinen Läden. Er verbrachte, so heißt es, wöchentlich vier Tage auf Reisen und nur einen Tag im Büro. Mit einem Erlös von 70 Milliarden US-Dollar hätte Sam gewiss in seinem Büro genug zu tun gehabt. Er machte es anders. Dadurch, dass er vor Ort war, löste er viele Managementprobleme direkt und verringerte die Schreibtischarbeit und andere zeitraubende Tätigkeiten wie das Ersinnen von Verfahrensweisen, die Festlegung von Strategien, die Bearbeitung des Budgets und den Kundenkontakt enorm. Sam war der Meinung, dass diese Aufgaben effektiver außerhalb des Büros mit der Unterstützung jener erledigt werden, die die Arbeit tun müssen.

Die Frage ist weniger, wie viel Zeit Sie haben, sondern vielmehr, wie Sie sie nutzen. Ist es Ihnen wichtig, ein sichtbares Management zu praktizieren und zu wissen, was vor Ort passiert?

Sie nutzen Ihre Zeit als Manager am effektivsten, wenn Sie häufiger auf Tour und bei Ihren Mitarbeitern sind. Wenn Sie sich auf den Arbeitsprozess konzentrieren und diesen Menschen ihre Arbeit erleichtern, werden Sie viel dazu beitragen, die Vision, Strategie und Ziele des Betriebs zu verwirklichen.

Zusammenfassung

1. Planen Sie täglich eine feste Zeit ein, in der Sie in den Ihnen unterstellten Geschäftsbereichen unterwegs sind. Wahrscheinlich tun Sie das am besten gleich als Erstes am Morgen. Und machen Sie sich keine Gedanken darüber, erst wieder ins Büro zurückzukommen, nachdem Sie sichtbar Ihre Runden gemacht haben.

2. Konzentrieren Sie sich auf den Arbeitsablauf und seine Verbesserungsmöglichkeiten.

3. Teilen Sie die Vision mit. Machen Sie die Strategie Ihres Betriebs bekannt, und verdeutlichen Sie sie durch Worte und Taten. Helfen Sie Ihren Mitarbeitern, sich vorzustellen, wohin der Betrieb steuert.

4. Halten Sie Ihre Versprechen. Wenn Sie einem Mitarbeiter sagen, dass Sie etwas für ihn tun werden, dann tun Sie's auch. Falls es für Sie schwierig oder unmöglich ist, gehen Sie zu ihm und lassen Sie ihn den Stand der Dinge wissen. Tun Sie alles, was in Ihrer Macht steht, um Ihr Wort zu halten.

10

Effiziente Besprechungen

Eine Konferenz ist eine Sitzung, bei der viele hineingehen, aber nur wenig herauskommt.

Werner Finck

Überblick: In diesem Kapitel lernen Sie,

+ dass die besten Besprechungen diejenigen sind, die erst gar nicht stattfinden;
+ welche Alternativen es für Besprechungen gibt;
+ dass Sie Lösungen am besten dort entwickeln, wo das Problem aufgetreten ist;
+ wie man eine Besprechung abhält, wenn sie sich nicht vermeiden lässt.

Unser Unternehmen setzt seit Jahren ein erfolgreiches Programm zur Steigerung der Effizienz von Besprechungen ein. Eine unserer Zweigstellen in Europa erhielt vor längerer Zeit den Auftrag von einem internationalen Konzern, sich zu überlegen, wie man Besprechungen effizienter und produktiver machen könnte. Das fertige Konzept sollte schließlich weltweit eingesetzt werden. Viele von unseren Leuten trafen sich mit den Mitarbeitern des Konzerns, um zu besprechen, wie sich denn so ein großes Vorhaben am besten umsetzen ließe.

Nachdem das Konzept feststand, begannen wir mit der Schulung der Mitarbeiter. Und schon rannten wir gegen eine Mauer. Die Teilnehmer hatten ein viel größeres Interesse daran, die Anzahl an Besprechungen zu minimieren, als daran, sie effizienter und produktiver zu gestalten. Der Großteil der Belegschaft verbrachte so viel Zeit mit Besprechungen, dass sie kaum noch zu ihrer eigentlichen

Arbeit kamen. Aus diesem Grund wollten sie einfach die Zahl der Besprechungen, an denen sie teilnehmen mussten, verringern. Natürlich wirkte sich diese Einstellung auf unser Konzept aus. Eine Binsenwahrheit der Geschäftswelt beschwört, wie wichtig es ist, Besprechungen effizient und effektiv durchzuführen, doch wenn jemand überhaupt kein Interesse an solchen Veranstaltungen hat, dann dürfte es ihm wohl ziemlich egal sein, wie effizient und produktiv sie ist, oder?

Ich selbst machte eine ähnliche Erfahrung mit einem Autobauer. Einer der Topmanager bat mich um Unterstützung, weil er seinen Job effizienter und effektiver erledigen wollte. Wir führten zunächst eine Analyse seiner Arbeitszeit durch und stellten dabei fest, dass auf seinem Terminkalender Woche für Woche gut 50 Stunden für Besprechungen eingetragen waren. Damit war er die gesamte Arbeitswoche im Grunde genommen ausgelastet. Die Frage lautete also nicht, wie er seine Besprechungen effizienter machen könnte, sondern wie man dafür sorgen könnte, dass er nicht mehr so viel Zeit mit Besprechungen verbrachte, damit er sich seinen eigentlichen Aufgaben, für die er ja bezahlt wurde, widmen konnte.

Wie groß ist das Problem? Einer Studie zufolge nehmen US-amerikanische Arbeitnehmer im Durchschnitt an 61 Besprechungen je Monat teil (*MCI Conferencing White Paper*, »Meetings in America«). In ihrem Buch *Better Business Meetings* schreiben Robert B. Nelson und Peter Economy, dass über 50 Prozent der damit zugebrachten Arbeitszeit die reine Zeitverschwendung waren.

Wie ist es nur möglich, dass gut ausgebildete und hoch qualifizierte Berufstätige in diese Falle tappen? Das Problem besteht eben nicht darin, Sitzungen gut geplant und effizient abzuhalten. Die meisten Besprechungen sollten gar nicht stattfinden. Weshalb? Weil es sich in den meisten Fällen so verhält, dass keine Lösung für das dort angesprochene Problem gefunden werden kann. In der Mehrzahl der Sitzungen kommt es nur soweit, eine bestimmte Problematik anzusprechen, die eigentliche Arbeit findet erst danach statt.

Ich sollte vielleicht erwähnen, dass ich in diesem Kapitel keineswegs alle Aspekte einer effizienten Sitzung ansprechen werde, sondern nur die Punkte, die auch zu der PEP-Philosophie passen. Und hier sind auch schon ein paar: »Unnötige Informationen herausfiltern«, »keine überflüssigen Besprechungen abhalten«; und nicht zu vergessen: »Verteilen Sie keine Ausdrucke, auf die auch in elektronischer Form zugegriffen werden kann.« Dann wäre da noch »Tun Sie's jetzt!«, was für das Verschicken der Einladung gilt, aber auch für die inhaltliche Vorbereitung und den Vorschlag, das Protokoll unmittelbar im Anschluss an die Besprechung (oder besser noch währenddessen) zu verteilen und so weiter. Das Motto »Planen Sie es jetzt« gilt natürlich auch dafür, dass Sie grundsätzlich klar machen müssen, wer was zu erledigen hat, wer die Verantwortung trägt, dass alle kommen und so weiter. Über dieses Thema sind schon so manche gute Bücher geschrieben worden – besorgen Sie sich eines! Ich bin jedoch davon überzeugt, dass Sie auch die goldenen Regeln von PEP sinnvoll finden werden.

Die Anzahl an Besprechungen auf ein Minimum beschränken

In diesem Kapitel geht es um zwei Themen: Erstens, wie lassen sich Besprechungen vermeiden und zweitens, wie lassen sie sich effizient abhalten. Widmen wir uns zunächst Ersterem.

Viele Führungskräfte setzen vor allem auf Besprechungen. Dummerweise sind sie nicht das geeignete Forum, um Probleme zu lösen oder die richtigen Entscheidungen zu fällen. Und dennoch verbringen zahlreiche Führungskräfte den Großteil ihrer Arbeitszeit genau damit. Weshalb nur sind Besprechungen so eine Zeitverschwendung? Wenn sie nicht

> Besprechungen sind das Zeichen einer schlechten Organisation. Je weniger es davon gibt, umso besser.
>
> *Peter F. Drucker*

gut organisiert sind, wird dort nicht wirklich etwas erreicht. Doch leider führen auch Schulungen, wie sie sich effizient gestalten lassen, nicht zu dem gewünschten Ergebnis.

Weshalb Besprechungen so oft nichts weiter bringen – auch wenn sie gut organisiert sind –, liegt häufig daran, dass die Teilnehmer und diejenigen, die tagein, tagaus mit einem Problem an ihrem Arbeitsplatz zu kämpfen haben, aus verschiedenen Welten zu kommen scheinen. Wollen Sie ein Problem lösen, müssen Sie es aus erster Hand kennen. Nur allzu oft erfährt man erst während einer Besprechung per E-Mail oder Telefon von einem Problem. Dazu kommt, dass die Sitzungen häufig ganz woanders veranstaltet werden, sich also keiner ein konkretes Bild von der jeweiligen Situation machen kann, was wiederum dazu führt, dass die Lösung anhand äußerst dürftiger Informationen entwickelt wird. Außerdem werden Informationen aus dritter Hand oft vereinfacht (was daran liegen kann, dass die Besprechung so kurz wie möglich sein soll) und sind fernab jeglichen Kontextes. Alles in allem gesehen fehlt es Teilnehmern meist an Fakten, und sie müssen sich mit einer gefilterten Variante begnügen. Damit dürfte klar sein, dass sämtliche Schlüsse, die gezogen werden, nicht auf einer akkuraten Reflexion der tatsächlichen Situation basieren.

Sie halten eine Besprechung, weil Sie ein bestimmtes Problem lösen wollen? Vergessen Sie's. Machen Sie sich besser dorthin auf, wo das Problem aufgetreten ist, schauen Sie den Leuten eine Weile zu und stellen Sie ihnen ein paar Fragen. Wetten, dass Sie nach kurzer Zeit wissen, wie der Hase läuft? (Mehr dazu weiter hinten in diesem Kapitel.)

Auswertung von Besprechungen

Wenn Sie die Anzahl an Besprechungen drastisch kürzen wollen, sollten Sie zunächst alle Sitzungen der jüngsten Vergangenheit auswerten. Waren sie wirklich wichtig? Worum ging es? Welchen Zweck verfolgten sie? Schlagen Sie in Ihrem Kalender nach, an welchen Besprechungen Sie in den letzten Monaten teilgenommen haben, und unterziehen Sie sie im Nachhinein einer kritischen Prüfung.

Rechnen Sie aus, wie viele Stunden im Monat Sie an einer Besprechung teilnehmen und stellen Sie sich folgende Fragen:

> Jedes noch so winzige Problem wird unlösbar, wenn nur genug Diskussionen darüber stattfinden.
>
> *Unbekannt*

- Was war ihr Zweck?

- Hätte man diesen Zweck auch anderweitig erreichen können?

- Auf welche dieser Besprechungen trifft das Stichwort »Routine« zu?

- Sind diese Routinesitzungen wirklich nötig?

- Lautete der Zweck, eine Problemlösung zu finden? Wenn ja, wurde das Problem gelöst?

- Wodurch hätte sich die Besprechung ersetzen lassen können? Telefongespräche? Konferenzschaltungen? Videokonferenzen?

Sie brauchen sich keine Gedanken über Vortragstechniken und dergleichen zu machen, wenn die Besprechung dann doch nicht stattfindet. Mit Besprechungen verhält es sich wie mit E-Mails: Es ist gar nicht so einfach, ihre Zahl zu verringern. Oft sieht schon die Firmenpolitik vor, dass Sitzungen an der Tagesordnung sind. Trotzdem bleibt uns angesichts der zahlreichen Beschwerden, dass sie die reine Zeitverschwendung sind, und die Leute gar nicht mehr zu ihrem eigentlichen Job kommen, nichts anderes übrig, als ihre Zahl drastisch zu reduzieren.

- Als erstes sollten Sie den Zweck einer Besprechung festlegen.
- Dann sollten Sie sich fragen, ob es Alternativen dafür gibt.
- Gibt es ein Problem, vergessen Sie die Besprechung. Gehen Sie lieber dorthin, wo das Problem liegt.

Hingehen. Sehen. Verstehen.

Die einzige Weise, wie Sie einem bestimmten Problem auf den Grund gehen können, ist, sich auf den Weg zu dem Ort zu machen, an dem es auftritt, und sich ein klares Bild über die dort herrschenden Umstände zu machen und Fakten zu sammeln. Nur so wissen Sie aus erster Hand, was dort eigentlich los ist. Anderenfalls laufen Sie Gefahr, sich in einer Besprechung über ein Problem den Kopf zu zerbrechen, das so gar nicht besteht. Aus diesem Grund sollte die Problemlösung immer unter diesem Motto stehen: »Geh hin und mach dir vor Ort selbst ein Bild des Problems« (Brian Lund, *Go See Confirm, Genchi-Genbutsu*). Auch die leitenden Angestellten und Manager bei Toyota gehen so vor, wenn sie Probleme lösen wollen. Toyotas Vorstand Katsuaki Watanabe beschreibt diesen Prozess mit diesen Worten:

- Gehen Sie dahin, wo das Problem aufgetreten ist.
- Machen Sie sich ein Bild über die Lage vor Ort.

- Sprechen Sie mit den Mitarbeitern vor Ort.
- Sammeln Sie die Fakten.
- Definieren Sie anhand Ihrer Beobachtungen, wo das Problem liegt.

Watanabe ist davon überzeugt, dass Probleme nur dort gelöst werden sollen, wo sie aufgetreten sind, was in den meisten Fällen bedeutet: am Arbeitsplatz eines Mitarbeiters – und eben nicht in Tagungsräumen oder Besprechungszimmern. Vieles zu dieser Technik sowie über die Schritte und Informationen, die Sie kennen müssen, um das Prinzip des MBWA verstehen zu können, können Sie in dem Kapitel *Werden Sie ein Tun-Sie's-sofort-Manager* nachlesen. Wenn Sie sich bei der Problemlösung daran halten, werden Sie schon bald merken, dass kaum noch Besprechungen stattfinden – einfach weil kein Bedarf mehr daran besteht.

Wenn aber eine Besprechung stattfinden soll, stellt sich die Frage, ob man sie nicht vor Ort abhalten kann. Auf diese Weise können alle Teilnehmer mit eigenen Ohren hören und eigenen Augen sehen, wo das Problem liegt. Ich gehe jede Wette ein, dass Ihre Besprechungen dann viel kürzer, viel effizienter und Ihre Entscheidungen viel fundierter sein werden.

Ich kann einfach nicht anders und muss Sie erneut auf folgenden Zusammenhang hinweisen: Den meisten Supervisoren und Managern stehen Assistenten zu ihrer Unterstützung zur Verfügung, und wenn sie sich ebenfalls dem Prinzip des MBWA verschreiben, erhöht das die Effizienz weiter, weil sich dann die Belegschaft auf die 6S-Prinzipien konzentriert (wie sich die einzelnen Schritte des 6S-Prinzips umsetzen lassen, können Sie in Kapitel 7 nachlesen).

Dieser Problemlösungsansatz macht natürlich nicht sämtliche Besprechungen überflüssig, aber er lässt sich mit Sicherheit dort realisieren, wo es ein spezifisches Problem gibt; dessen Lösung besteht dann nicht darin, eine abstrakte Diskussion an einem Konferenztisch zu führen, sondern dorthin zu gehen, die Fakten zu ermitteln und am besten noch vor Ort eine Lösung zu entwickeln.

Wenn schon Besprechungen, dann richtig!

Mittlerweile haben Sie die Besprechungen der jüngsten Vergangenheit Revue passieren lassen und sind sich darüber im Klaren, welche das letzte Mal stattgefunden haben. Außerdem haben Sie sich mit dem Konzept vertraut gemacht, dass es immer am besten ist, mitten im Geschehen zu stehen, den Leuten bei der Arbeit zuzusehen, ihnen zuzuhören, Fakten zu sammeln und dann eine Lösung zu entwickeln. Die Folge dessen ist, dass viel weniger Besprechungen in Ihrem Kalender stehen. Aber es gibt sie noch, keine Frage.

Nun soll es darum gehen, welche Arten von Besprechungen es überhaupt gibt, weil sich das zum einen auf die Vorbereitung und zum anderen auf die Zusammensetzung der Teilnehmer auswirkt.

Informationsbesprechungen. Wie der Name schon sagt, geht es hier darum, die Anwesenden über bestimmte Sachverhalte zu informieren. Diese Art von Besprechungen findet meist regelmäßig statt, wie zum Beispiel eine Mitarbeiterbesprechung (die jeden Montag vom Abteilungsleiter einberufen wird, um Wichtiges aus der vorherigen Arbeitswoche, neue Vorhaben und die für diese Woche anstehenden Aufgaben zu besprechen), oder auch einmalig, beispielsweise bei einer unternehmensweiten Präsentation des Vorstands. Hinsichtlich der Teilnehmerzahl gibt es bei Letzterem so gut wie keine Grenzen. Die Vorbereitung ist in der Regel Sache des Redners.

Planungsbesprechungen. Führungskräfte halten es meist für sinnvoll, die strategischen Unternehmensziele und Initiativen für das kommende Jahr oder Quartal in einer Besprechung zu kommunizieren oder zu erklären, wie die Budgetplanung zu diesem strategischen Plan passt. Planungsbesprechungen sind aber auch für Projektteams das geeignete Medium, um gemeinsam die nächsten Schritte festzulegen oder sich über den Fortschritt des Projekts auszutauschen.

Regelmäßige Besprechungen. Wiederkehrende Besprechungen zwischen einem Projektleiter und seinen direkten Untergebenen (Einzelgespräche) sind ein Beispiel für diese Art von Besprechung. Auch Projektteams greifen darauf zurück, um sich über den aktuellen Stand eines Projekts auf dem Laufenden zu halten. Wer die Anzahl an Besprechungen deutlich senken will, sollte als allererstes diese Art von Sitzungen auf den Prüfstein legen. Oftmals sind sie nämlich derart zur Routine geworden, dass gar nicht mehr hinterfragt wird, weshalb sie eigentlich stattfinden.

Besprechungen zur Problemlösung. Diese Art von Besprechungen ist im Grunde fachlicher Art. Hier dreht sich in der Regel alles um bestimmte Themen, oder sie werden anberaumt, weil irgendein Ereignis eingetreten ist. Viele dieser Veranstaltungen sind überflüssig und lassen sich durch einen MBWA ersetzen. Es ist immer besser, sich die Quelle des Problems aus nächster Nähe anzusehen, die Rolle des Beobachters und Zuhörers einzunehmen und mit den Leuten vor Ort zu reden. Dann wissen die Verantwortlichen, wo das Problem liegt, und können maßgeschneiderte Lösungen entwickeln. Ist eine Besprechung nötig, um ein bestimmtes Problem in den Griff zu bekommen, sollte sie dort stattfinden, wo das Problem aufgetreten ist.

Nachbesprechungen. Diese Sorte Besprechungen dient dem systematischen Erfahrungsaustausch nach einer Aktion. Solche Besprechungen sind sinnvoll, um gemeinsam festzuhalten, was aus dem Vorangegangenen gelernt werden kann, was gut lief und wiederholt werden soll. Und natürlich, was man besser machen kann, um beim nächsten Mal in einer ähnlichen Situation auf das Gelernte zurückgreifen zu können.

Beschlussbesprechungen. Diese Art von Besprechung findet in den meisten Fällen in der Vorstandsetage statt. Bei Banken und Geldinstituten tagt der Kreditausschuss, der bestimmte Kredite be-

willigt. Oder der Unternehmensvorstand legt die Personalpolitik
einschließlich der Gehaltsstruktur fest.

▌ **Präsentationen und Berichterstattungen.** Ziel dieser Besprechungen ist es, der oberen Managementebene Berichte zu präsen-
tieren oder Vorträge abzuhalten.

Gut organisierte Besprechungen

Ich gehe mal davon aus, dass Sie Ihre planmäßigen Besprechungen einer genauen Prüfung unterzogen und überflüssige gestrichen
haben und sich nun auf MBWA verlassen, wenn es ein Problem in
Ihrem Unternehmen gibt. Somit gibt es für Sie weitaus weniger Besprechungen; die verbliebenen aber sollten Sie perfekt vorbereiten und
so halten, dass sie effizient und pro-
duktiv ablaufen.

> Die drei Schrecken einer jeden Besprechung:
> Man kommt zusammen, bespricht sich aber nicht.
> Man bespricht sich, entscheidet aber nichts.
> Man entscheidet etwas, tut aber nichts.«
>
> *Takeshi Kawabe*

Vor der Besprechung

Setzten Sie sich vor jeder Besprechung mit der Frage auseinander, ob sie auch wirklich nötig ist: Lässt sich die Sache nicht auch durch ein kurzes Telefonat oder eine klare und einfache E-Mail lösen? Nein? Gut, wenn Sie also zu dem Schluss gekommen sind, dass eine Besprechung die einzig sinnvolle Möglichkeit ist, stehen folgende Schritte auf Ihrer To-do-Liste:

- Legen Sie den genauen Zweck und die Zielsetzung Ihrer Sitzung fest. Überlegen Sie sich ganz genau, was Sie damit erreichen wollen, was entschieden werden sollte und welche Dinge geklärt werden sollten.
- Legen Sie fest, wer alles teilnehmen muss, damit Ihr Ziel erreicht wird. Wie viele Teilnehmer sind erforderlich? (Hinweis: Soll eine Entscheidung getroffen werden, sollten Sie die Anzahl der Teilnehmer begrenzen. Bei mehr als sechs oder sieben Personen kommt in der Regel keine Entscheidung zustande. Für Informationsbesprechungen gilt dagegen keine Teilnehmerbegrenzung.)
- Legen Sie Uhrzeit, Veranstaltungsort und die voraussichtliche Dauer fest.
- Erstellen Sie im Voraus eine Tagesordnung.
- Lassen Sie allen Teilnehmern im Voraus sämtliche erforderlichen Informationen zukommen, damit sie sich im Vorfeld mit der Materie vertraut machen können.
- Legen Sie die Rollen der Anwesenden fest. (Ist es sinnvoll, dass ein Moderator anwesend ist? Wenn Sie wissen, dass so mancher Anwesende Launen hat, die ein positives Ergebnis erschweren, sollte ein Moderator dafür sorgen, dass die Besprechung wie geplant abläuft. Brauchen Sie einen Protokollführer oder jemanden, der für Sie auf die Uhr sieht? Deren Aufgaben dürften klar sein: Der Protokollführer schreibt die wesentlichen Punkte mit

und verteilt am Ende der Besprechung eine Zusammenfassung, während der andere dafür sorgt, dass der zeitliche Rahmen der Besprechung eingehalten wird.)

- Soll ein Beschluss gefasst werden, müssen Sie den Entscheidungsfindungsprozess kennen. Denkbar sind die demokratische Beschlussfassung (die Mehrheit entscheidet), einstimmige Beschlüsse (jeder muss zustimmen) oder aber die Beschlussfassung durch den Chef auf Grundlage der Vorschläge, die das Team unterbreitet.

- Handelt es sich um eine besonders wichtige Besprechung, ist es meist eine gute Idee, wenn der Organisator sich vorher mit den anderen Teilnehmern trifft. Anschließend kann er den Besprechungszweck, -ablauf und das erwünschte Ergebnis näher eingrenzen, sodass in der Besprechung selbst weniger diskutiert wird und mehr Entscheidungen getroffen werden.

Während der Besprechung

- Fangen Sie pünktlich mit Ihrer Besprechung an, nehmen Sie keine Rücksicht darauf, dass die Runde unter Umständen noch nicht vollzählig ist.

- Klären Sie den genauen Zweck und die Zielsetzung gemeinsam mit den Teilnehmern, sodass sich alle über das gewünschte Ergebnis im Klaren sind.

- Einigen Sie sich auf die Art und Weise, wie ein Beschluss gefasst wird. Muss wirklich Übereinstimmung herrschen (das heißt, jeder kann sich zu Wort melden, bis sich alle einig sind)? Soll die Entscheidung demokratisch gefällt werden (Mehrheitsbeschluss)? Oder hat nur eine Person das Sagen – der Chef –, wobei das Ergebnis der Besprechung und die vom Team genannten Lösungsvorschläge sicherlich in die Entscheidung einfließen?

- Halten Sie den zeitlichen Rahmen Ihrer Besprechung ein. Achten Sie darauf, ob sie wie geplant verläuft und auch endet. Damit eine Besprechung möglichst kurz dauert, kann sie ja auch kurz vor oder sogar während der Mittagspause abgehalten werden. Eine unserer europäischen Zweigstellen hat es sich deshalb angewöhnt, Sitzungen vor oder nach den eigentlichen Bürozeiten einzuplanen. Oder Sie halten eine Besprechung im Stehen ab, das heißt, im Besprechungsraum gibt es keine Sitzmöglichkeiten. (Auf diese Weise entscheidet die allgemeine Erschöpfung über das Ende.)

- Besprechungen dauern meist mindestens so lange, wie es vorgesehen war. Überlegen Sie sich, ob es nicht sinnvoll wäre, Besprechungen in Blöcke von 20 Minuten einzuteilen oder auf 50 Minuten Dauer zu begrenzen. Bei einer Niederlassung von Toyota ist es Vorschrift, dass keine Besprechung länger als 50 Minuten dauern darf und dass zwischen zwei Besprechungen eine Pause von mindestens 10 Minuten liegt. Bei einem großen Pharmazieunternehmen, das ganztätige Besprechungen außer Haus veranstaltet, bestand einer der Manager darauf, dass die Tagesordnung Unterbrechungen vorsah, damit die Teilnehmer ihre E-Mails sichten, Voicemails abhören und sich um andere wichtige Dinge kümmern konnten. Durch einen straffen Plan und die strikte Einhaltung des vereinbarten Beginns und Endes einer Besprechung erhöht sich deren Effizienz.

- Auch Verbote gehören dazu – Laptops, BlackBerrys, Handys und andere digitale Geräte haben auf einer Besprechung nichts verloren.

- Setzen Sie Visualisierungen ein, um Ihre Besprechungen effizienter zu gestalten. Eine Leinwand oder ein LCD-Bildschirm kommen Personen entgegen, die visuell orientiert sind.

Tipp

Durch Videokonferenzen oder Konferenzschaltungen lassen sich die Reisekosten eines Unternehmens deutlich senken.

- Gibt es mehr als sechs oder sieben Teilnehmer, und soll dieses Team Entscheidungen treffen, erweist es sich als sinnvoll, kleinere Gruppen zu bilden, die sich dann mit verschiedenen Aspekten der Angelegenheit befassen, die entschieden werden soll.
- Lautet der Zweck einer Besprechung, möglichst kreative Ideen zu sammeln, sollten Sie auf die Brainstorming-Technik zurückgreifen. Brainstorming ist optimal, wenn sich die Teilnehmer zunächst auf ein bestimmtes, klar abgestecktes Thema konzentrieren und dann so viele Lösungen, Vorschläge oder Ideen, wie ihnen in den Sinn kommen, zum Besten geben, die notiert werden. Fallen Sie niemandem ins Wort, kritisieren oder bewerten Sie die Wortmeldungen nicht. Erst wenn jeder an der Reihe war, wird eine sinnvolle Auswahl getroffen und der nächste Schritt festgelegt.
- Stellen Sie Ihre Entschlossenheit unter Beweis. Ziel Ihrer Besprechung ist es, eine Entscheidung zu treffen und die zugehörigen Aufgaben zu verteilen.
- Nähert sich eine Besprechung ihrem planmäßigen Ende, sollte der Besprechungsleiter das Gesagte zusammenfassen. Darin müssen natürlich alle getroffenen Beschlüsse einfließen.
- Gegen Ende der Besprechung empfiehlt es sich, die nächsten Schritte festzulegen. Bestimmen Sie zugleich, wer was wann wo erledigt. (Achtung: Nur allzu oft wird das Was nicht eindeutig definiert, und das Wann gerät in Vergessenheit. Sorgen Sie dafür, dass diese beiden Punkte in jedem Fall geklärt werden.)
- Beenden Sie die Besprechung mit einer Erklärung, wie diese Schritte kontrolliert werden.

Im Anschluss an eine Besprechung

- Das Sitzungsprotokoll sollte noch am Tag der Besprechung erstellt werden. Darin muss auch die beschlossene weitere Vorgehensweise erläutert werden. Und es muss allen Teilnehmern zukommen.

- Legen Sie für sich fest, wie das geschehen soll. Per E-Mail? Oder kann es ins Intranet/auf den Server gestellt werden, wo es allen Anwesenden zur Verfügung steht und zugleich der Fortschritt des Projekts dokumentiert werden kann? Sie wissen ja, je weniger E-Mails, desto besser!

- Achten Sie darauf, dass Ihrer Besprechung Taten folgen, und setzen Sie sich in diesem Punkt durch. Nur so werden die getroffenen Beschlüsse auch tatsächlich umgesetzt.

Zusammenfassung

1. Die besten Besprechungen sind die, die nicht stattfinden. Es ist keine Seltenheit, dass gerade Routinebesprechungen ihren eigentlichen Zweck verfehlen und im Grunde genommen völlig überflüssig sind. Nehmen Sie im Nachhinein alle Besprechungen der letzten paar Monate unter die Lupe. Waren sie sinnvoll, relevant oder zweckmäßig? Wenn nein, sollten Sie Besprechungen dieser Art sofort aus Ihrem Terminkalender streichen.

2. Soll es in einer Besprechung darum gehen, ein bestimmtes Problem zu lösen, begeben Sie sich noch vor dem Meeting dorthin, machen sich ein Bild von der Lage vor Ort, reden mit den Mitarbeitern und sammeln die Fakten. Möglicherweise fällt Ihnen ja schon dort eine Lösung ein.

3. Geht es bei einer Besprechung darum, ein Problem zu lösen, sollte sie dort stattfinden, wo das Problem aufgetreten ist.

4. Die Vorbereitung ist das A und O einer Besprechung. Dazu zählt, dass Sie klar machen, welchem Zweck die Besprechung dient. Außerdem sollten Sie die Tagesordnung, die Aufgaben der Anwesenden, den Veranstaltungsort, -beginn und -ende kommunizieren und an die erforderlichen Unterlagen denken.

5. Auch für das Halten von Besprechungen gibt es einiges zu beachten: Fangen Sie

pünktlich an und hören Sie ebenso pünktlich wieder auf. Moderieren Sie Diskussionen, damit niemand vom Thema abkommt. Tun Sie alles, damit die Besprechung ihren Zweck erfüllt. Treffen Sie Entscheidungen. Notieren Sie die anstehenden Aufgaben (weitere Schritte) und legen Sie fest, wer was wann erledigt. Verteilen Sie das Sitzungsprotokoll.

6. Haken Sie nach – und zwar mit System. Erkundigen Sie sich nach dem Stand der Dinge, damit auch wirklich alles, was beschlossen wurde, in die Tat umgesetzt wird.

11

Dächer repariert man
bei Sonnenschein.

John F. Kennedy

Halten Sie alles
sofort in Schuss

Überblick: In diesem Kapitel lernen Sie,

♦ dass eine Aufgabe dann getan ist, wenn Sie alles in einem besseren Zustand
hinterlassen, als Sie es vorgefunden haben;

♦ dass Sie umso weniger in Schuss halten müssen, je weniger Sie aufbewahren;

♦ dass eine gute Wartung dafür da ist, die Arbeit beim nächsten Mal zu erleichtern;

♦ in Ihre Wochenplanung immer Aufgaben einzubeziehen, die Ihre Arbeitsbedingungen verbessern.

Ein Kollege erzählte einmal von einem jungen Mann, der zu seinem 18. Geburtstag und zur Feier seines Schulabschlusses von seinen Eltern ein Auto geschenkt bekommen hatte. Obwohl der junge
Mann es sich zum Prinzip machte, sein Auto einmal die Woche zu
waschen, wechselte er nie das Öl. Die wiederholte Vernachlässi-
gung dieser einfachen Routinewartung führte natürlich dazu, dass
die Motorteile jede Schmierung verloren und es schließlich zum
Kolbenfresser kam. Das Ergebnis waren ein kaputter Motor und ein
wertloses Auto, und alles nur deshalb, weil der Wagen nicht ordnungsgemäß gewartet worden war.

Dieser junge Mann hatte die grundlegendsten Praktiken der Au-
topflege vernachlässigt und Routineaufgaben ignoriert, die ihm auf

Jahre hinaus ein gut funktionierendes Auto hätten garantieren sollen. Möglich ist, dass die Eltern ihren Sohn vielleicht nie darauf hingewiesen hatten, wie wichtig es ist, das Motoröl auszutauschen. Oder dass sie einfach annahmen, er wüsste es und würde das Öl regelmäßig erneuern. Es ist ein so elementarer, unerlässlicher Bestandteil der Fahrzeugwartung, dass sie vielleicht gar nicht darauf gekommen sind, ihr Sohn würde keine Ölwechsel vornehmen.

Die Menschen achten im Rahmen ihrer Verwaltungstätigkeit nur minimal auf das In-Schuss-Halten ihres Werkzeugs. Führungskräfte, die erklären sollen, warum sie sich nicht darum kümmern, sagen, dass sie von ihren Mitarbeitern »erwarten«, diese Dinge zu tun, weil »sie Fachleute sind«. Wenn sie überhaupt darüber nachdenken, gehen sie davon aus, dass andere sich damit beschäftigen.

Wir kennen die Folgen für den jungen Mann. Die Konsequenzen einer nicht vorhandenen und gepflegten Organisation seiner selbst wie auch der Mitarbeiter sind weit schwerwiegender als ein defekter Motor.

Entropie

Entropie kann als Maß oder Grad an Unordnung innerhalb eines Systems definiert werden, das vor dem Zusammenbruch steht. In der Physik bezeichnet man Entropie als Größe, die die Verlaufsrichtung eines Wärmeprozesses kennzeichnet. Die Chaostheorie besagt, dass Systeme immer von einem Zustand der Ordnung in einen Zustand der Unordnung übergehen und dabei immer komplexer werden. Möchten Sie es im Leben gern einfach haben? Dann sollten Sie sich Ordnung angewöhnen – insbesondere bei Ihrer Arbeit.

Möchten Sie in einer aufgeräumten und ordentlichen Arbeitsumgebung arbeiten, müssen Sie sich die Chaostheorie vor Augen halten und aktiv für Ordnung sorgen, da sich die Unordnung sonst naturgemäß von selbst einstellt. Vernachlässigen Sie doch einmal für ein paar Wochen Ihren Garten, dann werden Sie die Auswirkungen der Entropie sehr schön beobachten können.

Ich hoffe sehr, dass Sie dieses Buch und der darin beschriebene PEP-Prozess inzwischen zu einigen Änderungen und Verbesserungen angeregt haben. Vielleicht ist Ihr Schreibtisch nun aufgeräumt, Ihre Aktenordner sind systematischer geordnet und Ihre Sachen liegen da, wo sie hingehören. Anders ausgedrückt, Sie arbeiten nun mit System. Lassen Sie sich aber eines gesagt sein: Alle Systeme funktionieren nach den Gesetzmäßigkeiten der Chaostheorie, das heißt, sie tendieren dazu, in den Zustand der Unordnung überzugehen, sofern Sie nicht aktiv daran arbeiten, die Ordnung aufrechtzuerhalten.

Und der Trick an der Sache? Das Aufrechterhalten der Ordnung muss Teil Ihrer Arbeitsabwicklung sein.

Instandhaltung und Arbeitsabwicklung

Ein perfektes Beispiel war ein Serviceangestellter von IBM. Seine Aufgabe bestand darin, die Großrechner von Kunden vor Ort zu reparieren, wobei er auf seinen Reisen oft jüngere Techniker mitnahm. Wegen seiner »seltsamen« Kleidung und Arbeitsgewohnheiten war er eine Zielscheibe des Spotts. Er pflegte Overalls mit Dutzenden von eingenähten Taschen zu tragen. In diesen befanden sich alle möglichen Werkzeuge, die er brauchte oder brauchen könnte.

Wenn er etwas bemerkte, das es zu reparieren galt, behob er den Schaden, selbst wenn die Reparatur nicht zu seinem ursprünglichen Auftrag gehörte. Sah er einen Tropfen Öl auf dem Boden, zog er ein Tuch hervor und wischte ihn unverzüglich auf. Benutzte Werkzeuge wurden von ihm sofort gesäubert und wieder in die entsprechende Tasche zurückgesteckt. Ging ein Werkzeug kaputt, holte er ein Antragsformular für ein neues aus der Tasche und füllte es auf der Stelle aus, um Ersatz zu bekommen. Seine Kollegen wehrten sich dagegen und kümmerten sich nicht darum, alles immer sofort sauber und ordentlich zu hinterlassen, aber wenn der Feierabend nahte, war der alte Hase zwangsläufig stets als Erster fertig und konnte vor den anderen gehen. Das war seine Arbeitsweise. Er war durch und durch organisiert.

Instandhaltung ist Teil des Arbeitsprozesses. Man muss sich darüber im Klaren sein, dass jede Arbeit, jede Aufgabe einen Anfang, eine Mitte und ein Ende hat. Am Beginn einer Aufgabe muss unter anderem die Organisation (Planung, Vorbereitung, Einstellung auf die anstehende Arbeit) stehen. Dann kommt in der Mitte die Erledigung der Aufgabe. Das Ende muss nicht nur die Fertigstellung der Arbeit, sondern auch Fragen der Instandhaltung beinhalten, einschließlich, »die Dinge dahin zurückzulegen, wo sie hingehören« und »alles in Ordnung zu bringen, mit dem man gearbeitet hat« (Akten, Utensilien und so weiter).

Über Wartungsroutinen sollte in gleicher Weise nachgedacht werden. Am einfachsten geht das, wenn Sie sie ebenso geplant in Ihren Arbeitsablauf einbeziehen, wie Sie das Motoröl Ihres Wagens wechseln. Genauso automatisch, wie Sie hinter das Lenkrad rutschen, den Schlüssel ins Zündschloss stecken und den Motor starten, wissen Sie, dass das Motoröl routinemäßig ausgetauscht werden muss, soll Ihr Auto in Topzustand sein. Warum sollte es mit der Arbeit anders sein?

Es wäre gut, wenn Sie es sich zur Routine machen würden, dass Sie durch Ihre Arbeitseinstellung gar nicht mit weiterer Arbeit beginnen können, bevor Sie nicht den wichtigen Brief an einen A-Kunden geschrieben haben. Sie sollten die gut gepflegten Daten des Kunden sofort zur Hand haben, sodass Sie schnell, einfach und richtig auf sachdienliche Fakten zurückgreifen können.

Der springende Punkt ist, dass Sie dadurch, dass Sie sich die Kundenakte vornehmen, nicht riskieren, sich (und Ihr Unternehmen) zu blamieren, weil Sie nicht informiert sind. Ihr Wissen beeinflusst die Abfassung des Antwortbriefs, dessen Qualität dadurch wahrscheinlich erheblich verbessert wird.

Nehmen wir an, Sie haben den Brief fertig und sind bereit, ihn in Ihren Ausgangskorb zu legen – was machen Sie dann mit der Kundenakte? Sie nehmen sich eine oder zwei Minuten, um sie in Ordnung zu bringen. Sortieren Sie die Briefe chronologisch, sodass der aktuellste oben liegt. Entfernen Sie Duplikate. Falls die Akte lose Visitenkarten enthält, heften Sie sie im Aktendeckel selbst ab, damit sie nicht herausfallen und verloren gehen. Oder sortieren Sie sie in den Adresskarteikasten ein. Das alles dauert keine zwei Minuten! Und wenn Sie anschließend die Akte zurücklegen, wird sie in einem besseren Zustand und aktueller sein als in dem Augenblick, wo Sie sie herausgezogen haben. So hält man Unterlagen auf dem Laufenden.

Diese Wartungsroutine lässt sich auch auf Ihre elektronischen Akten anwenden. Wenn der verfasste Brief in einem Kundenverzeichnis abgespeichert ist, werfen Sie einen Blick auf das Verzeichnis, löschen Sie überholte Dokumente und bringen Sie den Rest in Ordnung. Ein IBT-Trainer fand einmal 1 800 Mitteilungen in der Gruppensoftware-Datenbank eines Kunden. Niemand kann so viele Informationen gebrauchen oder pflegen. Sein Klient organisierte (oder wahrscheinlicher: löschte) einfach nichts, wenn er mit seiner Arbeit fortfuhr. Es geht dabei nicht um Zeit. Es geht darum, die Organisation zu einem Teil des Arbeitsprozesses zu machen.

Erleichtern Sie die Arbeit

Der Zweck der Wartung ist, sich selbst, Kollegen und Mitarbeitern die Arbeit zu erleichtern. Wenn Sie kopieren und das Papier geht aus, dann füllen Sie die Maschine bis obenhin auf. Legen Sie nicht ein Dutzend Blätter in die Ablage, sodass Sie Ihre Arbeit beenden können, der Nächste aber kein Papier mehr vorfindet. Belassen Sie Ihre Akten nicht in einem so katastrophalen Zustand, dass kein Mensch – Sie eingeschlossen – aus ihnen schlau wird. Verwandeln Sie stattdessen alles, was Ihnen in die Hände kommt, in ein Werkzeug zur Steigerung der Effizienz und Produktivität.

Die Dinge in Schuss zu halten bedeutet, sich so zu organisieren, dass man leicht vorankommt. Wenn Ihr Hefter leer ist, füllen Sie ihn wieder auf. Falls Sie in Ihrer Schreibtischschublade keine Heftklammern mehr vorfinden, gehen Sie sofort in die Materialabteilung und besorgen Sie sich neue. Füllen Sie Ihren Hefter auf und fahren Sie mit Ihrer Arbeit fort. Lassen Sie Kleinigkeiten nicht unerledigt in der Luft hängen, sodass sie Ihnen zu einem späteren Zeitpunkt nicht in die Quere kommen können. Es gibt wenige Dinge, die so frustrierend sind, wie keinen Stift zu finden, wenn man sich eine telefonische Mitteilung notieren möchte, oder ein halbes Dutzend ausprobieren zu müssen, bis man einen findet, der tatsächlich funktioniert.

Was sollten Sie überhaupt in Schuss halten?

Die stetige Instandhaltung sollte so schnell und mühelos vonstattengehen wie möglich. Anderenfalls werden Sie sie, der menschlichen Natur folgend, wahrscheinlich aufschieben, bis »es Ihnen besser passt« oder Sie »nicht ganz so müde sind« oder »Zeit haben« oder welche Ausrede Sie auch immer finden mögen. Deshalb muss die Instandhaltung sowohl effizient als auch leicht sein.

Sortieren Sie Ihre Akten gründlich aus, und Sie müssen wenig (oder zumindest viel weniger) in Schuss halten. Wenn Sie merken, dass Sie Zeit damit verbringen, etwas in Ordnung zu halten, was Sie selten oder nie verwenden, müssen Sie sich fragen, ob es das wert ist. Stellen Sie sich gleich die Frage, warum Sie es aufbewahren. Wenn es sich um etwas handelt, das nicht lebensnotwendig ist – weg damit!

Abbildung 10.1: Mithilfe dieses Zeitplans können Sie
Ihr System in Schuss halten

Zeitplan zur Aufrechterhaltung Ihres Systems		
Zeitintervall	**Was**	**Handlung**
Ständig	▶ Schreibtisch und Desktop am Computer	▶ ◆ Befördern Sie alle Papiere von der Schreibtischoberfläche in den richtigen Teil Ihres Ordnungssystems, und verschieben Sie alle Dateien vom Desktop in den richtigen Ordner.
Ständig	▶ Individuelle Akten	▶ ◆ Wann immer Sie eine Akte zur Hand nehmen, sortieren Sie alte Papiere aus, bevor Sie sie zurücklegen.
1 x täglich	▶ Ablage und eingehende E-Mails	▶ ◆ Neue Akten einfügen/E-Mails in den entsprechenden Ordner ablegen. ◆ Laufendes überprüfen/erledigen. ◆ Ausgangskorb leeren.
1 x wöchentlich	▶ Arbeitsakten	▶ ◆ Neue Akten einfügen. ◆ Projektpläne schreiben. ◆ Erledigte Akten entfernen.
1 x monatlich oder 1 x vierteljährlich	▶ Nachschlageakten	▶ ◆ Wieder gebrauchte Akten zu den Arbeitsakten legen. ◆ Dicke Akten und volle Schreibtischschubladen aussortieren.
1 x halbjährlich	▶ Das gesamte System	▶ ◆ Nicht mehr gebrauchte Akten archivieren. ◆ System überprüfen. ◆ Einen PEP-Tag einplanen, um das System gegebenenfalls zu überholen.

Vorbeugende Instandhaltung

Sie müssen sich nicht nur darauf konzentrieren, stets gut organisiert zu sein, sondern auch daran denken, was Sie unternehmen können, um zukünftigen Organisationsproblemen vorzubeugen. Richten Sie beispielsweise gleich eine Akte für das kommende Jahr ein, wenn Sie Ihre Steuererklärung für das vergangene machen. Legen Sie alle Papiere, die im Laufe des Jahres hereinkommen und steuerrelevant sind, sofort in dieser Akte ab. Wenn Sie im Voraus planen, die Steuererklärung frühzeitig vorbereiten und während des Jahres die notwendigen Informationen sammeln, geraten Sie in den Wochen vor dem Fälligkeitstermin nicht in Panik.

Falls zu bestimmten Zeiten im Jahr mit einer großen Arbeitsbelastung zu rechnen ist, können Sie alles so organisieren, dass Sie diese Perioden effektiv meistern. Eine rechtzeitige Vorbereitung auf Spitzenzeiten kann die Last verringern.

Doch auch die vorbeugende Instandhaltung Ihrer Arbeitsgeräte sollten Sie verinnerlichen. Lesen Sie beispielsweise die Wartungshinweise Ihres Kopierers und tragen Sie die entsprechenden Daten in Ihren Kalender ein. Machen Sie eine kleine Inventur Ihres Büros und finden Sie heraus, für welche Geräte welche Wartungsmaßnahmen wann erforderlich sind.

Sorgen Sie immer vor: Nichts ist frustrierender als ein abgestürzter Computer, auf dem wichtige Daten liegen, auf die Sie nicht mehr zugreifen können. Führen Sie also regelmäßige, eventuell automatisierte Backups durch. Denn auch, wenn das ein wenig Geld und Zeit kostet: Beides ist hier gut angelegt. Räumen Sie Ihren Computer ebenfalls regelmäßig auf, löschen Sie temporäre und überflüssige Dateien, die Ihren Rechner sonst nur verlangsamen.

Antivirus-Programme sind ein Muss, wenn man sich im Internet bewegt, doch manche Spyware mogelt sich an den besten Programmen vorbei. Sie verfolgt dann Ihre Webhistorie, um ein Marketingprofil aus Ihrem Surfverhalten zu generieren, das dann an verschiedene Firmen verkauft wird. Um dem vorzubeugen, sollten

Sie sich eines der speziellen Anti-Spyware-Programme zulegen, die auch als Freeware erhältlich sind, und regelmäßige Updates ausführen. Auch das können Sie in Ihren Kalender eintragen.

Instandhaltung und »Tun Sie's sofort«

Wenn Sie sich das Konzept »Tun Sie's sofort« zu Herzen genommen haben, werden Sie reichlich Gelegenheit haben, es durch Instandhaltung zu untermauern. Warum? Weil die Instandhaltung nicht immer das »Wichtigste« oder »Dringendste« ist. Es wird immer Gründe geben, sie auf die lange Bank zu schieben. Aber wenn Ihnen die Worte »Tun Sie's sofort« in dem Moment durch den Kopf schießen, wo Sie erkennen, dass etwas einer Wartung bedarf, werden Sie sie vornehmen. Wenn Sie sehen, dass irgendein Werkzeug repariert werden muss, werden Sie es sofort tun. Geht Ihnen Material aus, werden Sie es sich sofort besorgen. »Tun Sie's sofort« wird Ihnen zur Gewohnheit und überträgt sich auch auf die Instandhaltung von Dingen.

Machen Sie sich Wartung zur Gewohnheit

Genauso wie Sie sich morgens automatisch die Zähne putzen, ist es am besten und einfachsten, die Instandhaltung zu einer effizienten Arbeitsroutine werden zu lassen, über die Sie nicht weiter nachdenken. Wie bereits im Kapitel »Bauen Sie Routinen auf« dargelegt, können Sie Ihre tagtägliche Arbeitsflut unter Kontrolle halten, indem Sie die Bearbeitung Ihrer Papiere und E-Mails bündeln und planen. Organisieren Sie sich wöchentlich im Rahmen Ihrer Wochenplanung. Bringen Sie Ihr Aktensystem auf den neuesten Stand. Sichern Sie Ihre Festplatte. Überprüfen Sie Ihre Materialvorräte.

Ebenso wie Sie für jeden Tag eine bestimmte Zeit eingeplant haben, um Ihren Eingangskorb zu leeren, sollten Sie sich eine feste Zeit für die aufwändigen Arbeiten nehmen, bei denen die Versuchung groß ist, sie aufzuschieben, wie das Ausmisten Ihrer Akten. Es gibt viele Menschen, die ihr Büro einmal im Jahr gründlich aufräumen, gewöhnlich zwischen Weihnachten und Neujahr, wenn dort nicht mehr viel los ist. Sie nutzen die Zeit, um Papiere des alten Jahres auszusortieren, die Akten für das kommende Jahr einzurichten, seit Längerem nicht mehr Benutztes auszurangieren, die Stapel von Zeitschriften, die sie noch lesen wollten, loszuwerden und ganz allgemein Ordnung zu schaffen. Obgleich das besser ist als nichts, reicht es meiner Erfahrung nach nicht aus. Am besten scheint es, das Büro einmal im Vierteljahr komplett aufzuräumen. Planen Sie dafür etwa einen halben Tag fest ein. Schließen Sie die Tür und machen Sie sich an die Arbeit, nehmen Sie Umstrukturierungen vor, sortieren Sie aus, sehen Sie Ihre ganzen Bücher, Nachschlage-, Archivakten und dergleichen durch. Abbildung 10.1 zeigt Ihnen einen Zeitplan zur Aufrechterhaltung Ihres Systems.

Der Drei-Wochen-Plan

Eine meiner Kolleginnen in Australien hat mit dem von ihr entwickelten Drei-Wochen-Plan großen Erfolg. Am Anfang des PEP-Kurses bittet Sharon jeden der Teilnehmer, sich eine bestimmte Arbeitsgewohnheit zu überlegen, die verbessert werden soll. Der schwierige Teil der Aufgabe ist dann, jeden Tag an dieser Angewohnheit zu arbeiten. Der Haken dabei ist, dass jeder Teilnehmer auch wirklich drei Wochen lang jeden Tag daran arbeiten muss, sonst beginnt die Zeitzählung wieder von vorn.

Sharon und die anderen Teilnehmer passen auf, welche Fortschritte während des gesamten PEP-Kurses (der mehrere Monate dauern kann) gemacht werden. Die Teilnehmer lernen dabei, welche Prozesse notwendig sind und welche Hindernisse auftreten, wenn man versucht, seine Angewohnheiten zu ändern. Diese Erkenntnisse dienen wiederum als Grundlage für weitere Aktionspläne und Verhaltensänderungen.

Sind Sie bereit, sich dieser Herausforderung zu stellen? Seien Sie offen mit sich selbst und fragen Sie sich ganz unumwunden: Wo stehen Sie sich selbst im Wege? Welche Ihrer Arbeitsgewohnheiten würden Sie am liebsten ändern? Entwickeln Sie eine Strategie, mit deren Hilfe Sie einen Schlussstrich unter diese Gewohnheit ziehen können. Dann arbeiten Sie konsequent die nächsten drei Wochen an Ihrem Vorhaben. Denken Sie daran: Tun Sie einen Tag nichts dafür, müssen Sie von vorn anfangen! Notieren Sie Ihre Erfahrungen und Gefühle. Wenn Sie wissen, wie Sie auf bestimmte Herausforderungen reagieren, können Sie das nächste Mal bestimmt besser damit umgehen.

Instandhaltung allgemein genutzter Akten

Ich habe die Erfahrung gemacht, dass in der Praxis niemand die Verantwortung für die Aktenablage übernimmt, wenn theoretisch jeder dafür verantwortlich ist.

Als Teamleiter sind Sie dafür zuständig, einem bestimmten Mitarbeiter das Ablagesystem Ihrer Abteilung anzuvertrauen. Natürlich können Sie je nach Umfang auch mehrere Mitarbeiter auswählen, wobei sich einer um elektronische Dokumente kümmert und der andere um papierene. Alle Teammitglieder wissen dann, wer für was verantwortlich ist.

Das Gleiche gilt auch für gemeinsam genutzte Hilfsmittel: Wird zum Beispiel ein Kalender gemeinsam benutzt, um die Termine des ganzen Teams zu überwachen oder genau zu wissen, wo sich der einzelne Mitarbeiter gerade aufhält, ist es ebenfalls unverzichtbar, dass ein Mitarbeiter dafür verantwortlich ist.

Instandhaltung und Reisen

Ich bin in meinem Beruf ständig unterwegs. Ich fliege mehrmals im Monat oder reise per Auto oder Bahn kreuz und quer durchs Land. Meine Kollegen und ich haben uns darauf geeinigt, keine Assistenten zu beschäftigen. Wir nehmen unsere Organisation selbst in die Hand und unterstützen uns gegenseitig. Die Idee dazu lieferte uns eine kleine schwedische Firma, und das hat sich bislang gut bewährt. Um in Kontakt zu bleiben, telefonieren und mailen wir. Bei uns ist es gängige Praxis, jeden Tag im Büro anzurufen und neu eingegangene Informationen oder Korrespondenz über das Telefon zu bearbeiten. Dazu gehört natürlich die oben erwähnte gute Organisation. Wer auch immer im Büro ist, hält die ganze eingegangene Korrespondenz für den jeweiligen Ansprechpartner bereit, und beim täglichen Anruf wird alles schnell durchgegangen. Nach dem Sofort-Prinzip sollten Sie Korrespondenz dann gleich von Ihrem jeweiligen Aufenthaltsort per Telefon beantworten. Sie können sich vorstellen, dass das sehr schnell geht, weil Sie nicht unnötig viel Geld für Telefongebühren ausgeben wollen (es sei denn natürlich, Sie haben eine Flatrate – dann betrachten Sie dieses Vorgehen doch rein unter dem zeitlichen Aspekt). Falls ein Fax abgeschickt werden muss, macht das die Person im Büro, Mails können Sie unterwegs wahrscheinlich selbst lesen und beantworten. Werbebriefe und andere nutzlose Schreiben werden sofort weggeworfen. Es gibt zwar immer wieder Angelegenheiten, die Sie erst nach der Rückkehr ins Büro erledigen können, aber es sind weit weniger, als sich sonst ansammeln würden. Dieses System hat sich in allen Unternehmen, in denen es eingeführt wurde, sehr gut bewährt.

Ein guter Manager plant niemals direkt im Anschluss an eine Reise eine Besprechung ein. Er nimmt sich nach seiner Rückkehr immer zunächst ein paar Stunden Zeit, um die Angelegenheiten, die im Zusammenhang mit seiner Reise stehen, aufzuarbeiten (Zusammenfassung seiner Aktivitäten, Quittungen, irgendwelche Angebote, die er infolge der Reise vorbereiten muss) und um bei allem, was sich während seiner Abwesenheit angehäuft hat, auf den neuesten Stand zu kommen.

Das IBT arbeitete einmal mit einem Unternehmen zusammen, dessen Vertreter von zu Hause aus agierten. Sie organisierten ihre Woche so, dass sie von Montag bis Donnerstag ihre Verkaufsgespräche führten und den Freitag im Büro verbrachten, um die Verwaltungsarbeiten zu erledigen und die kommende Woche zu planen. Die Vertreter beklagten sich regelmäßig, dass ein Tag im Büro nicht genug wäre. Sie müssten am Wochenende arbeiten, um alles zu schaffen. Einem Vertreter gelang es jedoch immer, seine Arbeit in den vorgesehenen fünf Tagen zu erledigen, und seine Methode war ganz einfach. Er hatte stets Briefumschläge in seiner Aktentasche, die an die Bezirksfiliale, die Generalvertretung, seinen Chef, die Buchhaltung und seine Geschäftsstelle voradressiert waren. Wenn etwas an eine dieser Stellen gesandt werden musste, steckte er es sofort in den entsprechenden Umschlag. Er bearbeitete seine Abrechnungen täglich und packte sie in den Umschlag für die Buchhaltung. Das Einzige, was er am Donnerstag auf dem Weg nach Hause dann noch tun musste, war, die Umschläge in den Briefkasten zu werfen. Zwischenzeitlich rief er mehrmals am Tag im Büro an und kümmerte sich um seine Telefonmitteilungen, die er alle sofort erledigte. Als dieses System auch von den anderen Vertretern übernommen wurde, gab es keine Probleme mehr.

Instandhaltung und kontinuierliche Verbesserung

Obgleich das Wort »Instandhaltung« in diesem Kapitel schon zigmal verwendet wurde, ist es nicht eigentlich das, worauf Sie sich konzentrieren sollten. Natürlich dient sie dazu, Sie davon abzuhalten, in alte, unproduktive Gewohnheiten zurückzufallen. Es genügt jedoch nicht, sich aufzuPEPpen und dann nur noch darauf zu konzentrieren, dass alles so bleibt. Sie müssen sich auch bemühen, die

Dinge besser zu machen. Sie sollten gewissenhaft und besonnen daran arbeiten, Ihre Arbeitsmethoden zu verbessern. Unter den heutigen schnelllebigen, kompetitiven Bedingungen reicht es nicht aus, besser zu sein und so zu bleiben. Sie müssen sich selbst stetig übertreffen. Selbst wenn Sie bereits beträchtliche Fortschritte gemacht haben, sollte Ihr wahres Ziel eine ständige Verbesserung bei allem sein, was Sie tun.

Menschen nehmen selten Arbeiten in ihre Aufgabenlisten auf, die auf eine Verbesserung ihrer Arbeitsweise abzielen. Nicht dass sie darüber nicht nachdenken – ganz im Gegenteil. Angetrieben durch die Qualitätsverbesserungs- und Reengineeringkonzepte, die in den meisten Unternehmen laufen, tun viele Menschen genau das, setzen es aber nicht in Beziehung zu ihrer tagtäglichen Arbeit. Stattdessen denken sie an stetige Verbesserung im Hinblick auf die Wahrung der geringen jährlichen Produktausschussrate ihres Betriebs.

Sie sollten sich prinzipiell jede Woche die Frage stellen: »Was werde ich in der kommenden Woche tun, um meine Arbeitssituation zu verbessern?« Der Wochenplan sollte mehrere Aufgaben enthalten, die Ihr Arbeitsleben einfacher machen, Ihre Effektivität steigern, Ihr Wissen erweitern oder Ihre derzeitige Arbeitsweise irgendwie zum Besseren verändern.

Zum Beispiel könnten Sie die Aufgabe hinzunehmen, zwei Kapitel aus der Beschreibung eines Softwareprogramms zu lesen, das Sie umfassender einsetzen möchten. Manche Menschen wählen Aufgaben aus ihren persönlichen Verbesserungszielen und planen sie in ihrem Arbeitskalender ein. Es ist wichtig, solche spontan aufkommenden Ideen einzubeziehen und in Angriff zu nehmen. Zu lernen, wie man einen neuen Drucker benutzt, könnte eine sein. Wir alle würden gern tausend und mehr Dinge tun oder erlangen, damit alles besser läuft. Machen Sie sie!

Beziehen Sie diese Ziele in Ihren Wochenplan ein. Planen Sie sie. Sie werden entdecken, dass Sie ausknobeln werden, wie Sie sie in kürzester Zeit über die Bühne bringen. Weil die Aufgabe da ist, werden Sie sie auch durchführen. Allmählich und kontinuierlich wird Ihr Büro zudem nicht nur an Image und Effizienz gewinnen, sondern beides wird sich auch stetig verbessern. Sie machen Veränderungen zu einem Teil Ihres Alltagslebens. Und Sie sind derjenige, der den Wandel dirigiert.

Periodisches Aufarbeiten

Manche Menschen haben nicht das Bedürfnis, ihre Organisation von Minute zu Minute in Schuss zu halten. Sie wollen nicht dauernd darauf achten müssen. Sie haben mit ihrer Arbeitslast erfolgreich Schritt gehalten, indem sie regelmäßig Organisationsrückstände aufgeholt haben. Wenn sie ihre Organisation während eines Projekts oder mitten in einer Spitzenzeit so gut pflegen, wie sie nur können, können sie sich hinterher die Zeit nehmen, um alles wieder vollständig in Ordnung zu bringen. Ein paar wichtige Dinge sollten jedoch bedacht werden, sofern Sie sich dafür entscheiden, so zu arbeiten. Lassen Sie nichts länger als ein paar Wochen schleifen, bevor Sie sich wieder organisieren. Räumen Sie sehr sorgfältig auf. Arbeiten Sie mit sehr guten Erinnerungssystemen, sodass Ihnen keine wichtigen Dinge durch die Lappen gehen.

Sobald Sie sich organisiert haben, sollten Sie zumindest jeden Tag, bevor Sie nach Hause gehen, Ihren Schreibtisch aufräumen. Dieses minimale Instandhalten ist schon besser als gar nichts.

Katastrophenschutz

Aber was tun Sie, wenn dennoch alles den Bach runtergeht? Also, Sie haben nun Schreibtisch und Büro aufgeräumt. Sie sind organisiert wie nie zuvor. Sie haben sich schließlich eine Routine aufgebaut, mit der Sie Ihre tägliche Papierflut, die Mitteilungen, Informationen, E-Mail-Nachrichten und so weiter unter Kontrolle halten. Sie planen Ihre Arbeit jeden Freitag. Sie haben sich ein Notebook gekauft und angefangen, sich in Organisationssoftware einzuarbeiten, und Sie fühlen sich so richtig wohl. Alles läuft gut, aber plötzlich tut es einen Schlag. Sie laufen gegen eine Wand! Sie werden nach Tokio beordert, um einen Kollegen für sechs Wochen zu vertreten. Oder ein Großkunde verlangt eine Kontoüberprüfung, für die Sie eine Präsentation vorbereiten müssen, um die Situation zu retten, und Sie werden volle zwei Wochen lang täglich 16 Stunden mit nichts anderem beschäftigt sein. Oder Sie gehen in Urlaub, kommen zurück und stehen einem Berg von Rückständen und einem erneuten totalen Chaos gegenüber. Irgend so etwas wird Ihnen passieren. Dann aber sollten Sie klug reagieren.

Erfahrungsgemäß fallen Menschen nicht in ihre neuen Arbeitsmethoden zurück, sondern viel eher in ihre alten Gewohnheiten. Sie machen sich deutlich, dass es Ihnen doch gelang, mit Ihren alten Arbeitsmethoden zurande zu kommen. Darüber hinaus war sich zu organisieren wahrscheinlich ein echter Kampf. Das gesamte Persönliche Effektivitäts-Programm nochmals von vorn anfangen zu müssen! Der Versuch war nicht schlecht, aber eigentlich sind Sie nicht der Typ Mensch, der sich organisiert. Diese Argumente kommen uns in solchen Situationen zu Ohren. Verzweifeln Sie nicht und geben Sie nicht auf. Es ist ganz einfach, etwas dagegen zu unternehmen. Legen Sie einen »Tun-Sie's-sofort«-Tag ein. Hängen Sie ein Schild an die Tür, auf dem steht, dass Sie heute nicht zu sprechen sind, stapeln Sie Ihre ganzen Papiere auf Ihrem Schreibtisch und machen Sie alles wie gehabt. Das geht viel leichter und schneller als beim ersten Mal. Nach ein paar Stunden haben Sie Ihren Papierkram wahrscheinlich schon wieder unter Kontrolle.

Um diesen »Tun-Sie's-sofort«-Tag einfacher zu gestalten, versuchen Sie irgendwie, über Ihren täglichen Informationsfluss auf dem Laufenden zu bleiben. Wenn Sie Ihre Tage mit der Vorbereitung der Präsentation verbringen müssen, nehmen Sie sich trotzdem eine

Stunde Zeit, und gehen Sie alles kurz durch, was am Vortag hereingekommen ist. Delegieren Sie großzügig, und zwar auf der Stelle. Bestimmen Sie entschlossen (sogar rücksichtslos), was Sie nicht tun werden. Verwenden Sie Ihr Wiedervorlagesystem (und halten Sie es in Schuss), um die Papiere von Ihrem Schreibtisch und an den richtigen Ort zu bekommen. Nutzen Sie die Umstände und schauen Sie, wie effizient Sie sein können, und lassen Sie nicht nach, wenn alles wieder seinen normalen Gang geht!

Vielleicht wird es nie so schlimm für Sie kommen. Aber die Arbeitsflut ist in der Regel nicht konstant, und Sie könnten irgendwann darin ertrinken. Ein Kunde, Direktor in einem der größten Industriekonzerne der Welt, beschreibt es wie folgt:

»Wenn sich die Arbeit vor mir auftürmt und mir vorübergehend über den Kopf wächst, weiß ich, wie ich damit fertig werde, weil ich die dafür nötigen Methoden gelernt habe.«

Sie haben diese Methoden nun ebenfalls gelernt.

Instandhalten bedeutet zu erkennen, dass jede Arbeit mit der Vorbereitungsphase beginnt und, nachdem sie getan ist, damit endet, alles wieder dorthin zurückzulegen, wo es hingehört, und dafür zu sorgen, dass alles in einem guten oder besseren Zustand ist als in dem Moment, wo man es erstmalig zur Hand nahm. Instandhaltung bedeutet, sich selbst zu organisieren, während man arbeitet.

Das Wichtigste, was Sie bewahren sollten, ist die Veränderung zum Besseren.

Zusammenfassung

1. Erkennen Sie, dass die Instandhaltung die grundlegendste und nützlichste Arbeitsroutine ist, und Sie werden jahrelang mit Garantie ein gut funktionierendes Arbeitssystem besitzen. Machen Sie sich elementare, praktische Wartungsroutinen zum Prinzip, die gewährleisten, dass sich die harte Arbeit, die Sie investiert haben, um sich »aufzuPEPpen«, über viele Jahre auszahlen wird.

2. Führen Sie Ihre Wartungsroutinen auf genau die gleiche geplante Weise automatisch durch, wie Sie das Motoröl Ihres Wagens wechseln. Der Aufbau täglicher Routinen, über die Sie nicht mehr nachdenken müssen, um den eigenen und allgemeinen organisierten Zustand aufrechtzuerhalten, ist die investierte Zeit und Mühe wert.

3. Arbeiten Sie mit Systemen, die Sie davon abhalten, in alte Arbeitsgewohnheiten zurückzufallen. Besitzen Sie Routinen, die eine kontinuierliche persönliche Verbesserung bewirken und Ihnen helfen, dieses System als Selbstverständlichkeit zu erhalten. Planen Sie sie in Ihre Woche ein.

4. Denken Sie daran, dass jede Arbeit einen Anfang, eine Mitte und ein Ende hat. Am Anfang steht die Vorbereitung und Einstellung auf die Aufgabe, die Mitte bildet die Verrichtung der Arbeit. Das Ende umfasst nicht nur die völlige Erledigung der Aufgabe, sondern auch die Instandhaltung der verwendeten Hilfsmittel, einschließlich des Zurücklegens von Dingen dahin, wo sie hingehören, und die Verbesserung des Zustands von allem, was Sie in der Hand hatten, also Ihrer Akten, Utensilien und so weiter.

5. Denken Sie immer daran, dass es heutzutage nicht mehr ausreicht, nur die Papiere in Ordnung zu halten, sondern dass auch die elektronischen Dateien und E-Mails in Ihrem Computer in Ordnung gehalten werden müssen. Zur Instandhaltung Ihrer Festplatte gehört, Sicherungssysteme zu besitzen und sie regelmäßig zu benutzen, sodass Ihre elektronisch gespeicherten Daten nicht einem plötzlichen Stromausfall zum Opfer fallen.

6. Identifizieren Sie alle Unterlagen, mit denen das ganze Team oder die ganze Abteilung arbeitet. Teilen Sie einen Mitarbeiter ein, der die Verantwortung für die Ablagesysteme übernimmt.

7. Legen Sie wöchentlich eine bestimmte Zeit fest, in der Sie sich organisieren, damit Sie Ihre langfristige Arbeitsflut beherrschen. Nehmen Sie sich jede Woche Zeit für die Planung der kommenden Woche und die Aufrechterhaltung Ihrer Organisation. Bringen Sie Ihre Akten auf den neuesten Stand. Überprüfen Sie Ihre Materialien. Halten Sie in einem vierteljährlichen, halbjährlichen, jährlichen oder einem anderen Turnus alles in Schuss, damit Ihre Instandhaltung auf dem Laufenden und immer aktuell bleibt.

8. Wenn Sie bemerken, dass Sie Zeit damit verbringen, etwas zu warten, was Sie selten benutzen, fragen Sie sich ernsthaft, ob es das wert ist. Wenn es keinen vernünftigen Grund dafür gibt, sollten bei Ihnen die Alarmglocken läuten. Müssen Sie es aufbewahren? Wenn es etwas ist, was Sie wirklich nicht brauchen, weg damit!

9. Organisieren Sie sich bei der Arbeit. Machen Sie die Instandhaltung zu einem Teil Ihrer Planung, und Sie werden sie vom ersten bis zum letzten Arbeitsschritt einbeziehen. Planen Sie für den Erfolg. Legen Sie sich gute Gewohnheiten zu. Machen Sie Instandhalten zu einer unbewussten Gewohnheit, und Sie werden sehen, dass es ein einfacher Schritt auf Ihrem Weg zum Erfolg ist.

10. Werden Sie nicht bequem! Ihr eigentliches Ziel sollte in einer kontinuierlichen Verbesserung von allem bestehen, was Sie tun. PEP ist ein Hilfsmittel oder ein Gerüst, mit dem Sie dieses Ziel erreichen können.

Epilog

> Ein Mensch, der sich gut anpassen kann, charakterisiert sich nicht vornehmlich durch seine guten Gewohnheiten, sondern vielmehr durch die Geschicklichkeit, mit der er sie modifiziert oder auf sich verändernde Umstände reagiert. Er ist auf Wandel eingestellt, im Gegensatz zu dem unbeweglicheren, dogmatischeren, selbstgerechteren Typen, der sich nicht vom Fleck rühren will.
>
> *Wendel Johnson*

Einfach nur eine neue Gewohnheit

Das vorliegende Buch mag Ihnen wenig tiefschürfend erscheinen, aber aus ihm spricht eine große Erfahrung.

Im Wesentlichen haben wir darüber diskutiert, wie Sie es schaffen, sich so zu konditionieren, dass Sie Ihre Arbeit anpacken und Ihr Arbeitsverhalten verändern. Die meisten Menschen glauben, dass es sehr schwierig ist, Gewohnheiten zu verändern. Zweifellos ist das nicht leicht, aber es kann einfacher gehen. Neue Arbeitsmethoden anzunehmen, neue persönliche Gewohnheiten zu entwickeln, ist durchaus möglich. Sind Sie nicht auch schon einmal rein aus Neugier oder Zufall in einem neuen Restaurant gelandet, haben es für gut befunden und sich dann zum Prinzip gemacht, immer wieder hinzugehen?

Alles fängt damit an, sich eine neue Gewohnheit zu Eigen zu machen, nämlich die des Handelns. Tun Sie's sofort, wenn Sie die Idee haben, eine neue Arbeitsmethode auszuprobieren. Fahren Sie auf einem anderen Weg zur Arbeit, wenn es Ihnen in den Sinn kommt.

Die »schlechte« Gewohnheit heißt nicht unbedingt, »schlampig zu sein«. Die schlechte Gewohnheit ist vielmehr, niemals etwas gegen diese Angewohnheit zu tun. Durchbrechen Sie diesen Kreislauf, unternehmen Sie sofort etwas dagegen, schieben Sie nichts auf die lange Bank. Sie werden sehen, dass Sie schneller, besser und effektiver werden. Es liegt an Ihnen, Ideen, die Ihnen in den Sinn kommen, gleich nachzugehen. Sie werden entdecken, dass Sie Ihre Gewohnheiten tatsächlich verändern können.

Anhang

Checkliste für effizientere Besprechungen

Vorbereitungen .... ☐

1. Der Zweck der Besprechung steht fest .... ☐
2. Die richtigen Ansprechpartner sind eingeladen .... ☐
3. Der Tagungsort wurde gebucht .... ☐
4. Das benötigte Material ist bestellt und verfügbar .... ☐
5. Die Einladungen wurden rechtzeitig verschickt .... ☐
6. Die Einladung beinhaltet folgende Punkte: .... ☐
   - Zweck der Besprechung .... ☐
   - Zur Diskussion stehende Punkt der Tagesordnung ..... ☐
   - Tagungsort .... ☐
   - Anfang und Ende der Besprechung .... ☐
   - Von den Teilnehmern im Zuge der Vorbereitungen
     zu erledigende Aufgaben .... ☐

Diskussionsleiter .... ☐

1. Er leitet die Besprechung. .... ☐
2. Er ist für die Einhaltung des Zeitplans zuständig. .... ☐

3. Er fordert die Anwesenden auf, aktiv Beiträge zur Diskussion zu leisten. .... ☐

4. Er sorgt dafür, dass die Teilnehmer nicht unterbrochen werden, wenn sie ihre Meinung darlegen. .... ☐

5. Er stellt sicher, dass man sich an die festgelegten Besprechungsthemen hält und nicht abschweift. .... ☐

6. Er fasst die besprochenen Punkte zusammen. .... ☐

7. Er sorgt dafür, dass die Entscheidungen umgesetzt werden. (Wer macht was wann?) .... ☐

Assistent .... ☐

1. Er protokolliert die Besprechung. .... ☐

2. Er notiert, wer was wann erledigt. .... ☐

3. Er verteilt das Besprechungsprotokoll innerhalb kurzer Zeit. .... ☐

Teilnehmer .... ☐

1. Sie kommen pünktlich zur Besprechung. .... ☐

2. Sie hören den anderen Teilnehmern zu und versuchen, deren Standpunkt nachzuvollziehen. .... ☐

3. Sie unterbrechen die anderen nicht. .... ☐

4. Sie schaffen eine offene und kreative Atmosphäre. .... ☐

5. Sie bringen ihre Meinung auf den Punkt, verhalten sich professionell und beziehen einen klaren Standpunkt. .... ☐

6. Sie verteilen die erforderlichen Unterlagen. .... ☐

Checkliste **Zeitkiller**

Zeitkiller bei Besprechungen .... ☐

- ◆ Der Zweck der Besprechung ist unklar. .... ☐
- ◆ Die falschen Personen wurden eingeladen. .... ☐
- ◆ Es gibt zu viele Besprechungen. .... ☐
- ◆ Es gibt keine Tagesordnung. .... ☐
- ◆ Das Protokoll ist schlecht formuliert oder fehlt. .... ☐
- ◆ Es werden sachfremde oder sinnlose Gespräche und
  Diskussionen geführt. .... ☐
- ◆ Das Feedback bleibt aus. .... ☐
- ◆ Es werden keine Entscheidungen getroffen. .... ☐
- ◆ Das Nachfassen erfolgt nicht oder nur ungenügend. .... ☐
- ◆ Der Besprechungsleiter kann sich nicht durchsetzen. .... ☐
- ◆ Die Besprechung fängt zu spät an. .... ☐
- ◆ Die Besprechung wird ständig gestört. .... ☐
- ◆ Die Tagesordnung wird nicht eingehalten. .... ☐
- ◆ Es werden immer wieder die gleichen Themen von
  neuem diskutiert. .... ☐
- ◆ Die Besprechung dauert länger als geplant. .... ☐
- ◆ Es gibt keine Zeitbegrenzung pro Thema. .... ☐
- ◆ Der Diskussionsleiter hat die Besprechung schlecht
  vorbereitet. .... ☐
- ◆ Die Teilnehmer sind nicht oder nur mangelhaft
  vorbereitet. .... ☐
- ◆ Es mangelt an Struktur. .... ☐

- Es bleibt keine Zeit zum Nachdenken. .... ☐
- Der Tagungsort liegt weit entfernt, sodass die Anfahrt zeitaufwändig ist. .... ☐

Zeitkiller am Telefon .... ☐

- Man kann nicht ungestört telefonieren. .... ☐
- Das Gespräch verläuft ziel- und planlos. .... ☐
- Man möchte über alles informiert werden. .... ☐
- Man kann sich nicht kurz fassen. .... ☐
- Man ruft zur unpassenden Zeit an. .... ☐
- Es wurden keine Prioritäten gesetzt. .... ☐
- Die Sekretärin stellte jedes Gespräch ungefiltert durch. .... ☐

Unfähigkeit, Aufgaben weiterzudelegieren .... ☐

- Unsicherheit (Angst zu versagen) .... ☐
- Mangelndes Vertrauen in andere .... ☐
- Zu starkes Bedürfnis nach Kontrolle .... ☐
- Keine oder unzulängliche Richtlinien .... ☐
- Delegation der Aufgaben ohne die entsprechende Entscheidungsbefugnis .... ☐
- Angst, ein Kollege könnte besser sein als man selbst .... ☐
- Man macht lieber alles selbst, als Aufgaben abzugeben und andere anzuleiten .... ☐
- Überlastete Kollegen .... ☐

Unschlüssige Manager □

+ Sich überlappende Zuständigkeitsbereiche □
+ Widersprüchliche Anweisungen □
+ Mangel an Selbstdisziplin □
+ Kann Arbeiten nicht delegieren, macht sie lieber selbst □
+ Fehlende Aufgabenbeschreibung □
+ Unklare Prioritäten □

Mangelhafte Kommunikation □

+ Ignoranz, dass Kollegen und Mitarbeiter bestimmte Informationen benötigen □
+ Einsatz unpassender Medien □
+ Schlechtes Timing □
+ Zuhörer sind nicht offen für neue Ideen □
+ Zu langsame Reaktionszeit für Weitergabe von Informationen □
+ Zu viele Informationen □
+ Zu viel Kommunikation □
+ Unklare Kommunikation □
+ Schlechtes Informationsmanagement □
+ Schlechtes Kommunikationsmanagement □
+ Unzuverlässige Informationsquellen □
+ Irrelevante Informationen □
+ Unvollständige Informationen □

Mangelhafte Entscheidungsfindung .... ☐

- Unschlüssigkeit / Verzögerungen .... ☐
- Kein Vertrauen in den Entscheidungsfindungsprozess ..... ☐
- Angst vor den Konsequenzen eines möglichen Fehlers ..... ☐
- Unrealistische Zeitvorgaben .... ☐
- Unangenehme und schwierige Aufgaben werden auf die lange Bank geschoben .... ☐
- Konsequenzen von Entscheidungen werden ignoriert ...... ☐
- Fehlende Bilder für neue Strategien .... ☐
- Unkenntnis der Ziele einzelner Abteilungen .... ☐
- Unklare Ziele .... ☐

Unsystematisches Arbeiten .... ☐

- Fehlende Prioritäten .... ☐
- Zu viele Themen werden auf einmal besprochen .... ☐
- Keine Planung .... ☐
- Alle Probleme werden mit gleicher Priorität behandelt ..... ☐
- Es wird zu wenig zu spät erledigt .... ☐
- Keine Zeit für die Vorbereitung .... ☐
- Unterbrechungen .... ☐
- Unfähigkeit, Nein zu sagen .... ☐
- Wunsch, es allen recht machen zu wollen .... ☐
- Bedürfnis, sich wichtig zu machen und sich in alles einzumischen .... ☐
- Hemmschwelle, offen zu sein .... ☐

- Überall dabei sein wollen □
- Bedürfnis, in alles Neue/Aufregende einbezogen zu werden □
- Unfähigkeit, etwas zu beenden □
- Keine Zeitvorgaben □
- Mangelnde Rücksicht auf die Kollegen □
- Unverständnis □
- Unfähigkeit, die benötigten Daten in dem Chaos zu finden □
- Stress □
- Mangel an Disziplin □
- Keine Zeit für die Planung □
- Planloses Vorgehen □
- Zeit-/Kapazitätenmangel □
- Unterbrechungen durch unerwartete Besucher □
- Unterbrechungen werden nicht bereits im Vorfeld ausgeschlossen □
- Die Türen stehen immer offen □
- Mitarbeiter stören ständig mit Bitten um Genehmigungen □
- Unfähigkeit, einen Besucher zu verabschieden □
- Unfähigkeit, einem Kunden eine Bitte abzuschlagen □
- Zu viel Papierkram und Kleinkram □
- Keine Prioritäten □
- Kein Delegieren von Aufgaben, weil man das Gefühl hat, man könnte es selbst besser und schneller erledigen □
- Alles wird nur auf dem Schreibtisch aufgehäuft □

- Mangelnde persönliche Organisation .... ☐
- Keine lang- und kurzfristigen Ziele .... ☐

Computerstörungen .... ☐

- Der Computer stürzt ab, und es ist kein Zugriff
  auf die Daten möglich. .... ☐
- Die Internetverbindung ist zu langsam. .... ☐
- Das Downloaden geht zu langsam.
- E-Mails enthalten Anhänge in Formaten, die Sie nicht
  lesen können. .... ☐
- Sie finden die benötigten Informationen im Internet
  nicht. .... ☐
- Der Computer hängt, und alle nicht gespeicherten
  Daten sind verloren. .... ☐
- Peripheriegeräte (Drucker, Scanner) sind kaputt. .... ☐
- Der Computer stürzt ab und alle ungesicherten Daten
  sind weg. .... ☐

(Die Zeitkiller wurden zusammengetragen und sind hier abgedruckt mit der Genehmigung von Time Manager International AIS.)

Literatur

Abramovitch, Ingrid: »Beyond Kaizen«, *Success Magazine*, Januar/Februar 1994, S. 85.

Becker, Franklin und Fritz Steele: *Workplace by Design*, San Fancisco. Jossey-Bass Publishers, 1995.

Binder, Gordon: *Science Lessons: What the Business of Biotech Taught Me about Management* , New York: McGraw-Hill, Inc. 2008.

Bliss, Edwin C.: *Getting Things Done. The ABC's of Time Management*, New York: Scribner 1976.

Covey, Stephen R.: *Die sieben Wege zur Effektivität. Prinzipien für persönlichen und beruflichen Erfolg*, 22. Auflage, Offenbach: Gabal 2011.

Dodd, Pamela und Doug Sundheim: *25 Tools für gutes Zeitmanagement*, Weinheim: Wiley VCH 2011.

Drucker, Peter F.: *Die ideale Führungskraft. Die Hohe Schule des Managers*, Düsseldorf: Econ 1995.

Garfield, Charles A.: *Peak Performance: Mental Training Techniques of the World's Greatest Athletes*, New York: Warner Books 1989.

Hammer, Michael und James Champy: *Business Reengineering. Die Radikalkur für das Unternehmen*, Frankfurt/New York: Campus 1994.

Hill, Napoleon: *Denke nach und werde reich. Die 13 Gesetze des Erfolgs*, München: Ariston 2006.

Hobbs, Charles R.: *Time Power – Zeit gewinnen mit System*, Heidelberg: Sauer 1989.

Hofert, Svenja: *Karriere-Tipps für jeden Tag. 7 Minuten täglich, die Sie voranbringen*, Hannover: Humboldt 2009.

Honore, Carl: *In Praise of Slowness. Challenging the Cult of Speed*, New York: HarperOne 2005.

Jenks, James: *Don't Do – Delegate!*, New York: F. Watts 1985.

Kaplan Thaler, Linda und Robin Koval: *Erfolg ist eine Kleinigkeit. Warum schon kleine Dinge Großes bewirken*, Frankfurt/New York: Campus 2011.

Kleiner, Art: *Who Really Matters. The Core Group Theory of Power, Privilege and Success*, New York: Doubleday, 2003.

Lürssen, Jürgen und Marc Opresnik: *Die heimlichen Spielregeln der Karriere. Wie Sie die ungeschriebenen Gesetze am Arbeitsplatz für Ihren Erfolg nutzen*, 3. Auflage, Frankfurt/New York: Campus 2010

McCay, James T.: *Von Terminen gejagt oder Die Kunst, Zeit zu haben*, Düsseldorf: Econ 1962.

Morgenstern, Julie: *Never Check E-Mail in the Morning. And Other Unexpected Strategies for Making Your Work Life Work*, New York: Touchstone 2005.

von Münchhausen, Marco: *So zähmen Sie Ihren inneren Schweinehund. Vom ärgsten Feind zum besten Freund*, Frankfurt/New York: Campus, 2005.

Nelson, Robert B. und Peter Economy: *Better Business Meetings*, New York: McGraw-Hill Inc. 1994.

Nussbaum, Cordula: *Organisieren Sie noch oder leben Sie schon? Zeitmanagement für kreative Chaoten*, Frankfurt/New York: Campus, 2008.

Peck, M. Scott: *Der wunderbare Weg. Eine neue spirituelle Psychologie*, München: Goldmann 2004.

Peters, Tom J.: *Kreatives Chaos*, Hamburg: Hoffmann und Campe 1988.

Peters, Tom J. und Robert H. Waterman: *Auf der Suche nach Spitzenleistungen – Was man von den bestgeführten US-Unternehmen lernen kann*, München: Redline 2007.

Rückert, Hans-Werner: *Schluss mit dem ewigen Aufschieben! Wie Sie umsetzen, was Sie sich vornehmen*, Frankfurt/New York: Campus, 2011.

Danksagung

Mein Dank geht an die vielen Menschen, die dieses Buch direkt und indirekt erst ermöglicht haben. Seit dem ersten Erscheinen dieses Buches vor über 15 Jahren hat sich die Zahl derer, denen ich zu Dank verpflichtet bin, deutlich erhöht. Ohne die Unterstützung von Freunden, Kunden und Geschäftspartnern wäre der internationale Erfolg sicher nicht möglich gewesen, daher bedanke ich mich

- bei meinem Agenten und den Mitarbeitern von Executive Excellence: Ken Shelton, Trent Price und Meg McKay;
- bei Richard Narramore, Lektor; Tiffany Groglio, Lektoratsassistentin; und meinen früheren Lektoren bei John Wiley & Sons, Inc., Paula Sinnot, Linda Indig, Renana Myers, John Mahaney und Mary Daniello;
- ganz besonders bei meinen vielen Kunden und Freunden, die sich die Zeit genommen haben, von ihren Erfahrungen zu berichten, darunter Dagfinn Lunde, Eunice Johnson, John Birch, Hans Schmied, Frans Henrik Kockum, Krik Stromber, Mike Gallico und Mike Jercy;
- bei der gesamten Belegschaft des Institutes for Business Technology und all seiner Vertretungen, die uns ihre Erfahrungen mitgeteilt haben und hilfreiche Beiträge zu vielen Punkten dieses Buches beitragen konnten;
- bei Bary und Lynn Sherman für ihre harte Arbeit und Mitwir-

kung an dem Kapitel zu den ANG. Ihre jahrelangen Erfahrungen in diesem Bereich werden mit Sicherheit allen helfen, die Herausforderungen mobiler und digitaler Arbeitsplätze zu meistern;

- bei Ira Chaleff, ich danke dir tausendfach für deine inhaltliche Arbeit und deine wichtigen Ratschläge, die man im ganzen Buch finden kann;

- bei Lena (Holmberg) Davidsson, Jay Hurwitz, Eric Magnusson, Ron Hopkins, Peter Diurson, Menno van der Haven, Johan und Randi Holst, Bruno Savoyat, Denis Healy, Ann Searles, Mike und Lynn Valentine, Bouke Bouma, Sharon McGann, Benno Jangeborg, Margareta Norell, Catherine Bivar, Loes Nooij, Susanne Lundberg, Jim Robinson, Michael Kongstad, Natascha Masius, Hans Wagenaar, Oleg Protsenko, Monica Ivesköld, Elisa Jensen Labiano, Margareta Hagstedt und Monique Brinkmann für ihre Beiträge, ihre harte Arbeit und ihren Einsatz – danke!

- besonders bei Brita Norberg und Janita Thorner von Svenska Handelsbanken, Schweden, für ihre Hilfe und die Möglichkeit, das Persönliche Effektivitäts-Programm zu entwickeln;

- zu guter Letzt bei meiner Frau Jill, meinen Kindern Brooke, Quinn und Mackenzie, die mich beim Schreiben dieses Buches ertragen und immer unterstützt haben – ohne euch hätte ich das Buch niemals verwirklichen können.

Über das Institute for Business Technology

Wenn Sie mehr über PEP, E-PEP (unser elektronisches Angebot) oder das IBT erfahren möchten oder mit einem unserer PEP-Berater sprechen möchten, kontaktieren Sie das Ihnen am nächsten gelegene IBT-Büro. Die Adressen finden Sie auf den folgenden Seiten.

Haben Sie Fragen an den Autor Kerry Gleeson? Auf seiner Homepage www.kerrygleeson.com finden Sie seine Kontaktdaten.

Europa

PEP® Worldwide Nederland
P.O. Box 17
2420 AA Nieuwkoop
Voorweg 97aa
2431 AN Noorden
Nederland
Phone: +31 172 407592
Fax: +31 172 407077
E-Mail: info@pepworldwide.nl
Website: www.pepworldwide.nl

PEP® Worldwide Denmark
Lyngsoe Alle 3

2970 Hoersholm
Denmark
Phone: +45 4925 1494
E-Mail: kontakt@pepworldwide.dk
Website: www.pepworldwide.biz/dk/

PEP® Worldwide France
Case postale 339
CH 1224,Chêne-Bougeries, Geneva
Switzerland
Phone: +41 22 869 11 00
E-Mail: info@pepworldwide.fr
Website: www.pepworldwide.fr

PEP® Worldwide Austria
P.O. Box 17
2420 AA Nieuwkoop
Netherlands
Phone: +31 172407592
Fax: +31 172407592
E-Mail: info@pepworldwide.eu
Website: www.pepworldwide.eu

PEP® Worldwide Germany
P.O. Box 17
2420 AA Nieuwkoop
Netherlands
Phone: +31 172407592
Fax: +31 172407592
E-Mail: info@pepworldwide.eu
Website: www.pepworldwide.eu

PEP® Worldwide Belgium
209 Rue des Romains
L-8041 Bertrange
Luxembourg
Phone: +352 308997
Fax: +352 305228
E-Mail: info@ibtconsult.com
Website: www.ibtconsult.com

PEP® Worldwide Luxembourg
209 Rue des Romains
L-8041 Bertrange
Luxembourg
Phone: +352 308997
+46 11 13 37 17
+32 2 3444 755
Mobile: +352 021 15 99 54

E-Mail: info@ibtconsult.com
Website: www.ibtconsult.com

PEP® Worldwide Norway
Vardevn 13A
Drobak
Norway
Phone: +47 64936210
Fax: +47 64936219
E-Mail: johan@pep.no
Website: www.pep.no

PEP® Worldwide Poland
IBT Polska Sp. z o.o.
ul. Górnośląska 4A/80
00-444 Warszawa
Poland
Phone: +48 691 666 887
E-Mail: beata.uytenbogaardt@pep-
worldwide.pl
Website: www.pepworldwide.pl

PEP® Worldwide Spain
P.O. Box 17
2420 AA Nieuwkoop
Netherlands
Phone: +31 172407592
Fax: +31 172407592
E-Mail: info@pepworldwide.eu
Website: www.pepworldwide.eu

PEP® Worldwide Sweden
Kraketorpsgatan 20
431 53 Molndal
Sweden

Phone: +46 317061950
Fax: +46 31877990
E-Mail: info@pepworldwide.se
Website: www.pepworldwide.biz/se/

PEP® Worldwide Switzerland
Case postale 339
CH 1224,Chêne-Bougeries, Geneva
Switzerland
Phone: +41 22 869 11 00
E-Mail: info@pepworldwide.ch
Website: www.pepworldwide.ch

PEP® Worldwide UK
38 Sandy Lane South
Wallington
Surrey SM6 9QZ
England
Phone: +44 (0)208 395 0539
E-Mail: Ron.hopkins@ibtonline.co.uk

PEP® Worldwide Ukraine
Vienna House
36, Vorovskogo str
Kyiv
Ukraine
Phone: +380 44 593 18 86
Fax: +380 50 444 43 21

E-Mail: office@ibt-pep.com.ua
Website: www.ibt-pep.com.ua

PEP® Worldwide UAE
P.O. Box 17
2420 AA Nieuwkoop
Netherlands
Phone: +31 172407592
Fax: +31 172407592
E-Mail: info@pepworldwide.eu
Website: www.pepworldwide.eu

PEP® Worldwide Bulgaria
PPTL Ltd.
1000 Sofia
53 «Tzar Simeon" Str.
Mobile: + 359 887 13 12 13
E-Mail: pep@pptl-bg.com
Website: www.pepworldwide.bg

PEP® Worldwide Portugal
Rua Freitas Gazul Nº 12 - R/C Esq
1350-149 Lisboa
Portugal
Phone: +351 91 847 00 51
E-Mail: pedrotorgal@portugal.pep-
worldwide.eu
Website: www.pepportugal.com

Nordamerika

PEP® Worldwide CANADA/CARIBBEAN
78, Donegani, Suite 210
Pointe-Claire, Quebec
Canada, H9R 2V4
Phone: +1 514 426 2325
Fax: +1 514 426 4986
E-Mail: pep@ibtcda.ca

PEP® Worldwide INTERNATIONAL
P.O. Box 1057
Boca Raton
Florida 33429, USA
Phone: +1 561 367 0467
Fax: +1 561 367 0469
E-Mail: ibtint@ibt-pep.com
Website: www.ibt-pep.com

PEP® Worldwide USA
1651 Scooter Lane
Fallbrook
CA 92028
USA
Phone: +1 760.731.1400
Fax: +1 760-731-1414
E-Mail: bary.sherman@ibt-pep.com

PEP® Worldwide MEXICO
1651 Scooter Lane
Fallbrook
CA 92028
USA
Phone: + 1 760.731.1400
Fax: +1 760-731-1414
E-Mail: bary.sherman@ibt-pep.com

Südamerika

PEP® Worldwide ARGENTINA
Besares 2268
(1429) Ciudad de Buenos Aires
Argentina
Phone: +54 11 4702 - 5211
Fax: +54 11 4702 - 5211
E-Mail: egonilski@arnet.com.ar

PEP® Worldwide DO BRASIL
VMF Com. e Representação Ltda
Rua Dr. Carlos Augusto de Campos, 170
- 133
04750-060 São Paulo - SP - Brasil
Phone: +55 11 - 5548 33 89
E-Mail: brasil@ibt-pep.com

Asien und Ozeanien

HI-PRO CONSULTING (Korea)
Samdo officetel 601
12-1 Yoido-dong Youngdeungpo-ku
Seoul, Korea
Phone: +822-761-1080
E-Mail: hipro@chollian.net
Website: www.hiprogroup.com

PEP® CONSULTING (M) SDN. BHD. (Malaysia)
P.O. Box 127
14007 Bukit Mertajam
Penang, Malaysia
Phone: +604-5371843
Fax: +604-5386708
Mobile: + 019-4773570
E-Mail: mbahari@tm.net.my

PEP® Worldwide ASIA PACIFIC (Japan)
Level 10
56 Berry Street
NORTH SYDNEY NSW 2060 AUS-
    TRALIA
Phone: +61 2 99553333
Fax: +61 2 99555480
E-Mail: ibtanz@ibt-group.com
Website: www.australia.ibt-pep.com

PEP® Worldwide AUSTRALIA
Level 2, Suite 201
161 Walker Street
North Sydney, NSW
or
P.O. Box 6199
North Sydney NSW 2060
Phone: +61 2 9955 - 3333
Fax: +61 2 9955 – 5480
E-Mail: pep@pepworldwide.com
Website: www.pepworldwide.com.au

PEP® Worldwide NEW ZEALAND
Ground Floor, Nagel House
97 Manukau Road
Epsom Auckland 1023
or
P.O. Box 128185
Remuera Auckland 1541
Phone: +64 9 529 - 1740
Fax: +64 9 529 – 1741
E-Mail: pep@pepworldwide.com
Website: www.pepworldwide.co.nz